KB139967

국제기구 지식정보원 시리즈 ⑪

예술 관련
국제기구 지식정보원

국제기구 지식정보원 시리즈 ⑪

예술 관련
국제기구 지식정보원

| 노영희 · 홍현진 지음 |

머리말

예술(art)의 개념은 라틴어의 '기술' 또는 '기능'을 의미하는 ars에서 나온 말이다. 여기서 ars는 그리스어의 techne를 어원으로 가진다. techne는 현대 영어의 technics의 어원이자 일반적으로 일정한 과제를 수행해낼 수 있는 숙련된 능력 또는 제작활동으로서의 '기술'을 의미한다.

즉, 고대의 techne는 오늘날과 같이 예술을 미적인 대상으로 하여 보는 이에게 일종의 심리적인 변화를 일으키게 하는 행위가 아닌, 이성적 상태에서 논리적으로 오류가 없는 일련의 과정을 따르는 제작활동과 이와 관련된 일부 학문과 기술을 포함하는 개념이다.

그러나 예술의 개념을 정립하는 것은 쉽지 않다. 무엇이 예술로 인정받는가에 대한 기준이 사람마다 달라 모호하고, 시대의 흐름과 유행에 맞춰 예술의 가치 기준이 변화하기 때문에 예술의 개념은 시대와 학자에 따라 다양하게 정의된다.

저명한 미술학자인 잰슨(H. W. Janson)은 예술(Art)의 정의에 대해 최후의 결론을 보류하면서도, 예술 작품은 '미적인 물체(aesthetic object)'로서 사람들에게 노출되기 위해, 또 그 고유한 가치를 인정받기 위해 만들어진다는 점에서 여타의 물체와는 구별되는 것이라 설명하고 있다(Janson & Janson, 2001).

이러한 예술 관련 국제기구들은 정부 간, 지역 간 연합에 의해 설립되며, 각 국제기구들이 예술과 관련한 세계적인 현안들을 협력하여 해결해 나가면서, 그 과정에서 발생하는 모든 활동과 정책을 문서화하고 있다. 각 기구의 활동에서 생산된 각종 법률과 수천 종의 간행물은 다양한 정보를 수록하고 있어서 지식정보자원으로서 중요한 의미를 지닌다고 할 수 있다. 본 저서에서는 이러한 정보를 체계적으로 수집하고 유통시킬 수 있는 방안을 강구하고자 하였고, 이를 위해 각 국제기구가 생산 및 관리하고 있는 지식정보원에 대한 정보를 최대한 수집하여 정리하였다.

첫째, 조사대상 국제기구를 선정하였다. 예술 관련 국제기구 중에서 비교적 규모가 큰 국제기구만을 선정하되 기구 활동의 결과를 문서로 생산하거나 기구 내에 도서관·정보센터를 두고 있는 기구들을 중심으로 조사하였다.

둘째, 선정된 국제기구 자체에 대한 조사를 함으로써 국제기구 정보원에 대한 자료를 제공할 뿐만 아니라 그러한 정보원을 제공하는 각 국제기구에 대한 이용자들의 이해를 돕고자 하였다. 각 국제기구의 소재지, 설립연혁, 설립목적, 국제기구의 회원, 주요사업, 한국과의 관계 등에 관한 정보를 조사하였으며, 주요사업이나 국제기구 회원에 대한 정보는 국제기구 사이트나 관련

문헌에서 찾을 수 없는 경우에는 생략하였다.

셋째, 선정된 각 국제기구가 제공하고 있는 정보서비스 및 그 특징에 대해서 구체적으로 조사하였다.

각 국제기구의 정보배포정책에 대해 조사함으로써 향후 국내 특정 기관이 예술 관련 국제기구 정보원을 수집하고자 할 경우 본 저서를 통해서 그 정보배포정책에 대한 정보를 얻을 수 있도록 하였다. 즉, 각 국제기구별 온·오프라인 정보배포정책을 조사하였다.

각 국제기구가 보유하고 있는 데이터베이스에 대해 조사하였다. 각 국제기구는 기구에 따라 약간의 차이가 있으나 각 기관이 소장하고 있는 데이터를 데이터베이스로 구축하여 서비스하고 있는 경우가 있으며, 본 저서에서는 이러한 각 국제기구가 제공하고 있는 데이터베이스 및 각 데이터베이스의 서비스 방법에 대해서 조사하였다.

각 국제기구가 보유하고 있는 다양한 종류의 간행물에 대해서도 조사하였다. 대부분의 국제기구는 각 국제기구의 활동을 관련 국가 또는 관련 분야 사람들에게 알리고자 하는 목적으로 정보자료를 생산하여 제공한다. 따라서 국제기구의 활동 결과는 회의보고서, 보고서, 단행본, 뉴스레터, 연속간행물 등 매우 다양한 정보자료 형태로 생산된다.

본 저서에서는 이러한 다양한 종류의 정보원이 관련 분야 전문가 및 이용자에게는 매우 유익한 지식정보원이 될 수 있기 때문에 모두 조사하였다.

본 저서는 2006년에 출판된 『국제기구 지식정보원의 이해와 활용』에서 출발한다. 세계적으로 국제기구는 2만여 개가 넘는 것으로 알려지고 있으나 지면상의 한계로 위 책에는 비교적 규모가 큰 국제기구만을 선별하여 주제구분 없이 수록하고 있다. 그러나 주제분야별로 수많은 국제기구가 있고, 각 기구에서는 관련 분야 연구자 및 행정가에게 매우 유용할 것으로 판단되는 지식정보원이 계속적으로 발간되고 있어 주제분야별 지식정보원 시리즈를 발간하게 되었다. 지금까지 발간된 '국제기구 지식정보원 시리즈'는 다음과 같다.

제1권: 『해사(海事) 관련 국제기구 지식정보원』
제2권: 『경제 관련 국제기구 지식정보원』
제3권: 『환경 관련 국제기구 지식정보원』
제4권: 『인권 관련 국제기구 지식정보원』

이번에는 제11권으로 『예술 관련 국제기구 지식정보원』을 발간하게 되었으며, 앞으로 의료, 법률 등 다양한 주제분야의 국제기구 지식정보원을 시리즈로 발간함으로써 국제기구 지식정보원의 국내 유통을 활성화하는 데 기여하고자 한다.

끝으로 이 책을 출판하기까지 정보자료 수집 및 교정과 색인 작성 등에 정성과 노고를 아끼지 않은 신만철 박사님, 지식콘텐츠연구소 김혜인 연구원, 윤다영 연구원에게 깊은 감사를 드린다.

2014년 10월

노영희·홍현진

일러두기

1. 발간 목적

이 자료의 발간 목적은 세계적으로 유명한 예술 관련 국제기구에서 생산되는 정보자료를 국내 정보망을 통해 공식적으로 유통시키기 위함이며, 이를 위해 각 국제기구에서 생산되는 데이터베이스, 연속간행물 및 단행본에 대한 정보를 수록하고 있다.

2. 자료 수집

예술 관련 국제기구 및 단체에서 발행한 안내서, 홈페이지, 연감 및 각종 보고서에 실린 자료들을 기초로 국제기구에 대한 간략한 정보와 각 기관에서 생산되는 자료에 대한 정보를 수집하였다. 추가적으로 보완이 필요한 경우 전화나 이메일을 이용하여 보다 구체적이고 정확한 정보를 수집하고자 하였다.

3. 기구 선정

현재 세계적으로 예술 관련 국제기구 및 단체는 2천여 개가 넘는 것으로 나타나고 있으며, 본 저서에는 비교적 규모가 크고 정보생산량이 많은 기구를 중심으로 선정하였고, 총 40개의 기관을 선정하여 수록하였다.

4. 수록 내용

본 저서는 예술 관련 국제기구에서 생산되는 지식정보원을 주로 소개하는 자료이지만, 각 국제기구에 대한 일반적인 내용도 포함하고 있다. 즉, 국제기구의 소재지, 설립연혁, 설립목적 및 기능, 회원국, 한국과의 관계 등에 대한 정보를 포함하였다. 또한 정보자료에 대한 내용을 주로 수록하고 있는데, 각 국제기구의 정보배포정책, 정보원의 주제분야, 정보원의 종류, 서비스의 특징, 소장하고 있는 데이터베이스, 산하 도서관의 유무, 그리고 정보획득방법에 관한 정보까지도 최대한 수록하고자 하였다.

5. 약어표 및 색인

본 저서에는 독자의 이해를 돕기 위해 약어표를 첨부하되, 약어, 풀네임, 한국어 국제기구명을 약어의 알파벳순으로 수록하였다. 또한 본 자료에 실린 국제기구를 보다 신속하게 접근할 수 있도록 국제기구의 국문명·영문명 색인을 수록하였다.

목 차

I. 문화 및 문화 관련 국제기구의 이해

1. 예술의 어원

예술(art)의 개념은 라틴어의 '기술' 또는 '기능'을 의미하는 ars
에서 나온 말이다. 여기서 ars는 그리스어의 techne를 어원으로 가
진다. techne는 현대 영어의 technics의 어원이자 일반적으로 일
정한 과제를 수행해낼 수 있는 숙련된 능력 또는 제작활동으로
서의 '기술'을 의미한다.

즉 고대의 techne는 오늘날과 같이 예술을 미적인 대상으로 하
여 보는 이에게 일종의 심리적인 변화를 일으키게 하는 행위가
아닌, 이성적 상태에서 논리적으로 오류가 없는 일련의 과정을
따르는 제작활동과 이와 관련된 일부의 학문과 기술을 포함하는
개념이다.

기술 일반으로부터 예술의 분리는 기원전 3세기의 아리스토텔
레스의 말에서 그 시작을 확인할 수 있다. 그는 효용의 측면에서
기술을 '생활의 필요를 위한 기술'과 '기분전환과 쾌락을 위한
기술'로 이분화하였다. 전자는 실용적인 기술, 후자는 소위 예술
을 가리키는 것인데, 예술 쪽이 높은 수준의 것이라 여기고 있다
(세계미술용어사전, 2007).

이러한 의미 분화는 18세기 프랑스의 미학자 A. C. Batteux가
'순수예술(fine arts)' 개념을 정립한 이후 본격적으로 예술에 있
어서 미적(美的)의미가 강조되었다. 이때까지는 '예술'과 '기술'
이 구분되지 않듯 '장인'과 '예술가'의 차이도 없었다. 기술과 예
술의 분리는 르네상스 이후에 생겨난 것으로, 예술가들이 장인

들의 육체노동으로부터 자신들을 분리시키고자 순수 예술(fine art)을 주창한 것이다(권혁래, 2009).

동양의 한자인 '예술(藝術)'에서 '예(藝)'는 토(흙)에 초목(艹)을 심는 인력(力)의 작용이란 의미로 기능 내지 기술을 의미하며, 술(術)은 형이상학적인 원리를 형이하학적으로 실행하는 방법으로, 치병하는 것을 의술, 영업하는 것을 상술이라고 하는 바와 같다 (백기수, 1965). 즉, 예술은 어원적으로 동양과 서양 모두 기술과 밀접한 관련이 있었다는 것을 알 수 있다.

2. 예술의 정의

예술의 개념을 정립하는 것은 쉽지 않다. 무엇이 예술로 인정받는가에 대한 기준은 사람마다 달라 모호하고, 시대의 흐름과 유행에 맞춰 예술의 가치 기준이 변화하기 때문에 예술의 개념은 시대와 학자에 따라 다양하게 정의된다.

고대에서 중세에 이르기까지의 예술, 즉 techne는 개인의 영감과 상상에 따른 일종의 창작물이 아닌 측량술, 재단술, 건축술 등 무엇을 만들거나 행하는 모든 기술을 포괄하는 개념이었다. 이것은 순수한 이론적 지식으로서의 학문과 수공기술로 구분되어 음악을 제외한 회화, 조각, 건축과 같은 조형예술을 수공기술, 즉 장인적 예술로 취급받았다. 음악은 피타고라스가 수학적 비례와 조화로 그 원리를 밝힌 후로 학문의 영역에 편입되었으며,

회화나 조각은 르네상스 시기 초기까지 단순한 수공기술의 영역에 머물렀고, 화가와 조각가도 한낱 장인의 신분을 벗어나지 못했다(김현돈, 2008).

이러한 그리스 고전기 예술 개념은 중세와 르네상스를 거쳐 18세기 계몽주의 시대에 이르러서야 프랑스의 샤를르 바떼(Charles Batteux)에 의해 기술과 예술이 구분되어 '순수 예술(fine arts)'이라는 근대적 예술 개념이 성립됐다.

기술로부터 예술이 분화된 원인으로는 첫째, 근대사회의 성립으로 인해 중세를 지배해 왔던 교권이 무너지면서 개인이 창작의 자유를 누릴 수 있게 되었다는 점, 둘째, 예술작품이 근대 자본주의 상품생산 체제에 편입되어 예술가의 사회 경제적 지위가 향상되어 예술가가 후원자의 요구로부터 자유로울 수 있었다는 점이다.

유명한 예술사학자 곰 브리치(E. H. Gombrich)는 자신의 저서에서 예술(Art)은 없으며 예술가(Artist)만이 존재한다고 선언했다(Gombrich, 1995).

또 다른 저명한 미술학자인 잰슨(H. W. Janson) 역시 예술(Art)의 정의에 대해 최후의 결론을 보류하면서도, 예술 작품은 '미적인 물체(aesthetic object)'로서 사람들에게 노출되기 위해, 또 그 고유한 가치를 인정받기 위해 만들어지는 점에서 여타의 물체와는 구별되는 것이라 설명한다(Janson & Janson, 2001).

우리나라 문화 · 예술의 진흥을 위한 사업과 정책 활동에 있어서 가장 기본이 되는 「문화예술진흥법」에서는 '문화예술'을 '문학, 미술(응용미술을 포함한다), 음악, 무용, 연극, 영화, 연예(演藝), 국악, 사진, 건축, 어문(語文), 출판 및 만화'라고 규정하고 있다.

　이렇듯 예술에 대하여 근본적인 정의를 내릴 수는 없으나, 예술은 국가나 특정한 시대에 한정되지 않고 어떠한 형태로든 존재해 왔다. 인간은 본질적으로 개인의 고유하고 순수한 상상력을 표현하길 원하며, 당대 사회가 이러한 욕구를 정치·문화·기술적으로 억압한다면 반발한다.

　그러므로 예술은 보편적으로 작가 개인의 상상력과 감성에 의존하는 부분과 사회 분위기에 대한 예술가의 견해가 포함되어 있으며, 기술적인 발전으로 인해 당대 사회의 물질적 토대를 반영하는 사회적 속성을 갖고 있다고 할 수 있다.

3. 예술의 특성

　예술의 정의와 연계하여 본 근대 미술의 특징은 과거와 현재에 대한 급진적인 태도에 있다. 그 시작은 고대나 종교에 관련된 주제를 그리는 관습에서 벗어나 혁명이나 전쟁 같은 동시대의 주제를 그리기 시작한 데서 찾을 수 있다. 근대 미술은 19세기의 도시화·산업화로 인해 변모한 서구 사회의 일부분으로 급속도로 변하는 여러 미술양식으로 새로운 주제를 다룸으로써 중산층의 가치관에 도전해 왔다. 자본주의의 발전에 따라 기존의 경제적 상류층인 왕족과 귀족들의 자리를 차지한 부르주아들은 아카데미풍의 고전적 예술을 모방하거나 상품성 있는 대중예술을 육성하기 시작하였다.

자본주의가 예술 시장을 지배하기 시작하자 이러한 현상을 수용할 수 없었던 예술가들은 사회의 가치를 비판하고 저항하기 위해 아방가르드 운동을 전개한다. 그들은 순수 미술에 대한 전통적인 생각들을 없애고자 하였으며 미술의 제도적인 틀에 대해 의문을 제기하고, 미술과 관련된 기준과 실천방식들도 변해야 한다고 믿으며 미래파, 표현주의, 다다이즘, 초현실주의자들 등 국제 아방가르드라고 일컬어지는 모임들을 형성하여 활동하였다.

그러나 이러한 움직임이 둔화되면서 새로운 움직임이 시작되었다. 1960년대에 팝 아트, 신사실주의, 미니멀 아트, 키네틱 아트 등이 대두되었고 모든 종류의 잡다한 소재를 이용하는 다양한 예술 형식들이 출현하였다. 많은 예술 학자들은 이때를 기점으로 하여 근대 예술에서 현대 예술이 시작되었다고 한다(Millet, 1998).

김종선(2007)은 현대 사회의 특성을 기반으로 현대 예술의 특성을 크게 탈장르화, 탈중심화, 탈물질화, 탈시스템화, 대중소비화와 같이 5가지로 나누었다.

1) 탈장르화

탈장르화란 회화와 조각을 넘어서 표현 영역의 확장과 전통적인 장르 구분의 기준인 매체의 사용에 있어 전통 미술 재료를 거부하는 특징을 말한다.

회화는 전통적인 평면을 거부하고 조소적 구성을 지향하고,

조각은 현실적 참여를 획득하여 확장된 공간의 구조적인 표현을 추구하며 건축은 회화와 조각적 표현추구의 움직임과 도시공간으로 확대되고 있는 점, 그리고 기능성을 추구하는 디자인의 영역이 새로운 실험적 작품을 추구하고 있는 점 등이 각 영역 간의 수렴현상이다. 이러한 장르 간 구분이 모호해지는 특징은 회화와 조각을 넘어선 표현영역의 확장과 전통적인 장르 구분 기준인 매체의 사용에 있어서도 나타나는데, 즉 전통미술재료를 거부하고 일상적인 재료를 미술에 도입한다는 것이다. 또한 회화와 조각을 넘어선 표현영역의 확장이 나타내는 대표적인 움직임들에는 퍼포먼스, 신체미술, 설치미술, 비디오 아트 등이 있다.

2) 탈중심화

1960년대 후반의 이념적 격변으로 환경, 여성, 동성애, 평화운동 등에 관심을 갖게 하였으며 국가와 통치체계에 대한 불신이 더해지면서 이데올로기를 비판하며 개인의 주관성을 강조하는 주관적 삶에 집중하면서 자신들의 역사적 현실에 주목하는 현상이 나타났다. 이는 주류 예술계에서 하나의 표준을 구성하던 백인, 남성, 성인, 이성적인 것과 대립되는 여성, 아동, 유색인, 동성연애자 등에 초점을 맞추게 된 것이다. 이를 미술과 연결시켜 보면 여성의 문제와 연관된 페미니즘 아트, 아동과 관련된 나이브 아트(naive art), 그래피티 아트, 유색인과 관련된 제3세계 미술, 비이성과 관련된 게이 아트 등이 있다.

3) 탈물질화

탈물질화란 전통적인 미술 제작 도구인 물감이나 붓, 액자나 대리석 등을 사용하지 않으며 디지털 기술을 이용한 새로운 매체의 사용이나 작품 자체보다 아이디어나 과정을 예술의 일환이라 생각하며 작품의 물질성을 해체시키는 특징을 의미한다. 여기에는 개념미술과 퍼포먼스 아트, 플럭서스, 테크놀러지를 활용한 미디어 아트까지 포함시킬 수 있다.

4) 탈시스템화

현대 사회 미술관의 중요한 기능 중의 하나는 미술을 비미술로부터 구별해 내는 기준을 제고하는 것이다. 이는 미술품이 사회의 여타 다른 물건들과 구분되기 어려워졌기 때문이다. 작품이 미술관에 전시됨으로써 예술작품으로 인정받는 시스템에 의해 미술품과 비미술품을 구분하는 기준이 대중의 뇌리에 뿌리내리기 시작하였다.

이러한 이분법적인 시스템에 대한 비판으로 미술작품을 보고 감상하는 방식에 있어 새로운 시도를 하거나 전시된 작품을 단지 시각적으로만 관람하는 방법에서 벗어나 예술가-제도-관객의 구조에 새로운 모델을 제시하고, 작품과 관객과의 의사소통하는 방식에 대한 새로운 방식을 선보이고 있다.

특히 인터넷이라는 새로운 소통 공간은 오프라인의 공간 속에서 새로운 작품과 아이디어를 검증받고 승인받았던 기존 전시의 당위성을 흔들어 놓았다. 디지털의 발달은 작품은 물론 전시에 있어 시간과 공간을 초월하게 하는데, 세계 작가들의 작품이 수집가나 예술가, 미술관 관계자, 큐레이터들에게 온라인을 통해 실시간으로 전시되고 있는 것이다.

5) 대중소비화

20세기 초의 추상미술은 자연과 일상의 사물로부터 분리되었으며, 예술작품에 있어 일상적인 것은 모두 배제되어 현실과 어떠한 관계성도 갖지 못하게 되었다. 이에 대한 비판으로 미술을 창조적인 방법으로 일상생활에 통합시키기 위한 여러 활동이 전개되었다.

대중 매체에서 볼 수 있는 이미지를 가져와 상업적인 대량생산 기법을 이용하여 작품을 제작함으로써 소비사회와 매스미디어 문화라는 현대사회의 모습을 반영하는 것으로 현대 예술의 특성을 설명하기 시작했다. 이러한 예술에는 팝 아트, 비속한 일상 사물을 예술에 끌어들임으로써 예술과 비예술, 예술과 생활의 경계를 모호하게 만드는 콤바인 페인팅(combine painting) 등이 있다.

4. 예술의 요소와 구조

'예술은 형식과 내용물이다(Art is form and content)'라는 말이 있다. 즉, 모든 예술은 이 두 가지로 구성되어 있다는 것이다.

형식은 첫째로 예술작품의 외부적 측면, 즉 내용이 표현되는 구조, 요소들과 그 요소들 관계의 전체성을 말한다. 가장 일반적인 의미에서 형식의 개념은 예술 일반과 동일하다. 전체로서의 예술은 종교나 학문 또는 철학과 마찬가지로 인식이나 사회적 의식의 형식을 의미한다. 예술은 인간을 통해 세계를 미적으로 동화시키는 실천적 형식인 동시에 정신적인 형식이다. 예술은 무엇보다 자신이 표현하는 감성을 통하여 인식된다. 철학과 학문이 별개의 사실로부터 추상화되고 사물의 본질을 보편적, 개념적으로 제시하는 반면에, 예술은 자신의 직관을 매개로 하여 형상화하고 그것을 눈, 귀 등을 통하여 수용한다.

두 번째 의미에서 형식은 다양한 예술 혹은 그 예술 장르, 즉 음악에서는 둔주곡, 조곡, 교향악의 형식을, 시에서는 서사시, 서정시, 드라마의 형식을 의미한다. 이러한 형식은 매체나 인간의 '본성'에 인간이 현실을 수용하고 모방하는(시각, 청각, 표상의) 감각에 근거를 두고 있거나 또는 배우나 음유시인 등으로서의 인간의 재능에 근거를 두고 있다.

세 번째로 예술적 형식의 의미는 개별 예술작품 속에서 성취되는 이중적 기능에서 분명해진다. 예술작품의 생산이라는 측면에서 형식은 선택과 배치의 과제, 즉 내용의 조직화라는 과제를 갖는다. 수용의 측면에서 그것은 예술가와 청중의 의사소통을 매개한다. 첫째의 경우 형식은 예술작품의 독자성, 조화, 완결성을 구성하고 둘째의 경우에는 환기, 즉 예술작품 속에 표현된 내용의 지적이고도 감정적인 체험을 유도한다.

형식이 내용의 존재 방식이자 대상의 표현 현상이라면, 내용은 예술작품에 있어서 그 안에 포함된 것이다. 또한 미적 대상의 정신적인 것이나 내적인 면에 의존하는 미적 가치체계를 가리키기도 한다. 예술의 내용은 항상 삶의 경험적인 현실을 시적, 예술적 현실로 변화시키는 형식이 매개가 되어 표현되므로 예술과 형식은 서로 분리할 수 없다. 모든 존재하는 제 요소나 그 이행의 과정을 통합하여 일정한 존재 및 과정으로 만드는 것이 형식이며, 그 안에 통합되어 있는 것은 내용이다. 즉, 어떠한 것도 형식과 내용 없이는 존재할 수 없다. 이것을 분리하여 형식에만 주목하면 형식주의가 된다.

형식과 내용의 불가분성이 사물에 갖추어져 있지만, 형식과 내용에는 서로 대립되고 모순되는 성격이 있다. 형식은 고정적이고 비교적 변하지 않는 성격을 갖지만, 내용은 동적이고 이행하는 성격을 갖는다. 형식의 이러한 특성은 사물을 일정한 상태로 보존시키지만, 내용 자체가 그 형식하에서 동적, 변이적인 성격을 발휘하여 그때까지 내용의 통식을 갖고 낡은 형식을 폐기시킴으로써 사물이 종래와는 다른 것으로 변화하여 형식과 내용이 상호작용을 하는 것이다.

예술의 요소들은 디자인의 원칙들과 작가가 실제로 쓴 외형적 재료들을 말한다. 예를 들어 고야의 'The Shooting of May Third'

라는 작품에 대해 쓴다고 가정하면 고야의 색, 명도, 공간 그리고 선 같은 미적 요소들에 대해 자세히 설명할 것이다. 고야는 균형, 명암, 강조와 비율을 디자인의 원칙으로 삼았으며, 앞서 말했던 요소들과 원칙들을 물리적 재료인 붓과 오일물감을 사용해 캠퍼스를 구성했다.

여기서 구성된 하나의 콘텐츠는 아이디어에 의존하는 것으로 작가가 투영하고자 의도했던 것과 실제로 작가가 투영한 것, 그리고 대중들이 개인적으로 작품에 어떻게 반응하는지, 작품이 만들어진 당시의 종교·정치·사회 등의 모든 원인들이 합쳐져 만들어진다.

5. 예술과 국제협력

5.1 예술 관련 단체

우리나라에서 국내 문화예술산업과 문화예술콘텐츠의 해외 진출 및 교류를 담당하는 기구로서 '한국문화예술위원회'가 있다. 한국문화예술위원회는 1973년 3월 '문화예술진흥원'으로 시작되어 2005년 9월 '한국문화예술위원회'로 새롭게 발족된 기구이다. 이는 훌륭한 예술이 우리 모두의 삶을 변화시키는 힘을 가지고 있다는 믿음으로 문화예술진흥을 위한 사업과 활동을 지원함으로써 모든 이가 창조의 기쁨을 공유하고 가치 있는 삶을 누리게

함을 목적으로 한다.

한국문화예술위원회는 문화예술의 가치를 창조하고 확산하는 일을 하는 곳이며, 문학, 시각예술, 공연예술, 전통예술, 다원예술 등 문화예술계 안팎에서 합의하고 있는 기초예술분야와 문화산업의 비영리적 실험영역을 대상으로 그 창조와 매개, 향유가 선순환 구조로 발전할 수 있도록 한다.

이를 위한 인프라를 구축함으로써 한국예술위원회는 문화예술의 연구, 창작, 보급 활동에 대한 여러 형태의 지원을 통하여 예술의 자생력을 키우고, 예술의 융성과 사회생산력의 성장을 동시에 발전시키며 예술기장의 생산력을 확보하는 한편, 궁극적으로 국민 모두가 문화예술이 주는 창조적 기쁨으로부터 소외되지 않도록 하기 위해 노력하고자 한다.

한국예술위원회가 펼치고 있는 사업들은 다음과 같다.

① 문화, 미술, 음악, 연극, 영화, 연예, 국악, 사전, 건축, 어문 및 출판의 창작, 연구, 보급의 지원
② 민족고유문화의 발전을 위한 조사, 연구, 저작과 그 보급의 지원
③ 문화예술단체나 문화예술인의 복지증진 등 창작환경 조성 사업
④ 문화예술의 국제교류를 위한 사업이나 활동의 지원
⑤ 지역문예진흥사업 등 지역문화 활성화 사업
⑥ 문화예술 전문인력 연수 사업
⑦ 예술극장, 마로니에 미술관, 예술정보관, 문화예술 연수원

　　등 지원 시설 운영

　⑧ 문화예술정보망 구축, 문화예술정보 데이터베이스 개발 및
　　정보 제공사업

　⑨ 문화예술진흥기금의 조성과 운영

　또한 우리 문화예술의 해외 소개 및 해외 문화예술의 국내 소
개 등을 위한 전시, 공연교류, 세미나 개최 등 문화예술 국제교
류를 지원하는 사업을 담당하고 있다. 관련된 사업은 문화예술
국제교류 지원, 해외 레지던스 프로그램 참가 지원, 국제기구 활
동 지원, 국제 레지던스 프로그램 운영 지원 등이 있다.

　'문화예술 국제교류 지원(국제 예술교류 활동지원)'은 우리나
라 문화예술의 해외 소개 및 해외 문화예술을 국내에 소개하는
것을 목적으로 한 전시·공연교류·세미나 등을 의미한다. 문화
및 예술분야 단체·예술인이 신청할 수 있으며 해당분야의 전시
회, 공연 등의 국내외 개최, 상호교류 등의 국제교류 사업과 국
제회의 참가 등의 활동을 지원한다. 지원을 위한 심의기준은 다
음과 같다.

　・사업의 예술적 우수성 및 시기적절한 기획력
　・사업계획의 충실성·타당성 및 구체적 실현가능성
　・사업의 국제적 영향력 및 파급효과
　・신청인(단체)의 사업수행역량

　'해외 레지던스 프로그램 참가 지원'은 예술인의 해외 창작스
튜디오(Artist in residence) 프로그램 참가를 지원함으로써 국제사

회에서 우리 예술가의 역량 강화와 네트워크 형성을 위한 활동
이다. 문화 및 예술분야 예술인의 개인적인 지원이 가능하다. 해
당분야에서 최소 참가기간은 3개월 이상이며, 전문적으로 운영
되고 있는 해외의 주요 레지던스 프로그램에 참가가 확정된 개
인에 대해 지원을 제공한다. 지원의 심의 기준은 다음과 같다.

- 국제교류 사업으로서의 적합성 및 국제적 파급효과
- 사업의 예술적 우수성 및 시기적절한 기획력
- 사업계획의 충실성·타당성 및 구체적 실현가능성
- 신청인(단체)의 사업수행역량

'국제 예술기구 활동 지원'은 세계주요 문화예술 비정부기구
에 가입되고 있는 국내 예술단체들에 대한 활동을 지원함으로써
국제사회에서 우리 예술의 영향력 제고와 활동을 진작하기 위한
것이다. 신청은 문화 및 예술분야의 예술단체(단체 지원)가 가능
하며, 국제기구 활동 국내유치 및 해외 네트워크 구성 사업을 지
원한다. 지원의 심의 기준은 다음과 같다.

- 사업의 예술적 우수성 및 시기적절한 기획력
- 사업계획의 충실성·타당성 및 구체적 실현가능성
- 사업의 국제적 영향력 및 파급효과
- 신청인(단체)의 사업수행역량

'국제 레지던스 프로그램 운영지원'은 해외 예술인을 국내에 초청하여 국제 레지던스 프로그램을 운영하도록 지원함으로써 네트워크 형성을 통한 국제교류의 활성화를 목적으로 하였다. 미술, 연극, 무용, 음악, 전통, 문학, 복합장르 등 각 분야의 해외 예술인들을 국내에 초청하여 국내에서 레지던스 프로그램을 운영하고 있거나 계획 중인 단체가 신청이 가능하며, 최소 5개국 8명 이상의 참가자가 확보되어야 하며 3개월 이상 운영이 가능한 프로그램을 지원한다. 지원의 심의 기준은 다음과 같다.

- 국제네트워크 구성 수준 및 기획력의 우수성
- 사업계획의 충실성·타당성 및 구체적 실현가능성
- 사업의 국제적 영향력·파급효과 및 해당분야 기여도
- 신청단체의 사업수행역량

5.2 예술 관련 협력 사례

문화예술분야 협력은 문화산업의 중요성까지 부각되면서 국내 문화예술산업과 문화예술콘텐츠의 해외진출 및 교류가 차기 국가발전의 한 분야로 그 중요성이 인식되면서 더욱더 활발해지고 있다.

1) 한국문화예술위원회 – 홍콩예술발전국

한국문화예술위원회는 홍콩예술발전국과 2014년 9월 5일 양국

간 문화예술 교류협력 확대를 위한 업무협약을 체결하였다.

홍콩예술발전국(Hong Kong Arts Development Council, HKADC)은 1995년 홍콩 정부가 자국 문화예술의 진흥을 위하여 설치한 공공기관으로 문학, 시각예술, 공연예술뿐만 아니라 영화예술의 발전을 위해 다양한 진흥사업을 펼치고 있다.

협약 체결을 위해 홍콩예술발전국은 윌프레드 윙 위원장을 포함하여 25명의 대표단을 구성하여 방한하였으며, 3박 4일 동안 광주비엔날레, 미디어시티서울 등의 주요 전시와 한국문화예술위원회, 아시아문화중심도시추진단, 정동극장 등 국내 주요 문화예술기관을 방문하였다.

한국문화예술위원회 권영빈 위원장과 홍콩예술발전국의 윌프레드 윙 위원장은 '한국과 홍콩의 문화예술 교류를 더욱 활성화하자는 상호 제안을 적극 환영하며, 이번 협약을 계기로 한국과 홍콩 간 예술인력 교류 프로그램을 비롯한 다양한 협력 사업을 추진할 것'을 약속하였다.

2) 한국문화예술위원회 – 몽골예술위원회

한국문화예술위원회는 몽골예술위원회와 협력하여 예술가의 창작역량을 강화하고 양국 간의 문화 이해를 촉진시키기 위해 2014년 9월 1일부터 9월 11일까지 몽골 울란바타르 및 고비지역에서 위원회를 진행했다.

예술가의 작업은 끝이 선명하게 보이는 선형적인 것이 아니라 결론을 도출해낼 수 없는 가설들을 끊임없이 세우고 작가의 노

력으로 시각적 작품을 탄생시키는 비선형적 과정으로 보고 작업
을 진행할 계획인 '비선형을 찾아서' 프로젝트는 시각예술 작가
5명과 몽골 작가들이 참여하게 되었다.

몽골의 황량한 환경 속에 자신의 삶을 맞추어가는 몽골인들과
작가가 처한 공간에서 일어나는 일들의 과정 자체에 관심을 가
지고 자연스럽게 작업을 하는 방식을 취한 작업들을 그림일기
형식으로 책에 담아냈다. 참여한 작가들의 작업방식은 다음과
같다.

작가	작업방식
김도경	현지에서 수집한 사운드와 일상적인 드로잉을 조합
임순남	현지 경험을 바탕으로 '글쓰는 행위'를 통한 텍스트작업과 몽골 현지인들과 자연풍경등을 소재로 회화
박혜정	현지인의 이동식 집짓기 방식에 중점을 두어 거주지와 이동에 관한 작업
윤미미	몽골의 풍경을 소재로 한 폴라로이드와 드로잉
칼 오마슨	현지에서 구할 수 있는 오브제와 원주민과의 대화를 통한 영상작업과 드로잉

5.3 국가별 문화예술 관련 정부기관의 행정영역

각 국가들은 권역별·국가별로 다양한 문화를 갖고 있는 만큼
문화예술 정책에서도 지역별·국가별로 다양한 특징을 보이고 있다.

중앙정부가 강력한 주도권을 쥐고 있는 프랑스의 문화활동은
수도 중심으로 이뤄지고 있다. 지방분권화 정도가 상대적으로
높은 스페인은 지역 수준에서의 문화예술 정책이 이뤄지고 있다.
연방제를 취하는 독일은 중앙정부가 아닌 주(洲)·지방정부에

문화예술 정책이 위임되어 있다. 영국의 경우 프랑스, 독일 등에 비해 상대적으로 정부의 지원 이외에 민간의 문화예술에 대한 지원이 활발한 편이다.

북유럽 스웨덴의 경우 중앙정부 외에 지방정부에 의한 지원이 많으며 특히 문화예술 지원에 대한 결정은 정당, 노동조합(labor unions), 직업협회(trade unions) 등 다양한 사회구성 집단의 합의에 의해 이루어지고 있다. 국가별 문화예술담당 정부기관의 행정영역은 다음과 같다.

국가	조직명	주요영역
대한민국	문화체육관광부	문화·예술·영상·광고·출판·간행물·체육·관광에 관한 사무와 국정에 대한 홍보 및 정부발표에 관한 사무 관장
영국	문화·매체·체육부	예술, 박물관, 미술관, 도서관, 영화, 방송, 언론, 체육, 관광, 문화유산 및 전통 건조물, 국립복권, 밀레니엄기금 등의 운영 총괄
프랑스	문화·통신부	정부대변, 문서보관, 박물관, 도서 및 독서, 문화재 인력개발 및 양성, 연극 및 공연, 음악 및 무용, 조형예술, 영화 및 영상, 정보 및 커뮤니케이션, 언어, 시설 및 건축, 지역문화
독일	문화·매체국	문화정책수립, 예술문화 지원(문학과 독일어, 음악·무용, 박물관·전시회, 구동독 중점지원, 공연예술, 조형예술 지원), 문서실·도서관, 동유럽에서의 독일 문화와 역사분야 지원, 독일 유물유적 보호 및 지원
미국	국립예술기금	예술교육, 무용, 디자인, 전통예술, 문학, 미디어예술, 음악, 오페라, 뮤지컬, 연극, 시각예술, 청소년예술, 지역문화, 예술 확산, 국제, 문화교류, 박물관
일본	문화청	예술문화, 지역문화진흥, 국어, 저작권, 총무, 전통문화, 기념물, 미술공예, 건조물, 국립 박물관 및 미술관
대만	문화건설위원회	문화건설 기본방침 수립, 문예·도서관·문화보급·국제교류 및 합작 계획수립, 재외공관의 신문화센터 운영 관련 지원, 시각예술 등과 관련된 국제교류
스웨덴	문화부	문화예술, 문화 활동, 연극, 음악과 무용, 도서관, 문학 시각예술 및 디자인, 공예, 영화, 문서보관, 문화유산, 박물관, 건축, 종교, 신문 및 방송 등

Ⅱ. 예술 관련 국제기구 소개 및 정보원

AFI
American Film Institute
미국영화연구소

① 기구

1) 소재지

소재국가 미국

주   소 American Film Institute
2021 North Western Avenue Los Angeles, CA
90027-1657

전   화 +1 323.856.7600

팩   스 +1 323.467.4578

전자우편 information@AFI.com

홈페이지 http://www.afi.com

2) 성격

미국영화연구소(American Film Institute, AFI)는 1967년 미
국 대통령 린든 존슨이 예술, 인문학에 관한 국가적 단체 설

립법(National Foundation of Arts and Humanities Act)에 서명하여 설립된 연구소이다. 미국영화연구소 컨서버토리(AFI Conservatory)는 영화계의 실무 작업을 통해 미래의 영화 인재들을 양성하는 곳이며, AFI는 영화의 역사를 보존하고, 예술가들과 그들의 작업을 기리며 다음 스토리텔러 세대들을 교육하기 위한 미국의 약속이다. AFI는 영화, 텔레비전, 디지털 미디어에서의 리더십을 제공하고, 움직이는 화면 예술의 과거, 현재 그리고 미래를 포함시키는 계획에 전념한다.

3) 설립연혁

- 미국영화연구소는 영화제작자들을 훈련시키고, 사라져가는 미국의 영화 유산을 보존하기 위한 국가 예술 기구로서 1967년에 설립되었다. 인문 국제 기금 단체는 미국 교육협의회(NEA), 미국영화협회(MPAA), 포드재단이 초기에 지원한 AFI를 미국의 영화 예술을 풍부하게 하고 육성할 수 있는 비영리기구라 하였다.
- 미국 제36대 대통령이었던 린든 B. 존슨이 AFI 제정법에 서명한 후 "우리는 미국영화협회를 만들어 영화 산업의 선두적 예술가들, 탁월한 교육자들, 20세기 예술 형식을 자신들의 삶의 작업으로서 추구하길 바라는 젊은 남성들과 여성들을 모을 것입니다"라고 말했다.
- AFI의 원 평의원 22인에는 조지 펙 회장(Chair Gregory

Peck), 시드니 프와티에 부회장(Vice Chair Sidney Poitier) 과 프란시스 포드 코폴라(Francis Ford Coppola), 아서 슐레신저 주니어(Arthur Schlesinger Jr.), 잭 발렌티(Jack Valenti) 그리고 예술과 학계 출신의 다른 대표자들로 구성되었다.

- AFI의 설립이사인 조지 스티븐스 주니어의 지휘 아래, AFI는 선진 영화 연구센터로 알려진 영화제작자들을 위한 훈련 프로그램을 구축하였는데, 테렌스 맬릭(Terrence Malick), 데이빗 린치(David Lynch) 그리고 폴 슈레이더(Paul Schrader) 가 처음으로 프로그램에 참여하였다. 케네디 예술센터에서의 레퍼토리 영화 전람회 프로그램과 미국 영화 역사에서 결정적인 자료인 AFI 장편극영화 목록 역시 처음 5년이 되었을 때 만들어졌다.

- 진 피커 퍼스틴버그가 1980년 AFI의 두 번째 책임자가 되었고 27년간 협회를 이끌었다. 그녀의 리더십 아래, 협회의 8에이커(약 32,375m^2) 크기의 할리우드 캠퍼스가 구축되었고 영화훈련 프로그램은 인가받은 대학원인 AFI 컨서버토리로 성장하였다.

- AFI는 2007년 말에 40주년 기념식을 개최하였고 당시, 협회의 세 번째 회장이었던 밥 가제일이 재선출되었다.

- AFI는 AFI 컨서버토리에서 다음 세대의 스토리텔러들을 교육하였다. 세계 최고의 영화학교들 중 하나로 꾸준히 인식되어 왔으며, 대런 아로노프스키(Darren Aronofsky), 패티 젠킨스(Patty Jenkins), 야누시 카민스키(Janusz Kamiński),

헤이디 르빗(Heidi Levitt), 매튜 리바티크(Matthew Libatique), 데이빗 린치(David Lynch), 테렌스 맬릭(Terrence Malick), 윌리 피스터(Wally Pfister), 로버트 리처드슨(Robert Richardson), 에드 즈윅(Ed Zwick) 등과 같은 졸업생들을 배출했다.

• AFI 평생공로상은 영화 경력에 있어서 가장 고귀한 영예로 여겨지는데, 1973년 처음으로 선사되었다. 지난 수년간의 수상자들로는 존 포드(John Ford), 제임스 캐그니(James Cagney), 오손 웰즈(Orson Welles), 베티 데이비스(Bette Davis), 빌리 와일더(Billy Wilder), 시드니 프와티에(Sidney Poitier), 스티븐 스필버그(Steven Spielberg), 마틴 스콜세지(Martin Scorsese), 로버트 드 니로(Robert De Niro), 메릴 스트립(Meryl Streep), 조지 루카스(George Lucas) 그리고 알 파치노(Al Pacino) 등이 있다.

4) 설립목적

• AFI는 비영리 교육 및 문화기구로서 활동 예술의 열렬한 지지자들로부터의 넉넉한 재정지원에 의존하여 프로그램과 계획을 위한 자금을 조달한다.

• AFI는 활동 이미지의 역사와 1893년부터 현재에 이르기까지의 미국 영화 기록인 AFI 장편 극영화 카탈로그를 아우르는 AFI 기록보관소를 통해 미래 세대들을 위한 미국 영화의 유산을 보존한다.

5) 비전 및 임무

- AFI는 미국의 가장 거대한 비영리 전시기구로서, 아우디가 제공하는 영화의 예술적 우수성을 기리는 협회 연례 연말기념식인 AFI 축제 및 워싱턴 DC 내에 있는 AFI 실버 시어터에서의 연중프로그램을 포함한 다양한 행사를 제공한다.

- AFI는 AFI 평생공로상과 AFI 어워즈를 포함하여 다양한 연례 프로그램들과 특별 행사들을 통해 예술가들과 그들의 작업을 예우한다. AFI 평생공로상은 영화 분야에서 최고의 영예로 추앙받아 왔고, 21세기의 기구 연감인 AFI 어워즈는 그해의 가장 주목받은 영화와 텔레비전 프로그램에 수상한다.

- AFI의 '100년… 100편의 영화(AFI'S 100 Years… 100 Movies)'는 AFI에서 선정한 최고의 미국영화 100편을 전 세계의 영화애호가들에게 소개하고 있다. 나라 전역에서 활발히 진행되는 영화 축제 및 텔레비전 시리즈인 AFI의 '100년… 100편의 영화'는 미국의 고전 영화들이 다시금 주목을 끌도록 하였다.

- 강령에 '디지털 미디어'를 첨가하면서, AFI는 엔터테인먼트와 기술 공동체 간의 아이디어 교류를 조성하였고 이와 같은 교류를 계속해서 발전시키고 있다.

- 또한 AFI 실버 시어터와 펜실베니아주 실버 스프링에 위치한 문화 센터를 개소하여 워싱턴 공동체에 심도 있는

영화 편성과 교육적 봉사 활동을 제공한다.

- 미국영화 컨서버토리(AFI Conservatory)는 영화예술(촬영술), 연출, 편집, 프로듀싱, 프로덕션 디자인, 시나리오 등 6분야의 프로그램을 제공하며 60학점 이상 이수 시 예술학 석사학위 또는 수료증명서를 발급하고 있다. 실제 영화제작부분에서 인정받은 예술가로부터 스토리텔링에 중점을 두고 다양한 전공과목을 배울 수 있으며 이를 통해 미래의 영화인재들을 양성하고 있다.

6) 조직

(1) 평의원회

AFI는 명망 있는 평의원회가 이끄는데, 밥 가제일이 기구의 회장이자 CEO를 맡고 있고 하워드 스트링거(Howard Stringer)가 위원장직을 맡고 있으며, 이사회의 의장은 밥 댈리이다. 이 이외의 의원들은 엔터테인먼트, 경영과 학문적 커뮤니티의 주요 인사들로 구성되어 있다.

(2) AFI 협의회

전국에서 활동하는 박애주의적 지도자들로서, AFI 협의회원들은 미국영화협회와 이 협회의 국가적 강령을 위한 대사로서 봉사하도록 지명된다. 회원들은 협회의 국가적 목표들에 대해 조언을 제공하고 프로그램들을 지원한다.

2 정보원

1) *AFI Catalog*

*AFI Catalog*는 웹상에서 가장 권위 있는 필모그래픽 데이터베이스로서 1893년부터 2011년까지 제작된 6만여 편의 미국 장편영화와 1만 7천여 편의 단편영화를 포함하고 있다. 미국에서 제작되었거나 미국 제작 업체의 지원을 받은 모든 장편영화에 대해 배우, 스태프, 줄거리, 주제, 장르, 그리고 역사적 관련 내용에 대한 세부 정보들이 포함된다.

2) 이메일 구독

이 외에도 이메일 구독을 통해 다음과 같은 자료들을 받아 볼 수 있다.

- *AFI FEST Newsletter*
- *AFI News and Information*
- *Silver Theatre Newsletter*
- *AFI DOCS Newsletter*
- *3rd Party Communications*
- *American Film*
- *AFI Volunteer Opportunities*
- *AFI Directing Workshop for Women News*

3) AFI 기록보관소(AFI Archive)

(1) AFI 팟캐스트(AFI PODCASTS)

지난 40여 년 동안, AFI는 영화 예술을 기념하는 흥미 진진한 대화를 나눌 수 있도록 영화제작자들과 영화애 호가들이 함께할 수 있도록 해왔다. AFI 기록보관소에 서는 그동안 AFI가 개최했던 프로그램들을 다운로드하 거나 아이튠즈(iTunes)를 통해 볼 수 있다. AFI 팟캐스 트를 통해 제공되는 프로그램에는 다음과 같은 것들이 포함된다.

- *AFI FEST: THE HOLE* - Director Joe Dante and cinematographer Theo van de Sande discuss THE HOLE. Moderated by Jacqueline Lyanga.
- *AFI Conservatory: Robert Boyle: Part II* - Production designer Robert Boyle speaks with Fellows at the AFI Conservatory in Hollywood.
- *AFI Conservatory: Robert Boyle: Part I* - Production designer Robert Boyle speaks with Fellows at the AFI Conservatory in Hollywood.
- *AFI FEST: WOMAN WITHOUT PIANO* - Director Javier Rebollo screens WOMAN WITHOUT PIANO at AFI Fest 2009. Moderated by Robert Koehler.
- *AFI FEST: THE LOVED ONES* - Director Sean Byrne

screens THE LOVED ONES at AFI Fest 2009. Moderated by Matt Bolish.

- *AFI FEST: WAKE IN FRIGHT* – Director Ted Kotcheff screens WAKE IN FRIGHT at AFI Fest 2009. Moderated by Jacqueline Lyanga.

- *AFI FEST: THE SILENT ARMY* – Director Jean van de Velde and cinematographer Theo van de Sande screen THE SILENT ARMY at AFI Fest 2009. Moderated by Robert Koehler.

- *AFI FEST: SWEET RUSH* – Actor Pawel Szajda discusses SWEET RUSH at AFI Fest 2009. Moderated by Robert Koehler.

- *AFI FEST: IN THE ATTIC* – Director Jiri Barta screens IN THE ATTIC at AFI Fest 2009. Moderated by Matt Bolish.

- *Cinema's Legacy: DR. ZHIVAGO* – Director Brad Bird screens DR. ZHIVAGO. Moderated by John Anderson.

- *AFI Master Seminars: John Hughes: Part II* – Writer/director/producer John Hughes answers questions from AFI Fellows.

- *AFI Master Seminars: John Hughes: Part I* – Writer/director/producer John Hughes discusses his first few years making movies.

- *Directors Screenings: FUNNY PEOPLE* – Discussed with writer/director/producer Judd Apatow. Moderated by

Ben Lyons.

- *Directors Screenings: WANTED* ‑ Discussed with co-screenwriter Michael Brandt. Moderated by Variety film critic Justin Chang.

- *Directors Screenings: THE SECRET LIFE OF BEES* ‑ AFI Awards: FROZEN RIVER ‑ Discussed with actors Melissa Leo and Misty Upham. Ella Taylor moderates.

- *AFI Awards: THE CURIOUS CASE OF BENJAMIN BUTTON* ‑ Discussed with screenwriter Eric Roth. Robert Koehler moderates.

- *AFI Awards: FROST/NIXON* ‑ Discussed with director Ron Howard. Variety editor Tim Gray moderates.

- *AFI Awards MILK* ‑ Discussed with director Gus van Sant, actor Josh Brolin, screenwriter Dustin Lance Black and composer Danny Elfman. Peter Hammond moderates.

- *AFI Awards: WALL-E* ‑ Discussed with writer/director Andrew Stanton and actor Jeff Garlin. Ella Taylor moderates.

- *Directors Screenings: MIRACLE AT ST. ANNA* ‑ Discussed with actors Derek Luke, Laz Alonzo, Michael Ealy and Omar Benson Miller. Moderated by Jacqueline Lyanga.

- *AFI 100 Years··· Screening Series: THE DEFIANT ONES* ‑ Discussed with Karen Kramer to celebrate the 40th anniversary of the release of the film. Moderated by Jacqueline Lyanga.

- *Directors Screenings: CHOKE* - Discussed with writer/ director/actor Clark Gregg and actor Brad William Henke. Moderated by David Poland.
- *Directors Screenings: THE FLY* - Discussed with David Cronenberg and Howard Shore. Moderated by Variety's Steven Gaydos.
- *AFI 100 Years… Screening Series: FAME* - Discussed by Debbie Allen.
- *Music Documentary Series: RED HOT CHILI PEPPERS: UNTITLED DOCUMENTARY* - Discussed by director David Hausen.
- *Music Documentary Series: PETER TOSH: STEPPING RAZOR: RED X* - Discussed by producer Wayne Jobson and world reggae authority Roger Steffens.
- *Directors Screenings: SNOW ANGELS* - Discussed by director David Gordon Green.
- *Music Documentary Series: CACHAO: UNO MAS* - Discussed by producers Andy Garcia and Steve Ujlaki.
- *Directors Screenings: SON OF RAMBOW* - Writer/director Garth Jennings and producer Nick Goldsmith.
- *Music Documentary Series: JOY DIVISION* - Discussed by band manager Tom Atencio.
- *Directors Screenings: FORGETTING SARAH MARSHALL* - Discussed by director Nick Stoller and writer/actor Jason

Segel.

- *Music Documentary Series: YOUNG@HEART* ‑ Discussed by director Stephen Walker.

- *Music Documentary Series: GLASS: A PORTRAIT OF PHILIP IN TWELVE PARTS* ‑ Discussed by director Scott Hicks.

- *Directors Screenings: LUST, CAUTION* ‑ Q&A with Ang Lee.

- *Cinema's Legacy: THE LANDLORD* ‑ Q&A with John Singleton.

- *Cinema's Legacy: ELECTION* ‑ Q&A with Jason Reitman.

- *Directors Screenings: GONE BABY GONE* ‑ Q&A with Ben Affleck, Casey Affleck and Amy Ryan.

- *AFI On Screen: EASTERN PROMISES* ‑ Q&A with David Cronenberg.

- *AFI On Screen: SWEENEY TODD* ‑ Q&A with Tim Burton.

- *Silver Theatre Special Screening: I'M NOT THERE* ‑ VIDEO ‑ Q&A with Todd Haynes.

- *AFI On Screen: EASTERN PROMISES* ‑ Q&A with Viggo Mortensen.

- *AFI On Screen: THE WALKER* ‑ Q&A with Paul Schrader.

- *Silver Theatre Special Screening: INLAND EMPIRE* ‑

VIDEO - Q&A with David Lynch.

- *Silver Theatre Special Screening: INLAND EMPIRE* - AUDIO - Q&A with David Lynch.

- *Silver Theatre Special Screening: BLOOD DIAMOND* - VIDEO - Q&A with Ed Zwick.

- *Silver Theatre Special Screening: BLOOD DIAMOND* - AUDIO - Q&A with Ed Zwick.

- *Directors Screenings: LOVERBOY* - Q&A with Kevin Bacon and Dominic Scott Kay.

- *Directors Screenings: THE VALET* - Q&A with Francis Veber.

- *AFI AWARDS: HALF NELSON* - Q&A with Ryan Fleck, Anna Boden, Lynette Howell and Shareeka Epps.

- *AFI AWARDS: INSIDE MAN* - Q&A with Brian Grazer.

- *AFI AWARDS: UNITED 93* - Q&A with Christian Clemenson and Trish Gates.

- *AFI-Discovery Channel Silverdocs: THE BLOOD OF THE YINGZHOU DISTRICT* - World Premiere Q&A.

- *AFI-Discovery Channel Silverdocs: ENVISIONING FAITH THROUGH THE DOCUMENTARY LENS.*

- *Music Documentary Series: METAL: A HEADBANGER'S JOURNEY* - Q&A with Sam Dunn and Scot McFadyen.

- *Directors Screenings: WAH-WAH* - Q&A with Richard E. Grant and Steve Martin.

- *Directors Screenings: ONCE IN A LIFETIME: THE EXTRAORDINARY STORY OF THE NEW YORK COSMOS* ‐ Q&A with Paul Crowder and John Battsek.
- *Directors Screenings: LITTLE MISS SUNSHINE* ‐ Q&A: Greg Kinnear, David Friendly and Marc Turtletaub.
- *Directors Screenings: STRANGERS WITH CANDY* ‐ Q&A with Paul Dinello and Amy Sedaris.
- *Uncensored Documentary Series: THE ROAD TO GUANTANAMO* ‐ Q&A with Amnesty International, Jumana Musa and Eric Sears.
- *AFI-Discovery Channel Silverdocs: THE BREAST CANCER DIARIES* ‐ Post screening discussion.
- *AFI-Discovery Channel Silverdocs: Martin Scorsese and Jim Jarmusch talk docs* ⋯
- *2006 Charles Guggenheim Symposium.*
- *AFI-Discovery Channel Silverdocs: The Future Of Real: E-Media, I-Media, What Media, Whose Media?*
- *AFI-Discovery Channel Silverdocs: The Distribution Revolution With Peter Broderick.*
- *AFI-Discovery Channel Silverdocs: THE HEART OF THE GAME* ‐ Post screening discussion.

(2) 아이튠즈를 통한 구독(SUBSCRIBE VIA ITUNES)

AFI는 영화제작자 토론과 관객 질의응답 자료를 아이튠즈

를 통해 구독할 수 있도록 제공하고 있으며, 다음과 같은
내용을 담고 있다.

- *AFI: Robert Boyle: Part I* / Production Designer Robert
  Boyle speaks with Fellows at the AFI Conservatory in
  Hollywood.
- *AFI: WOMAN WITHOUT PIANO* / Director Javier Rebollo
  screens WOMAN WITHOUT PIANO at AFI Fest 2009.
  Moderated by Robert Koehler.
- *AFI: WAKE IN FRIGHT* / Director Ted Kotcheff screens
  WAKE IN FRIGHT at AFI Fest 2009. Moderated by
  Jacqueline Lyanga.
- *AFI: THE LOVED ONES* / Director Sean Byrne screens
  THE LOVED ONES at AFI Fest 2009. Moderated by Matt
  Bolish.
- *AFI: THE SILENT ARMY* / Director Jean van de Velde
  and cinematographer Theo van de Sande screen THE
  SILENT ARMY at AFI Fest 2009. Moderated by
  Robert Koehler.
- *AFI: SWEET RUSH* / Actor Pawel Szajda screens SWEET
  RUSH at AFI Fest 2009. Moderated by Robert Koehler.
- *AFI: IN THE ATTIC* / Director Jiri Barta screens IN THE
  ATTIC at AFI Fest 2009. Moderated by Matt Bolish.
- *AFI: DR. ZHIVAGO* / Director Brad Bird screens DR.

ZHIVAGO. Moderated by John Anderson.

- *AFI: John Hughes: Part I* / Writer/director/producer John Hughes discusses his first few years making movies.

- *AFI: John Hughes: Part Ⅱ* / Writer/director/producer John Hughes answers questions from AFI Fellows.

- *AFI: FUNNY PEOPLE* / Discussed with writer/director/producer Judd Apatow. Moderated by Ben Lyons.

- *AFI: WANTED* / Discussed by co-screenwriter Michael Brandt. Moderated by Variety film critic Justin Chang.

- *AFI: THE SECRET LIFE OF BEES* / Discussed by writer/director Gina Prince-Bythewood and producer Joe Pichirallo. Jacqueline Lyanga moderates.

- *AFI: FROZEN RIVER* / Discussed by actors Melissa Leo and Misty Upham. Ella Taylor moderates.

- *AFI: THE CURIOUS CASE OF BENJAMIN BUTTON* / Discussed by screenwriter Eric Roth. Robert Koehler moderates.

- *AFI: FROST / NIXON* / Discussed by director Ron Howard. Variety editor Tim Gray moderates.

- *AFI: MILK* / Discussed by director Gus van Sant, actor Josh Brolin, screenwriter Dustin Lance Black and composer Danny Elfman. Peter Hammond moderates.

- *AFI: WALL-E* / Discussed by writer/director Andrew Stanton and actor Jeff Garlin. Ella Taylor moderates.

- *AFI: MIRACLE AyanT ST. ANNA* / Discussed by actors

Derek Luke, Laz Alonzo, Michael Ealy and Omar Benson Miller. Jacqueline Lga moderates.

- *AFI: THE DEFIANT ONES* / Discussed by Karen Kramer to celebrate the 40th anniversary of the release of the film. Moderated by Jacqueline Lyanga.

- *AFI: CHOKE* / Discussed by writer / director / actor Clark Gregg and actor Brad William Henke.

- *AFI: THE FLY* / Discussed by David Cronenberg and Howard Shore.

- *AFI: FAME* / Discussed by Debbie Allen.

- *AFI: RED HOT CHILI PEPPERS: UNTITLED DOCUMENTARY* / Discussed by director David Hausen.

- *AFI: PETER TOSH: STEPPING RAZOR: RED X* / Discussed by producer Wayne Jobson and world reggae authority Roger Steffens.

- *AFI: SNOW ANGELS* / Discussed by director David Gordon Green.

- *AFI: SON OF RAMBOW* / Discussed by writer / director Garth Jennings and producer Nick Goldsmith.

- *AFI: JOY DIVISION* / Discussed by band manager Tom Atencio.

- *AFI: CACHAO: UNO MAS* / Discussed by producers Andy Garcia and Steve Ujlaki.

- *AFI: FORGETTING SARAH MARSHALL* / Discussed by

director Nick Stoller and writer / actor Jason Segel.

- *AFI: LUST, CAUTION* / Q&A: Ang Lee.
- *AFI: YOUNG@HEART* / Discussed by director Stephen Walker.
- *AFI: GLASS: A PORTRAIT OF PHILIP IN TWELVE PARTS* / Discussed by director Scott Hicks.
- *AFI: ELECTION* / Q&A: Jason Reitman.
- *AFI: THE LANDLORD* / Q&A: John Singleton.
- *AFI: GONE BABY GONE* / Q&A: Ben Affleck, Casey Affleck and Amy Ryan.
- *AFI: EASTERN PROMISES* / Q&A with director David Cronenberg. LA Weekly film critic Scott Foundas moderates.
- *AFI: SWEENEY TODD* / Q&A with director Tim Burton. Film critic Claudia Puig moderates.
- *AFI: EASTERN PROMISES* / Q&A with actor Viggo Mortensen. LA Weekly film critic Scott Foundas moderates.
- *AFI: THE WALKER* / Q&A with writer / director Paul Schrader. Moderated by Variety film critic Robert Koehler.
- *AFI: INSIDE MAN* / Nancy Collet and Brian Grazer.
- *AFI: HALF NELSON* / Erin Anderson, Ryan Fleck, Anna Boden, Lynette Howell, Shareeka Epps.
- *AFI: UNITED 93* / Christian Clemenson and Trish Gates

- *SILVERDOCS: THE BLOOD OF THE YINGZHOU DISTRICT.*
- *THE BLOOD OF THE YINGZHOU DISTRICT WORLD PREMIERE Q&A - SILVERDOCS 2006.*
- *AFI: WAH-WAH.*
- *AFI: ONCE IN A LIFETIME: THE EXTRAORDINARY STORY OF THE NEW YORK COSMOS* / Paul Crowder, John Battsek, audience Q&A.
- *AFI: METAL: A HEADBANGER'S JOURNEY* / Sam Dunn, Scot McFadyen Q&A.
- *AFI: LITTLE MISS SUNSHINE* / Greg Kinnear, David Friendly, Marc Turtletaub, audience Q&A.
- *AFI: STRANGERS WITH CANDY* / Amy Sedaris, Paul Dinello, audience Q&A.
- *AFI: THE ROAD TO GUANTANAMO* / Amnesty International, Jumana Musa, Eric Sears, audience Q&A.
- *SILVERDOCS: THE BREAST CANCER DIARIES.*
- *THE BREAST CANCER DIARIES*-Discussion with filmmaker Linda Pattillo and film subject Ann Murray Paige.
- *SILVERDOCS: Special Presentation* / Special Presentation: The Distribution Revolution With Peter Broderick, President, Paradigm.
- *SILVERDOCS: THE FUTURE OF REAL* / *THE FUTURE OF REAL: E-MEDIA, I-MEDIA, WHAT MEDIA, WHOSE MEDIA?*

- *SILVERDOCS: Martin Scorsese and Jim Jarmusch /* Martin Scorsese and Jim Jarmusch talk docs…
- *SILVERDOCS: THE HEART OF THE GAME Q&A /* Post screening discussion of THE HEART OF THE GAME

AfTW

Art For The World

세계예술기구

① 기구

1) 소재지

소재국가 스위스

주   소 Geneva, Switzerland

전   화 +41 22 789 15 57

전자우편 info@artfortheworld.net

홈페이지 http://www.artfortheworld.net

2) 성격

ART for The World는 유엔공보국(United Nations Department
of Public Information, UNDPI)과 제휴를 맺고 있는 비정부
기구이다. 이 기구는 스위스 제네바에 본부를 두고 있으며,

2005년부터 이탈리아 밀란에 본부를 두고 있는 자매기관 Art for The World Europa와 협력하고 있다.

3) 설립연혁

- 1995년 저명한 국제적 큐레이터이자 현대 예술의 지평을 넓힌 선구자들 중 하나인 아델리나 본 퓌르스텐베르크(Adelina von Fürstenberg)는 평화의 대화(Dialogues de Paix) 기간에 ART for The World를 설립하였다.
- 주요한 전람회 중에서, 1997년 Art for The World는 알리기에로 에 보에티(Alighiero e Boetti), 쉬라제 후쉬아리(Shirazeh Houshiary), 일리야 카바코프(Ilya Kabakov), 카치미(Kacimi), 아니쉬 카푸어(Anish Kapoor), 라키드 코레키(Rachid Koraichi), 솔 르윗(Sol LeWitt), 마리아 카르멘 페를링게이로(Maria Carmen Perlingeiro), 천전(Chen Zhen)과 같은 다수의 국제 예술가들과 함께 모로코 마라케시의 메데르사 이븐 유세프에서 명상록(Meditations)을 조직하였다.
- 1998년 세계보건기구의 50주년 기념행사에서, AfTW는 제네바, 뉴욕, 상파울로, 뉴델리 그리고 밀란에서 인식의 끝(The Edge of Awareness)이란 국제여행전람회의 큐레이터 역할을 수행하였다.
- 2000년 인권고등판문관의 50주년 기념을 위해, AfTW는 난민 아동들을 위한 운동장 및 장난감(Playgrounds and

Toys for Refugee Children)이란 프로젝트를 기획하였고, 그때부터 인도, 아르메니아, 영국 등지의 예술가들이 디자인한 운동장들을 만들어 오고 있다. 파브리스 지지(Fabrice Gygi), 파비아나 디 바로스(Fabiana de Barros), 조셉 코수스(Joseph Kosuth), 안드레아스 앙겔리카키스(Andreas Angelikakis) 그리고 엘레니 코스티카(Eleni Kostika)가 초대된 예술가 및 건축가에 속한다.

- 2001년 유엔의 인종차별 철폐를 위한 프로그램(the Program for the Elimination of Racial Discrimination of the United Nations) 내에서, AfTW는 실비 플뢰리(Sylvie Fleury), 밀토스 마네타스(Miltos Manetas), 트레이시 모팻(Tracey Moffatt), 헬리오 오이티시카(Hélio Oiticica), 백남준 등 예술가들과 함께 제네바, 밀란, 상파울로에서 현 시대 세계 속에서의 스포츠의 역할을 바탕으로 국제 순회 예술 전람회인 'The Overexcited Body'를 홍보하였다.

- 2005~2007년에는 베이징여성협약(Beijing Women Convention)의 10주년 기념식을 위해, AfTW는 마리나 아브라모빅(Marina Abramović), 시린 네샤트(Shirin Neshat), 왕두(Wang Du), 가다 아메르(Ghada Amer), 베를린데 디 브루익케레(Berlinde De Bruyckere) 등의 예술가들과 함께 제네바, 플로렌스 그리고 상파울로에서 국제 투어링 전람회인 'Woman Women'을 기획하였다.

- 2007~2010년에 AfTW는 인도 예술 도회풍: 인도 출신 15인의 현대 예술가들(Indian art Urban Manners: 15 Contemporary

Artists from India)에서 대규모의 순회 전람회를 조직하였고, 이 전람회에서는 쉬바 차치(Sheba Chhachhi), 아툴 도디야(Atul Dodiya), 바티 커(Bharti Kher), 스보드 굽타(Subodh Gupta), 랑비르 칼레카(Ranbir Kaleka), 지티쉬 칼랏(Jitish Kallat), 라구비르 싱(Raghubir Singh), 비반 순다람(Vivan Sundaram) 등 국제적으로 잘 알려진 인도 예술가들에 의한 작업들을 선보였다.

- 2010년에는 '건강하게 살고, 잘 살자(Vivere Sani Vivere Bene)'라는 행사의 경합에서, 조에/잠본재단(Fondazione Zoé/Zambon) 그룹이 1998년 '인식의 끝'이라는 전람회를 위한 첫 공동작업으로서 건강이란 테마에 초점을 두었고, 특히 숨결에 더욱 초점이 맞춰진 전람회를 조직하도록 AfTW를 초대하였다.

- 숨결/숨(Respiro/Breath)이라는 영화가 이탈리아의 도시 비첸차 주변의 다양한 공간과 현장에서 소개되었는데, 특히 비토 아콘치(Vito Acconci), 니코스 나르브리디스(Nikos Navridis) 등에 의한 오디오 및 비디오 설치물과 스테파노 아리엔티(Stefano Arienti), 알프레도 자(Alfredo Jaar), 일리야 카바코프(Ilya Kabakov), 솔 르윗(Sol LeWitt), 팻 스타이어(Pat Steir)에 의한 광고판이 주목을 받았다.

- 2011~2012년에 AfTW는 지중해 연합(Union for the Mediterranean) 내 문화 위원회와 유럽의 문화 자본인 마르세유 프로방스 2013(Marseille Provence 2013)의 원조를 받아 순회 전람회였던 지중해의 접근(The Mediterranean Approach)

을 조직하였다. 모든 지중해 민족들을 연결하는 잠재적인 깊은 정체성의 일부로서의 유사성뿐만 아니라 차이를 강조하는 것을 목표로 하면서, 2011년 베니스의 팔라초 제노비오에서 개최되었다.

- 2008년 이래로, AfTW는 인간적, 문화적 및 사회적 주요 쟁점들과 관련된 영화 프로젝트를 생산하고 보급해오고 있다. 2008년에는 세계인권선언의 60주년을 기념하기 위해 세계인권선언으로부터 영감을 받아, 마리나 아브라모빅(Marina Abramović), 피필로티 리스트(Pipilotti Rist), 루나 이슬람(Runa Islam) 등 22인의 비디오 아티스트들과 세르게이 보드로프(Sergei Bodrov), 하니 아부 아사드(Hany Abu Assad), 압데라만 시사코(Abderrhamane Sissako), 장게 지아(Zang-Ke Jia) 등 전 세계 독립 영화제작자들이 제작한 단편영화 시리즈를 통해 구성된 장편영화 <인권 이야기(Stories on Human Rights)>를 제작했고 2009년과 2010년 사이 70개 이상의 영화 페스티벌과 행사에서 상영하였다.
- 2010~2011년에 AfTW는 UN 문명연대와 유럽회의의 원조를 받아 <그때와 지금 국경과 차이를 넘어>라는 새로운 단편영화 시리즈 7편을 제작했다. '모든 이는 사상, 양심 및 종교의 자유에 대한 권리를 지닌다'라는 세계인권선언 18조에 영감을 받아, 그 옴니버스 영화는 문화와 신념을 가로지르는 오랜 역사적·정신적 고리를 부각시키는 영화의 스토리를 만들었다. 이로써 관용을 촉진시키기 위해 다섯 대륙 출신의 저명한 영화제작자 7인을

포함한다. 타타 아마랄(Tata Amaral, 브라질), 화니 아르당 (Fanny Ardant, 프랑스), 후세인 카라베이(Hüseyin Karabey, 터키), 마스베도(Masbedo, 이탈리아), 이드리사 우에드라오고 (Idrissa Ouedraogo, 부르키나파소), 자파르 파나히(Jafar Panahi, 이란), 로버트 윌슨(Robert Wilson, 미국)이 이에 속한다.

- AfTW는 후손들을 위해 생명을 위협하는 질병인 암을 제 거하고 암투병자들의 사명을 지지하기 위해 현재 새로운 제작 작업에 매진하고 있는데, <신화와 오해(가제)>라는 극영화가 바로 그것이다. 이 영화는 전 세계적으로 수상 받은 영화제작자들이 만든 여섯 개의 독창적인 단편영화 들로 구성될 것인데, 카림 아이누즈(Karim Aïnouz, 브라질), 파우지 벤사이디(Faouzi Bensaïdi, 모로코), 세르게이 보드로 프(Sergei Bodrov, 러시아/미국), 샤올루 구오(Xiaolu Guo, 중 국), 후세인 카라베이(Hüseyin Karabey, 터키)가 이에 속한다. 암에 대항하는 주된 무기들 중 하나가 의학적 연구, 인 식, 책임 그리고 행동과 함께 존재한다. <신화와 오해>는 암, 암 조절 및 암 예방과 관련된 쟁점들을 제시하고 논 의하는 것을 목표로 두고 있다. 또한, 다양한 단편영화를 통해 구체적으로 묘사되는 매우 다양한 테마들의 도움에 힘입어 이런 질병과의 싸움에서 품는 희망뿐만 아니라 인식을 증가시킨다.

4) 비전 및 임무

- AfTW의 사명은 관용과 연대를 장려하고 인간의 권리로 서의 교육을 촉진하기 위해, 예술이라는 세계 공통어를 통해, 다양한 민족, 문화, 세계관 사이의 의미 있고 영속 적인 대화를 창조하는 것이다. AfTW는 1995년 유엔의 50주년을 기념하도록 구상된 평화의 대화라는 전람회의 직접적인 결과물이다.

- AfTW는 전 세계 예술가들의 참여와 함께하는 전람회들 을 조직한다. 이런 행사들은 1948년 유엔에서 채택된 세 계 인권 선언에서 소중히 여겨지고 유럽연합 기본권 헌 장에 의해 기본적 가치로서 선언된 인권, 존엄성, 자유 그리고 결속의 이상향들에 기반을 두고 있다.

- 이바지하는 기관과 기업뿐만 아니라 예술가, 지성인, 큐 레이터, 수집가, 다른 관계자들에 의해 공유되는 근본적 인 이상향들을 지향한다. AfTW는 창조적 노력과 인류복 지의 중요성에 대한 더욱 큰 인식과 더욱 깊은 이해를 대규모로 발달시키기 위해 유럽과 전 세계에서 문화적으 로 중요한 의미가 있는 곳들에서 특별 전람회와 행사들 을 조직한다.

- 멕시코의 히스패닉계 수녀원, 베네치아 운하에 있는 아 르메니아 수도원, 모로코 소재 이슬람 신학교처럼 역사 적인 가치가 있는 건물로서 건물 자체가 예술작품인 것 을 보여준다. 이를 통해 현대미술관으로 잠시 바뀐 역사

적인 곳에서 특별히 여겨지는 현대 예술작품들을 보여줌을 통해, AfTW는 새로운 관중들과 광범위한 매스컴의 보도 모두를 유치하면서 유적에 새로운 생명을 불어넣고, 지역적·국제적으로 메시지를 확산시킬 수 있다.

• AfTW는 예술가들의 공동체와 인권의 원칙을 옹호하고 증진시키는 단체들과의 긴밀한 협력 속에서 작업한다. 유엔, 세계보건기구, 유엔 난민고등판무관 그리고 유럽의회 등과 같은 기구들이 여기에 속한다.

• AfTW는 유엔공보국과 관계를 맺고 있는 유일한 비정부기구로서 현대예술을 통해 유대와 민주주의를 증진시키는 데 활발히 관여한다.

• AfTW의 사명은 예술과 사회 간에 다리를 구축하는 것이다. 이 단체의 진취성은 우리 사회를 각성시키는 쟁점들에 대한 대중의 관심을 끌어올리기 위하여 인도주의적 목표뿐만 아니라 미학적 목표에 확고히 참여한다.

5) 활동

'모든 이들은 공동체의 문화적 삶에 자유롭게 참여하고, 예술을 즐기며 학문적 진보와 그것의 이익 분배에 참여할 권리를 지닌다'는 세계인권선언 27조에 영감을 받아 AfTW는 다음과 같은 영역에서 활발히 활동한다.

• 문화 행사의 구상과 실시: 예술과 관례상 연관되지 않은

국제기구 및 타 공공기관들뿐만 아니라 박물관, 대학교, 학교 등과 함께 현대예술, 음악, 출판, 심포지엄, 워크숍, 전람회 개최

- 영화제, 국제단체, 대학교, 학교 등과 함께 우리 사회의 주된 이슈들에 대해 주로 다루며 소질 있는 것으로 이름 난 영화제작자들에 의한 단편영화의 구상, 생산, 배급
- 인권의 옹호와 장려: 프로젝트들은 대중들의 인간적 및 사회적 쟁점에 대한 의식을 높이기 위해 항상 인도주의적 목표에 초점
- 착수되는 다양한 테마들은 아동의 인권, 여성의 생활환경, 환경 친화적 개발, 빈곤 및 연대 책임, 건강과 복지, 교육 등을 포함
- 문화적 다양성 및 소수집단의 문화 증진: 다양한 성, 출신, 인종, 종교 등을 가진 개인과 집단들 간의 상호 이해를 발전시키기 위해 고안된 주도적 계획

② 정보원

1) 블로그

AfTW의 기록물들은 별도로 운영 중인 블로그에서 살펴볼 수 있는데, 각 출판물마다 출판연도, 출판지, 출판사, 크기, 페이지 수, 컬러 여부, 내용구성, 참여 예술가, 언어 등의

정보가 제공되며 다음과 같은 것들이 있다.

- *MEDITATIONS*
- *THE EDGE OF AWARENESS*
- *PHILIP JOHNSON*
- *ART for The World(1996~2002)*
- *THE OVEREXCITED BODY. Art and Sport in Contemporary Society*
- *JANNIS KOUNELLIS*
- *DONNA DONNE*
- *VISIONI DEL FEMMINILE NELLA STORIA E NELL'- ARTE* by Fulvio Salvadori
- *SANTA FE* by Jannis Kounellis
- *1st Edition of Contemporary Art on the Lake Maggiore*
- *BALKAN EPIC* by Marina Abramovic
- *BALKAN EROTIC EPIC* by Marina Abramovic
- *COLLATERAL. When Art looks at Cinema*
- *WILLIAM KENTRIDGE, LILIANA MORO, ROBERT WIL- SON & MICHAEL GALASSO*
- *MULHER MULHERES*
- *URBAN MANNERS. 15 Contemporary Artists from India*
- *COLATERAL 2. Quando a arte olha o cinema*
- *STORIES ON HUMAN RIGHTS* by Filmmakers, Artists and Writers

- *THE LANGUAGE OF EQUILIBRIUM* by Joseph Kosuth
- *STILLLIFE* by Luca Pancrazzi
- *BETWEEN STORIES* by Sheba Chhachhi
- *URBAN MANNERS 2 Artistas Contemporaneos de India*

2) 뉴스레터

(1) February 2014

- *FOOD*
- *Reflections on Mother Earth, Agriculture and Nutrition*
- *HERE AFRICA*
- *Contemporary Africa as seen through the Eyes of its Artists*

(2) September 2013

- *Thessaloniki biennale: 4 of Contemporary Art*

(3) October 2012

- *ART for The World Europa at Assab One*, via Assab 1, 20132 Milan
- *The Mediterranean Approach at SESC Pinfeiros*, Sao Paulo, Brazil
- *FOOD*, Press Conference at Palazzo Isimbardi, Milan
- *Opening of FOOD at Ariana Museum*, in Geneva

(4) Spring 2012

- *Exhibitions*
- *New Art Project*
- *Conference: Art as instrument of Awareness*
- *ART for The World and Cinema*
- *The Accordion* by Jafar Panahi(2010)
- *Member of the Jury*
- *Golden Apricot International Film Festival*
- *New Productions*
- *Who are we?*
- *Other news*

3) 전시회 기록관

(1) 2013~2014 Everywhere but Now
- 제4회 데살로니키 비엔날레(4th Biennial of Thessaloniki)/ 2013년 9월 18일~2014년 1월 31일

(2) 2012~2013 Food
- 제네바 아리아나 박물관(Musee Ariana)/2012년 12월 18일~2013년 2월 24일

(3) 지중해 특집(2011~2012)

(4) 과거 프로젝트(1996~2010)

- *BAJO EL VOLCÁN*, Tepozlan, Mexico(1996)
- *ROBERT RAUSCHENBERG ALL'ISOLA DI SAN LAZZARO*, Venice(1996)
- *MEDITATIONS*, Marrakech, Morocco(1997)
- *CONCERT BY MICHAEL GALASSO*, Venice(1997)
- *THE EDGE OF AWARENESS*, Geneva, New York, Sao Paulo, New Delhi, Milan(1998)
- *CHILDREN MUSEUM BY PHILIP JOHNSON*, Venice (1999)
- *ART AND SOCIAL REALITIES*, Geneva(2000)
- *PLAYGROUNDS & TOYS*, Geneva, Rome, New York, Lugano, London(2000)
- *THE SILENCE BY ALFREDO JAAR*, Geneva(2000)
- *THE OVEREXCITED BODY*, Milan, Sao Paulo(2001)
- *PLAYGROUNDS & TOYS*, Athens, New Delhi(2002)
- *JANNIS KOUNELLIS*, Venice(2003)
- *ART & SPORT*, Geneva(2003)
- *PLAYGROUNDS & TOYS*, Yerevan, Armenia(2003)
- *4 YOUNG ARMENIAN ARTISTS*, Yerevan, Armenia(2003)
- *PLAYGROUNDS & TOYS*, Paris, New Delhi, Monte Carlo, London(2004)
- *VIDEO INSTALLATIONS*, New Delhi(2004)
- *FEMME(S)*, Carouge/Geneva(2005)

- *SANTA FE BY JANNIS KOUNELLIS*, Lake Maggiore, Italy(2005)
- *DONNA DONNE*, Florence(2005)
- *PLAYGROUNDS AND TOYS*, Milan(2005)
- *PLAYGROUNDS AND TOYS*, Haryana, India(2005)
- *BALKAN EROTIC EPIC BY MARINA ABRAMOVIC*, Sao Paulo, Brazil(2006)
- *2nd EDITION OF CONTEMPORARY ART ON THE LAKE MAGGIORE ISOLA MADRE*, Lake Maggiore, Italy(2006)
- *VITO ACCONCI*, Milan(2006)
- *BALKAN EPIC BY MARINA ABRAMOVIC*, Milan, Italy(2006)
- *Urban Manners, 15 Contemporary Artists from India*, Milan, Italy(2007)
- '*The Language of Equilibrium*', JOSEPH KOSUTH, Island of San Lazzaro degli Armeni, Venice, Italy(2007)
- *COLLATERAL(When Art looks at Cinema)*, Milan, Italy(2007)
- *MULHER MULHERES*, Sao Paulo, Brazil(2007)
- *STORIES ON HUMAN RIGHTS*, by Filmmakers, Artists and Writers(2008)
- *VOOM PORTRAITS*, Robert Wilson, Sao Paulo, Brazil(2008)

- *COLLATERAL 2(When Art Looks at Cinema)*, Sao Paulo, Brazil(2008)
- *STORIES ON HUMAN RIGHTS* by Filmmakers, Artists and Writers(2009)
- *LA PRUA*, by Marta Dell'Angelo, Milan, Italy(2009)

4) 연결기구

(1) 국제기구(International Organizations)
- 유엔(United Nations)
- 세계보건기구(World Health Organization)
- 인권최고대표사무소(Office of the High Commissioner for Human Rights)
- 유엔지역정보센터(United Nations Regional Information Centre)

(2) 유럽기구(European Institutions)
- 유럽의회(European Parliament)
- 유럽연합 집행위원회(European Commission)
- 유럽회의(Council of Europe)

(3) 국가기관(National Authorities)
- SESC Serviço Social do Comercio
- SESC PINHEIROS SAO PAULO

- SESC POMPEIA SAO PAULO

(4) 예술기구(Art Institutions)
- 베네치아 비엔날레(Biennale di Venezia)
- 데스테 재단, 아테네(Deste Foundation, Athens)
- Frac des Pays de la Loire
- Hangar Bicocca, Milan
- MAC - Musée d'art contemporain de Marseille
- MADRE - Museo d'Arte Contemporanea Donna Regina, Naples
- NABA - Nuova Accademia di Belle Arti di Milano
- MoMA PS1 Contemporary Art Center, New York
- MAP - Multimedia Art Platform
- Musée Ariana, Genève
- MuCEM, Marseille

(5) 기타 기구(Other Institutions)
- ACEVO, London

(6) 영화제(Film Festivals)
- Amnesty International Film Festival
- Cape Winelands Film Festival
- Golden Abricot, Yerevan International Film Festival
- Jerusalem Film Festival
- Sarajevo Film Festival

- Sydney Film Festival
- Tokyo Film Festival
- Toronto Worldwide Short Film Festival

(7) TV

- Ikono TV

AiA

Authentication in Art

예술인증협회

1 기구

1) 소재지

소재국가　네덜란드

주　　소　AiA

　　　　　　P.o. box 11574

　　　　　　2502 AN The Hague

　　　　　　The Netherlands

전자우편　office@authenticationinart.org

홈페이지　http://www.authenticationinart.org

2) 성격

예술인증협회(Authentication in Art, AiA)는 2012년 초기에
설립된 비영리독립기구이다. 이 기구는 네덜란드의 국제

평화와 정의 도시인 헤이그에 본부를 두고 있으며 국제 비영리 규정을 준수한다.

3) 활동

AiA는 예술 인증에 있어 최고의 실천을 촉진시키고 증진시키기 위해 활동할 수 있는 포럼을 창출하기 위해 모인 저명한 국제 예술계 전문가들로 구성되어 있다. AiA는 리더십을 제공하고 대화를 형성하며, 건전한 실천을 개발하고 국제 수집가, 예술사학자, 예술 시장 전문가, 금융 기관, 법률 자문가, 신탁 및 자산 변호사 그리고 여타 국제예술시장 이해관계자들을 포함하는 광범위한 예술 공동체와 더불어 회원들을 연계시켜 준다.

4) 조직

예술인증협회 재단 이사회는 대표회의 조직으로부터 보고를 받는다. 이러한 대표회의 조직은 대표회의 기획자, 공동 기획자 그리고 대표회의 팀으로 구성되어 있고, 이와 별도로 자문 위원회가 설치되어 있는데, 이 위원회는 대표회의의 조직과 다양한 계획의 촉진을 돕기 위해 재단의 이사회에 주기적으로 조언을 해주고 방향을 설정하는 저명한 학계 및 예술시장 전문가들로 구성된 비공식 위원회이다.

② 정보원

1) 밀코 덴 리우(Milko den Leeuw)

밀코 덴 리우는 기술적 및 과학적 회화 조사를 전문으로 하는 회화 보존전문가이다. 그는 보존 및 픽토그램 훈련을 1989년 암스테르담에 위치한 도라 반 단치그(Dora van Dantzig) 스튜디오에서 마쳤다. 17세기 네덜란드 대가들에 대한 프로젝트의 인턴십 과정 이후, 그는 1991년 회화 복원 및 연구 아틀리에(Atelier for Restoration & Research of Paintings, ARRS)를 설립하였다. 그 후로 밀코 덴 리우는 전 세계 많은 박물관, 미술상 및 개인 수집가들과 더불어 일을 하였다. 그는 박물관 카탈로그, 국제 동업자 평가 저널 및 협상문들에 등장한 수많은 저작물들을 작성하였다.

2) 회화 복원 및 연구 아틀리에(Atelier for Restoration & Research of Paintings, ARRS)

ARRS는 회화의 인증 연구 및 재발견의 새로운 기술들과 관련된 수많은 국제적인 출판물을 생산해오고 있다. ARRS 는 렘브란트 반 레인(Rembrandt van Rijn), 헨드릭 테르 브루그헨(Hendrick ter Brugghen), 제랄드 테르 보르찬드(Gerard ter Borchand)와 같은 네덜란드 순수 미술의 위대한 거장들의 작품들을 보존하는 작업에 참여해오고 있다.

3) AiA 뉴스레터

- *The March invitation incl detailed congress program*
- *The March 2014 edition*
- *The February 2014 edition*
- *The Special 2013 Christmas edition(comprising the fully detailed congress programme)*
- *The Winter 2013 edition*
- *The Autumn 2013 edition*
- *The Summer 2013 edition*

4) AiA 도서관

예술인증협회는 예술 시장에서의 중요한 발전을 아우르는 주제들을 통해 다양한 정보를 제공하고 있다.

(1) 예술 시장 뉴스(Art Market News)

- Modernizing Art History-*The Wall street Journal*
- Rembrandt expert urges National Gallery to rethink demoted painting ‑ *The Guardian*
- Painting bought for 150 found to be Salvador Dali's earliest surrealist work ‑ *The Telegraph*
- 'Bumpy' canvas reveals hidden portrait of Whistler's mistress ‑ *Art Newspaper*
- Connoissuers and scientists both rely on ways of

seeing － *Art Newspaper*

- Struggling Immigrant Artist Tied to $80 Million New York Fraud － *NY Times*
- Is this Rothko Real? － *Wall Street Journal*
- Indictment Results How to Forge a Masterpiece － *NY Times*
- Partner of Glafira Rosales arrested amid ongoing forgery case － *Art Newspaper*
- Knoedler Art Forgers Charged by US Attorney in Long Awaited Indictment － *Artnet*
- Pastor Convicted of Trying to Sell Counterfeit Art － *Art Newspaper*
- Lost 'Raphael' surfaces in Spain － *Art Newspaper*
- Small Decision Big Impact － *Art Newspaper*
- Owner gives up fight to save 'Chagall' painting － *BBC News*
- Some Forgeries Are Faker Than Others － *Forbes*
- The Underbelly Of Art Forgery On Display At Springfield Museums － *WGBH*
- Knoedler Forgery Lawsuit Names Art Historian as Defendant － *NYT*
- Rothko painting bought for $7.2M was a fake painted in a garage, purchaser says in lawsuit － *ABA Journal*

- Exhibition puts debate over Caravaggio's work to the fore - *Art Newspaper*
- Art experts to investigate who is really behind 'El Greco' portrait - *Herald Scotland*
- Sheetal Mafatlal had got the fake paintings made? - *DNA India*
- A sense of betrayal and suspicion grips the art world - *FT*
- Knoedler fakes case-Rosales sentencing postponed - *ArtNewspaper*
- Retrospective-Rediscovered Dossi Reappears on Jeep - *ARTNews*
- Un Rembrandt volé en 1999 a été retrouvé à Nice - *Libération*
- No more silence of the scholars - *Art Newspaper*
- Christie's Pulls One Basquiat Work From Auction After Authenticity Challenge - *CBS NY*
- Basquiat's siblings file $1 million lawsuit against Christie's - *NY Daily News*
- US Attorney reveals more Abstract Expressionist fakes found in Queens - *Art Newspaper*
- The Con Artist-*A multimillion dollar art scamCBSNews*
- Елена Баснер перешла на фено - *Vesti*
- Еще одна подделка в деле Елены Баснер - *FLB*

- Revealed-the art experts who pass fakes as authentic - *the Guardian*
- Avoiding fakes and forgeries-how to find the real deal - *Telegraph*
- French court victory for art specialists - *FT*
- Warning of 'industrial' trade in fake paintings - *Telegraph*
- Can you spot the fake? - *Gazettenet*
- *Ain't Nothing Like the Real Thing-Despite Forgery Scandals, the Fine Art Market is Booming* - *National Law Review*
- Lab detectives help expose art fakes - *AFP*
- Nuclear analysis proves Venice Guggenheim's Léger is a fake - *Art Newspaper*
- Bukowskis expert gripen i konsthärva - *Aftonbladet*
- Helsinkiläisen huutokaupan taideasiantuntija pidätettiin Pietarissa - *Ilta Sanomat*
- Betrugsfall im Kunsthandel schockiert Petersburger Kulturszene - *Sankt-Petersburger Herold*
- Консультант по живописи Елена Баснер задержана по подозрению в мошенничестве - *Телеканал*
- Елена Баснер задержана по подозрению в мошенничестве - *Телеканал*
- More background info on Morrisseau and the hoax

of provenance here…

- Lawsuits allege Norval Morrisseau paintings fake -
  CBCnews

- A Modigliani? Who Says So?-*NYT*

- IJsbeerhaar in verf-dus een echte Pollock? - *NRC*

- Forged painting of Turkish artist Nejad Melih Devrim
  discovered at Sotheby's - *Hürriyet Daily News*

- The Cleveland Museum of Art rejects claims that
  its upcoming Van Gogh show includes eight fakes -
  Cleveland COM

- Is this a Van Gogh self-portrait? New book claims
  it is a forgery - *DutchNews*

- Springfield exhibit explores deceit in art world - *The
  Boston Globe*

- £20 million art masterpiece owned by Scots
  museum is a fake, says expert - *Daily Record*

- Russia reclaims Goncharova as her own - *Art News-
  paper*

- From One Garage in Queens, a World of Fakes -
  NYT

- Fakes still on the market as Knoedler victims sue
  - *Art Newspaper*

- So Valuable, It Could Almost Be Real - *NYT*

- The Other Side of an $80 Million Art Fraud-A

Master Forger Speaks - *Bloomberg News*

• Former Knoedler director settles defamation lawsuit - *Art Newspaper*

• The Latest Leonardo Debate - *ARTNews*

• Christie's taken to court over claims of Albert Tucker fake - *Sydney Morning Herald*

• A Real Pollock? On This, Art and Science Collide - *NYT*

• Fakers, Fakes, & Fake Fakers - *ARTNews*

• More victims of Abstract Expressionist fakes scandal revealed - *Art Newspaper*

• How To Love A Fake - *OPB*

• Where are the 35 fake Warhols later reassessed as authentic? - *Art Newspaper*

• Art withdrawn from auction amid fears paintings were forged - *Irish Independent*

• CSI tests authenticate Pollock's final work - *NY Post*

• New Details Emerge About Tainted Gallery - *NYT*

• 1500 lost works of art worth perhaps 1bn found in Munich flat - *Art Newspaper*

• Forging an Art Market in China - *NYT*

• Fraud ring produced fake Morrisseau paintings, claim alleges - *The Globe*

• National Museum has lost Amorsolo memorabilia -

Inquirer LifeStyle

- Frieze Special-Fraud and fakery are no surprise in the art world - just ask Modigliani - *Spear's Wealth Management*
- Democrats say sorry for paying HK$300,000 for fake Huang Yongyu painting - *South China Morning Post*
- Loveable rogue as colourful as his forgeries - *Faiirfax Media*
- Fresh Prints-MoMA Washes Pollock's Hands - *ARTNews*
- Pieter Brueghel the Younger-*The Census at Bethlehem* - *FT*
- Knoedler forgery cases foretell new battleground over art dealer diligence - *Lexology*
- Il Leonardo mai visto in una collezione privata Scoperto il ritratto fatto a Isabella d'Este - *Corriere della Sera*
- Leonardo da Vinci experts identify painting as lost Isabella D'Este portrait - *the Guardian*
- Magritte's missing nudes found hidden under paintings after 80 years - *the Guardian*
- Velázquez portrait has pride of place in Prado - but original may be in Dorset - *the Guardian*
- What Does Glafira Rosales's Guilty Plea in the Knoedler-Gallery Forgery Case Mean for Ann Freedman and the Rest of the Players

- The emperor's new pictures - *Economist*
- Art Dealer Pleads Guilty In Manhattan Federal Court - *US Justice dept*
- Art Dealer Admits to Role in Fraud - *NYT*
- Knoedler gallery fakes case heats up - *Art Newspaper*
- Van Gogh Museum-nieuw schilderij Van Gogh ontdekt - *Van Goghmuseum*
- Rare Van Gogh Sunflowers image found - *BBC News*
- VUB leidt op tot kunstkenner - *Brussel Nieuws*
- Challenge to De Chirico authentication board - *The Art Newspaper*
- Prosecutor Says 'More Arrests' Possible in Glafira Rosales Fraud Case - *Blouin ARTINFO*
- Art Dealer Ann Freedman on Selling $63 Million in Fake Paintings - *NY News & features*
- Convicted Art Forger Explains How It's Done - *KBIA*
- Prosecutors Are Contemplating More Arrests in $80 Million Art Fraud Case - *NYT*
- Resolution Near for Alleged Dealer of Fake Artwork - *Wall Street Journal*
- Struggling Immigrant Artist Tied to $80 Million New York Fraud - *NYT*
- One Queens Painter Created Forgeries That Sold for Millions, U.S. Says - *NYT*

- Watch-A Welding Robot That's Learning to Create Art Forgeries - *WIRED*
- Lucky Bidders Claim Abandoned Artwork - *Courthouse News Service*
- Romanian expert believes three artworks from Dutch heist destroyed - *Reuters*
- Big Blue over a Whiteley settled, but jury still out on authenticity - *Sydney Morning Herald*
- Millionaire investment banker Andrew Pridham settles out of court over fake Brett Whitely painting he paid $2.5m for - *Herald Sun*
- Judge Rejects Art Expert's New Yorker Lawsuit - *Blouin ARTINFO*
- Indianapolis Police Seize Very Convincing Fake Matisse From Drunk, Feuding Roommates - *Blouin ARTINFO*
- A flood of fakes - *Financial Mail*
- Prominent Manhattan Art Galleries Deceived By New York Art Dealer Accused Of Selling Forged Art Works By Acclaimed Artists - *Mondaq*
- Faking it- the art of forgery in Russia - *DW*
- Federal grand jury indicts dealer on charges of sale of alleged fake Abstract Expressionists - *Art Newspaper*
- Gallery owner who sold phony artwork sentenced to year in prison - *Chicago Tribune*

- ART-Forged and famous - *New Strait Times*
- China shuts museum with 'fake' exhibit - *Bangkok Post*
- Trust, but verify, as they say - *Art Newspaper*
- What's on: Max Ernst - *The Art Newspaper*
- Forged-Why Fakes Are the Great Art of Our Age by Jonathon Keats - *the Guardian*
- Andy Warhol and the Persistence of Modernism - *NYT*
- Warhol foundation settles case against insurance firm - *Art Newspaper*
- Boom or bust for the multi-million dollar business of counterfeit art - *DW*
- Eifrige Helfer gegen wachsame Kenner - *Frankfurter Allgemeine*
- Exposing the fakes and the forgers - *Prague Post*
- Multimillion-pound international art forgery ring busted, say German police - *the Guardian*
- Expertise reveals fake Goncharova and Malevich paintings - *Voice of Russia*
- Christie's pulls works after 'forgery' concerns - *Art Newspaper*
- When is an Utrillo not an Utrillo
- Forgeries flood art markets - *Voice of Russia*

- Expert Found Liable For Opinion On Fake Max Ernst Painting - *Dispute Resolution in Germany*
- Frans Hals-Haarlem Renaissance - *ARTNews*
- How Warhol Foundation Head Joel Wachs Built a Pop Art Empire - *Blouin ARTINFO*
- Fälschungsskandal-Kunsthistoriker Werner Spies in Frankreich verurteilt - *Spiegel*
- Out with the thematic at Tate, in with the chronological - *Art Newspaper*
- Dealer at Center of Art Scandal Arrested on Tax Charges - *NYT*
- The Frick Collection's Inge Reist on the Oral Histories of Art Ownership - *Blouin ARTINFO*
- Andy Warhol and His Foundation-The Questions - *New York Review of Books*
- Getty Museum buys 'Rembrandt Laughing'-tiny portrait, huge value - *LA Times*
- Getty Museum acquires a Rembrandt self-portrait and a Venice painting by Canaletto - *artdaily*
- In Praise of the Fake - *NewStatesman*
- How van Gogh Became van Gogh - *ARTNews*
- The Fine Art of Knowing Your Customer - *Compliance Week*
- Van Gogh's True Palette Revealed - *NYT*

- Is the Prado's Colossus by Goya after all? - *Art Newspaper*
- Second Acts-Why 'Rediscovered Artists' Are the Art Market's New Darlings - *Blouin ARTINFO*
- Found… ribbon of doomed Charles I - *DailyMailonline*
- A Real Van Gogh? An Unsolved Art World Mystery - *Nevada Museum of Art*
- 'The Art World Is Rotten'-Giacometti Forger Tells All - *Spiegel*
- Hoe een Nederlandse kunstvervalser miljoenen verdiende - *Volkskrant*
- Hirst catalogue tots up 1,400 spots - *Art Newspaper*
- Art Site Auctionata Nabs $20.2 Million in Venture Capital, Is Selling a Schiele - *Blouin ARTINFO*
- Market for Norval Morrisseau art work may pick up after court ruling - *OttawaCitizen*
- Controversial Caravaggio to be unveiled in London - *Art Newspaper*
- Moscow artist sentenced to 4 years for selling fake paintings for $650k - *MoscowNews*
- When is a Rembrandt a Rembrandt
- Was Isleworth Mona Lisa painted before the Lou-vre's version
- A Forger's Impressions of Impressionism - *NYT*

- Are Forgers the 'Foremost Artists of Our Age'
- Spring auctions at Koller Zurich
- Self-portrait bequeathed to National Trust is identified as lost Rembrandt - *theGuardian*
- Pollocks, or bollocks? Lawsuit claims paintings thought to be fakes are real - *MacleansCA*
- Turmoil at Cy Twombly Foundation - *NYT*
- Van Dyck painting 'found online' - *BBC News*
- Royal Academy Manet Scholars Seminar-*Draft Programme(invitees only)* - Royal Academy of Arts
- Pastor Indicted For Attempting to Sell Fake Damien Hirst Painting at Sotheby's - *Gallerist NY*
- Werken Francis Bacon ontdekt op achterkant schilderijen - *Volkskrant*
- 'The Books that Shaped Art History' - *Financial Times*
- Art and Authenticity - *Sotheby's*
- La Madone de Laroque-vrai ou faux Léonard de Vinci? - *Figaro*
- Interview with Ken Perenyi, American Art Forger - *Blouin ARTINFO*
- Sotheby's to fight Caravaggio claim - *Antiques Trade Gazette*
- Agnew's to sell historical archive - *Art Newspaper*
- Split Decisions-When Critics Change Their Minds -

ARTNews

- From Guido Reni to Carracci-Scholar Bequeaths 57 Baroque Masterpieces to UK Museums‐*Blouin ARTINFO*
- China debates droit de suite‐*Art Newspaper*
- The Art Market-Bangers and smashed records‐*FT*
- Sotheby's sued over Caravaggio attribution‐*Art Newspaper*
- Video Jean-*Jacques Fernier, auteur du* <Catalogue raisonné> de l'œuvre de Courbet‐*Paris Match(YouTube)*
- Amateur art buff finds £35 million head of Courbet masterpiece‐*Telegraph*
- Heeft Courbet zijn beroemde schilderij met naakt vrouwenlijf onthoofd?‐*NRC*
- LA LONGUE QUÊTE DE 'L'ORIGINE DU MONDE' ‐*Paris Match*
- High Court Drama-Scholars, Christie's, and the Russian Oligarch‐*ARTNews*
- Did Leonardo give 'Mona Lisa' a younger sister‐*Irish Times*
- The Met's new guards & the future of Philippine contemporary art‐*Philipine Star*
- The Complicated Business of Spotting an Art Forgery‐*HUFFINGTON*

- Secret Painting in Rembrandt Masterpiece Seen - *Discovery News*
- Why the Brooklyn Museum Can't Get Rid of All This Fake Art - *Atlantic Wire*
- Paris Ritz renovations uncover mystery masterpiece - *France24*
- New Allegations Against Knoedler Gallery Claim It Sold Yet Another Fake Rothko - *Blouin ARTINFO*
- Everything You Ever Wanted to Know About the Knoedler Forgery Debacle But Were Afraid to Ask -*Blouin ARTINFO*
- Werner Spies rehabilitated with Max Ernst show in Vienna - *Art Newspaper*
- Modigliani-kenner fraudeverdachte - *NRC*
- Modigliani 'expert' accused of being art's biggest fraud - *Independent*
- Two sent to prison in plot to fence Matisse masterpiece in Miami Beach - *Miami Herald*
- A Michelangelo in New York - *Wanted in Rome*
- YEAR IN REVIEW: 10 Stories That Moved the Art Market in 2012 - *BLOUIN ARTINFO*
- Growth in internet sales forces fraud issue - *Art Newspaper*
- Antiques Roadshow Finds Lost Diego Rivera - *BLOUIN*

ARTINFO

- Appraiser Colleene Fesko's Million-Dollar Diego Rivera Discovery - *ARTFIXDaily*
- Modigliani Institute President Involved In Forgery Investigation - *HUFFINGTON*
- Falsi Modigliani per 6, 5 milioni di euro - *ArtEconomy24*
- Falsi Modigliani, arrestato Vignapiano - *Il Messaggero*
- Weet publiek wat echt is - *NRC*
- Brooklyn Museum May Have to Pay Hundreds of Thousands to Store Fake Art - *DNAinfo NY*
- Titian painting rediscovered in depths of National Gallery - *the Guardian*
- Kokoschka Painting a Forgery? Experts Say Yes, Artist Said No - *Blouin ARTINFO*
- Art-industry denizens on rise of forgeries-'Buyers, beware!' - *Inquirer LifeStyle*
- Fake Lindauer's origins lost to history - *Waikato Times*
- Why is art forgery on the rise again - *Inquirer LifeStyle*
- Tudor Artist Enjoyed 'Private Joke' Painting the Portrait of Elizabeth I's Spymaster Over Catholic Devotional Picture - *Blouin ARTINFO*
- Authenticating Picasso - *ARTNews*
- Master Forger Wolfgang Beltracchi to Repay Trasteco for 2.9 Million Counterfeit Painting - *Blouin ARTINFO*

- Fear of litigation is hobbling the art market – *Economist*
- From Renoir to Warhol, The Craziest and Most Lucrative Thrift Store Art Finds – *Blouin ARTINFO*
- Art expert contradicts Knoedler gallery – *The Art Newspaper*
- Dedalus President Denies Viewing Allegedly Fake Rothko Sold by Knoedler – *Gallerist NY*
- Former wife confirms artworks fake – *TSMH*
- French 'conman' charged for sale of fake art by MF Husain – *BBC*
- Knoedler Pleads Ignorance, Accuses Collectors of 'Arrogance' in Rothko Forgery Suit – *Blouin ARTINFO*
- Auktionshaus muss Millionen Schadensersatz zahlen – *Der Spiegel*
- *Genial gefaelscht* – *(video) ZDFmediathek*
- Barenaked Ladies' keyboardist Kevin Hearn sues Toronto gallery for Morrisseau forgery – *NP*
- Art world full of forgery 'shenanigans', artist says – *TNZH*
- River Forest conservator to discuss Lincoln forgery – *Oak Leaves*
- Fake Tagore paintings-Art school professor faces police probe – *India Times*

- So You Think You Wouldn't Be Bamboozled By Lothar Malskat's Art Forgeries? - *Forbes*
- How An Art Forger Duped The Nazis By Counterfeiting The Middle Ages - *Forbes*
- The Greatest Fake-Art Scam in History - *Vanity Fair*
- Could the Louvre's 'Virgin and St. Anne' provide the proof that the (London) National Gallery's 'Virgin of the Rocks' is not by Leonardo da Vinci? - *Artwatch UK*

(2) 문학

아래는 AiA 도서관에 비치된 자료들로서 인증과 관련된 문학과 출판물들에 대한 개관을 살펴볼 수 있으며, 다른 작품들에 대한 제안을 상시 수용하고 있다.

- Agosti, Giacomo etc. (ed.). *Giovanni Morelli e la cultura dei conoscitori: atti del Convegno Internazionale Bergamo, 4~7 giugno 1987*. Bergamo: Pierluigi Lubrina Editore, 1993.
- Ainsworth, Maryan et al. *Art and Autoradiography. Insight the Genesis of Paintings by Rembrandt, Van Dyck and Vermeer*. New York: Metropolitan Museum of Art, 1982.
- Akinsha, Konstantin et al. "The Betrayal of the Russian Avant-Garde", *Artnews*, vol. 95, no.2(February 1996).

- Aldrich, Megan and Hackforth-Jones, Jos (ed.). *Art and Authenticity*. Farnham: Lund Humphries/Sotheby's Institute of Art, 2012.

- Ashok, Roy (ed.). *Artists' Pigments: A Handbook of Their History and Characteristics volume 2*. Washington, National Gallery of Art & Oxford University Press, 1993.

- Beclishingk, James. *From Duccio to Raphael, Connoisseurship in Crisis*. Florence: European Press Academic Pub, 2006.

- Berrie, Barbara H. (ed.). *Artists' Pigments: A Handbook of Their History and Characteristics volume 3*. Washington, National Gallery of Art & Archetype Publications, 2007.

- Beissel, S. *Gefälschte Kunstwerke*, Freiburg i.B., 1909.

- Binstock, Benjamin. *Vermeer's Family Secrets. Genius, Discovery, and the Unknown Apprentice*. New York: Routledge, 2009.

- Biesboer, Pieter, (ed.). *Frans Hals Re-discovered*. Zwolle: Waanders, 2006.

- Bloch, P., *Original - Kopie-Fälschung*, in Jahrbuch des Preussischen Kulturbesitz, XVI, 1979. Pantheon, XXIX, 4, 1981.

• Brachtert, T. *Gemäldefälschung, Möglichkeiten ihrer Bekämpfung*, in Schweizerisches Institut für Kunstwissenschaft, Jahresbericht und Jahrbuch, 1966.

• Brainerd, Andrew W. *The Infanta Adventure and the Lost Manet*. Long Beach/Michigan City(Indiana): Reichl Press, 1988.

• Brainerd, Andrew W. *On Connoisseurship and Reason in the Authentication of Art*. Chicago: Prologue Press, 2007.

• Bredius, A. *Iets over oude copieën*, in Oud Holland, XXIX, 1911.

• Bredius A. *Copie of origineel in de 17de eeuw*, in Oud Hollad, XLII, 1925.

• Brewer, John. *The American Leonardo: A Tale of Obsession, Art and Money*. Oxford: Oxford University Press, 2009.

• Briefel, Aviva. *The Deceivers, Art Forgery and Identity in the Nineteenth Century*. New York: Cornell University Press, 2006.

• Brown, David Alan. *Berenson and the Connoisseurship of Italian Painting: a handbook to the exhibition*. Washington, D.C.: National Gallery of Art, 1979.

• Brühl, *Friederike Gräfin von, Marktmacht von Kun-*

stexperten als Rechtsproblem. Köln: 2008.

- Burlington Fine Arts Club, *The Catalogue of a Collection of Counterfeits, Imitations and Copies of Works of Art*, London, 1938.
- Catalogues Raisonnés and the Authentication Process. *IFAR Journal,* vol. 3 and 4. New York: International Foundation for Art Research, 2006.
- Cohen, Rachel. *Bernard Berenson: A Life in the Picture Trade.* New Haven(Conn.):Yale University Press, 2013.
- Coremans, P. *Van Meegeren's Faked Vermeers and De Hooghs.* A Scientific examination, Amsterdam, 1948.
- Coremans, P. *Van Meegeren's Faked Vermeers and De Hooghs.* Amsterdam: Meulenhoff, 1949.
- Dantzig, M.M. van. *Frans Hals, Genuine or False.* Amsterdam: H.J. Paris, 1937.
- Dantzig, M.M. van. J. Vermeer, *"Christ at Emmaus" and the Critics.* Amsterdam: H.J. Paris, 1937.
- Dantzig, M.M. van. *Works of Art, Hackwork, Forgeries.* Amsterdam: H.J. Paris, 1937.
- Dantzig, M.M. van. *Pictology.* Leiden: E.J. Brill, 1973.
- Dantzig, M.M. van. *Barstvorming op schilderijen* in

Maandblad voor Beeldende Kunsten,   , 1935.

- Dardes, Kathleen, Rothe, Andrea (ed.). *The structural conservation of panel paintings.* Los Angeles: The Getty conservation institute, 1995.
- Dempster, Anna. *Risk and Uncertainty in the Art World.* Bloomsbury Publishing, 2014.
- Dirven, Ron and Kees Wouters. *Verloren Vondsten.* Breda: Breda's Museum, 2003.
- Dreyer, P. *Tizianfälschungen des sechtzehnten Jahrhunderts,* in Pantheon, XXXVII, Oktober-december 1979.
- Eastaugh, Nicholas, Valentine Walsh, Tracey Chapin, Ruth Siddall. *The Pigment Compendium: A Dictionary of Historical Pigments and Polarised Light Microscopy of Historical Pigments.* Oxford: Elsevier, 2004.
- Feller, Robert L. (ed.). *Artists' Pigments: A Handbook of Their History and Characteristics volume 1. Washington,* National Gallery of Art & Oxford University Press, 1986.
- Fitzhugh, Elisabeth West (ed.). *Artists'Pigments: A Handbook of Their History and Characteristics volume 3.* Washington, National Gallery of Art & Oxford University Press, 1997.
- Fleming, Stuart. *Authenticity in Art: The Scientific*

Detection of Forgery. London: Instiute of Physics, 1975.

- Friedländer, M.J., *Der Kunstkenner*, Berlijn, 1920.
- Echt und Unecht. *Aus den Erfahrungen des Kunstkenners*, Berlijn, 1929. New York, 1930. *On Art and Connoisseurship*, London, 1942. *Kunst und Kennerschaft*, 1946. *Kunst en kennerschap* 1948.
- Friedländer, Max. *Kunst en Kennerschap*. Leiden: Stafleu, 1948.
- Fry, R., *The authenticity of the Renders Collection*, in The Burlington Magazin, 50, mei 1927.
- Gaethgens, Thomas W. (ed.). "Kennerschaft": Kolloquium zum 150sten Geburstag von Wilhelm von Bode. *Jahrbuch der Berliner Museen*, vol. 38, supplement. Berlin: Mann, cop., 1996.
- Gettens, R.J. and G.L. Stout. *Painting Materials*. New York: Dover Publications, 1966.
- Gibson-Wood, Carol. *Studies in the Theory of Connoisseurship from Vasari to Morelli*. New York/London: Garland Publishing, Inc., 1988.
- Gombrich, E.H. *Art and Illusion*. Oxford: Phaidon, 1960.
- Graaf, J.A. van de. *Het De Mayerne Manuscript als*

Bron voor de Schildertechniek van de Barok. Utrecht: University of Utrecht, 1958.

- Grossvogel, David. *Behind the Van Gogh Forgeries. A Memoir.* San Jose/New York/Lincoln/Shanghai: Authors Choice Press, 2001.

- Goll, J., *Kunstfälscher*, Leipzig 1962.

- Grimm, C., *Kunst und Kopie*, in Maltechnik-Restauro, 2, 1974.

- Harr, Jonathan. *The Lost Painting.* New York: Random House, 2005.

- Harley, R.D. *Artists' Pigments c.1600-1835.* London: Archetype Publications Ltd., 1982.

- Haverkamp-Begemann, Egbert. *Creative Copies.* London: Sotheby's Publications, 1988.

- Hebborn, Eric. *The Art Forger's Handbook.* New York: Overlook Press, 1997.

- Hermans, Erma (ed). *Looking Through Paintings.* London: Archetype Publications, 1998.

- Hofstede de Groot, C. *Echt of Onecht? Oog of Chemie?* 's-Gravenhage: W.P. van Stockum & zoon, 1925.

- Hope, Charles. *Giorgione or Titian?: History of a Controversy.* New York: The Frick Collection, 2003.

- Hoving, Thomas. *False Impressions.* New York: Simon Schuster, 1997.

- Huiberts, Ard and Sander Kooistra. *Zelf Kunst Kopen.* Amsterdam/Antwerpen: L.J. Veen, 2004.
- Jaffé, H.L.C., J. Storm van Leeuwen and L.H. van der Tweel. *Authentication in the Visual Arts.* Amsterdam: B.M. Israël, 1979.
- Jansen, Geert Jan. *Avonturen van een meestervervalser.* Amsterdam: Prometheus, 2004.
- Kemp, Martin and Pascal Cotte. *La Bella Principessa: The Story of the New Masterpiece by Leonardo da Vinci.* London: Hodder & Stoughton Ltd, 2010.
- Kreuger, Frederik. *De arrestatie van een meestervervalser.* Diemen: Veen, 2006.
- Kuo, Jason (ed.). *Perspectives on Connoisseurship of Chinese Paintings.* Washington, D.C.: New Academia Publishing, 2008.
- Kurz, Otto. *Fakes.* London: Faber and Faber, 1948.
- Lammertse, Friso (ed.). *Meesterwerk of kopie?* Rotterdam: Museum Boijmans van Beuningen, 2009.
- Lammertse, Friso (ed.). *De Vermeers van Van Meegeren.* Rotterdam: Museum Boijmans van Beuningen, 2011.
- Leeuw, Milko den. *Jobarde, a Rediscovered Painting by Édouard Manet.* The Hague: ARRS, 2008(e-book, 3rd print 2013).
- Lenain, Thierry. *Art Forgery: The History of a Modern*

Obsession. London: Reaktion Books Ltd, 2011.

- Levi, Donata. *Cavalcaselle: il pioniere della conservazione dell'arte italiana*. Torino: Einaudi, 1988.
- Marijnissen, R.H. *Schilderijen. Echt, Fraude, Vals*. Brussel/Amsterdam: Elsevier, 1985.
- Mayer, Ralph. *A Dictionary of Art Terms & Techniques*. New York: Apollo Editions, 1969.
- Mayer, Lance, Gay Myers. *American Painters On Technique: The Colonial Period to 1860*. Los Angeles: J. Paul Getty Museum, 2011.
- Mayer, R., *The Artist's Handbook of Materials and Techniques*, New York, 1938, London 1951.
- Meusnier, George. *Traité pratique de la peinture à l'huile*. Paris, 1878.
- Mohrmann, Ivo. *Die Kunst der Gemäldekopie*. Bonn: Verband der Restauratoren, 2006.
- Neuburger, Albert. *ECHT oder FÄLSCHUNG?* Leipzig: Voigtländer Verlag, 1924.
- Neuhaus, Nina. Art Authentication: Protection of Art Experts from a Swiss Perspective, *Art Antiquity and Law,* Vol. XIX, Issue 1, April 2014.
- Nobili, R., *The gentle art of faking*, London 1922.
- Os, H.W. *van, Op het spoor van een vervalser*, in Spiegel Historiae, Ⅵ, 2, 1971.

- Phoenix Art Museum. *Copper as Canvas, Two Centuries of Masterpiece Paintings on Copper, 1575~1775.* New York: Oxford University Press. 1999.

- Pinna, Daniela (ed.). *Scientific Examination for the Investigation of Paintings: A Handbook for Conservator-Restorers.* Florence: Centro Di. 2009.

- Previtali, G., *A propos de Morelli*, in Revue de l'Art, 42, 1978.

- Radnóti, Sándor. *The Fake.* Boston: Rowman & Littlefield Publishers, 1999.

- Reisner, R.G., *Fakes and Forgeries in the Fine Arts.* A Bibliography, New York, 1950.

- Rosen, D. en Held, J.S., A Rubens discovery in Chicago, *in Journal of the Walters Art Gallery,* 1950~1951.

- Rowland, Ingrid D. *The Scarith of Scornello. A Tale of Renaissance Forgery.* Chicago/London: University of Chicago Press, 2004.

- Salisbury, Laney, Aly Sujo. *Provenance.* London: Penguin Books, 2010.

- Samuels, Ernest. *Bernard Berenson: The Making of a Connoisseur.* London: Harvard University Press, 1979.

- Scallen, Catherine B. *Rembrandt, Reputation, and the*

Practice of Connoisseurship. Amsterdam: Amsterdam University Press, 2004.

- Schaefer, Iris. "Ein bislang unbekanntes Gemälde von Edouard Manet(?)", *Wallraf-Richartz-Jahrbuch*, vol. 65(2005), p.139~162.

- Seybold, Dietrich. *Das Schlaraffenleben der Kunst: Eine Biografie des Kunstkenners und Leonardo da Vinci-Forschers Jean Paul Richter(1847~1937)*. München/Paderborn: Wilhelm Fink Verlag, 2013.

- Smith, Judith G. and Fong, Wen C. (ed.). *Issues of Authenticity in Chinese Painting*. New York: Department of Asian Art, The Metropolitan Museum of Art, 1999.

- Spencer, Ronald. *The Expert versus the Object*. Oxford: Oxford University Press, 2004.

- Spiel Jr., Robert E. *Art Theft and Forgery Investigation, The Complete Field Manual*. Springfield: Charles C Thomas Publishers, 2000.

- Spielmann, M.H., Art Forgeries and Counterfeits. *A General Survey, in Magazine of Art*, 27, 1903; 28, 1904.

- Stoner, J.H. and Rushfield R., Conservation of Easel Paintings, *Golden Artist Colors*, Inc., issue 28, 2013.

- Tromp, Henk. *A Real Van Gogh: How the Art World Struggles with Truth*. Amsterdam University Press,

2010.

- Tummers, Anna. *Art Market and Connoisseurship.* Amsterdam University Press, 2008.

- Tummers, Anna. *The Eye of the Connoisseur: Authenticating Paintings by Rembrandt and His Contemporaries.* Los Angeles: The J. Paul Getty Museum/Amsterdam University Press, 2011.

- Vellekoop, M, Muriel Geldof, Ella Hendriks, Leo Jansen, and Alberto de Tagle. *Van Gogh's Studio Practice.* Amsterdam Van Gogh Museum, 2013.

- Waal, H., van de. *Würtenberger, T., en Froentjes, W., Aspects of art forgery.* Papers read by ‐ at a symposium organized by the Institute of Criminal Law and Criminology oft he University of Leiden, 's Gravenhage, 1962.

- Weiss, Mark. *Sir Thomas Wyatt the Younger. A Portrait by Hans Holbein.* London: Weiss Gal-lery, 2007.

- Wild, A.M., de. *Het natuurwetenschappelijk onderzoek van schilderijen, 's Gravenhage, 1928.* London, 1929, München, 1931.

- Worth, Alexi. "The Lost Photographs of Edouard Manet", *Art in America*, January(2007), p.59~65.

(3) 전람회

- *1952-Vals of echt?* Amsterdam, Stedelijk Museum.
- *1952-Forgeries and Imitation*, Oxford, Ashmolean Museum.
- *1955-Le faux dans l'art et dans l'histoire, Paris,* Grand Palais.
- *1967-Art: Authentic and Fake*, New York.
- *1967-Original und Kopie*, Graz, Alte Galerie.
- *1970-Know what you see,* Chicago.
- *1971-Bild und Vorbild, Stuttgart,* Staatsgalerie.
- *1973-Mistaken Identity*, New York, Huntington, Heckscher Museum.
- *1973-Problems of authenticity in 19th and 20th century art*, Princeton University Art Museum, New Jersey.
- *1973-Fakes and Forgeries*, Minneapolis, Institute of Arts.
- *1976-Fälschung und Forschung*, Essen, Museum Folkwang.
- *1978-Gemälde im Licht der Naturwissenschaft*, Braunschweig, Herzog Anton Ulrich-Museum.
- *1980-Original - Kopie-Replik-Paraphrase*, Wenen, Akademie der Bildenden Künste.
- *1980-La vie mystérieuse des chefs d'œuvre*, Paris, Grand Palais.

- *1983-Echt vals? Namaak door de eeuwen heen,* Amsterdam, Allard Pierson Museum.
- *2010-A Closer Look Deception And Discoveries,* London, The National Gallery.

(4) 비디오

- *The Art Market is less Ethical than the Stock Market* 1/13
- *The Art Market is less Ethical than the Stock Market* 2/13
- *The Art Market is less Ethical than the Stock Market* 3/13
- *The Art Market is less Ethical than the Stock Market* 4/13
- *The Art Market is less Ethical than the Stock Market* 5/13
- *The Art Market is less Ethical than the Stock Market* 6/13
- *The Art Market is less Ethical than the Stock Market* 7/13
- *The Art Market is less Ethical than the Stock Market* 8/13
- *The Art Market is less Ethical than the Stock Market* 9/13

- *The Art Market is less Ethical than the Stock Market* 10/13
- *The Art Market is less Ethical than the Stock Market* 11/13
- *The Art Market is less Ethical than the Stock Market* 12/13
- *The Art Market is less Ethical than the Stock Market* 13/13

(5) 외부 링크

아래 기관들은 AiA 웹사이트에 게재된 예술인증협회에 대해 언급한 기관들로서 예술분야에서 함께 협업하는 곳들이다.

- *Art Restorer Association*
- *Tefaf*
- *Catalogue Raisonné Scholars Association*
- *ARIS Title Insurance Corporation*
- *H-ArtHist Information Network for Art History*
- *Dutch Postgraduate School for Art History*
- *Art History News*
- *H-Net Online‐Humanities and Social Science*
- *The Picture Restorer‐THE JOURNAL OF THE BRITISH ASSOCIATION OF PAINTINGS CONSER-*

VATOR-RESTORERS

- Australian Institute for the Conservation of Cultural Material
- Archaeology & Arts Greece
- ARCA - Association for Research into Crimes Against Arts
- ICOM - International Council of Museums
- University of Melbourne CCMC - Conservation Services
- Deloitte Luxembourg - Art and Finance
- Rijksmuseum Amsterdam
- CATS - Centre for Art Technological Studies and Conservation Denmark
- Princeton University
- Chemical Heritage Foundation
- Journal of Art Historiography
- Universitat Politècnica València - Newsletter Forum Unesco
- VDR aktuell - Newsletter des Verbandes der Restauratoren
- Association des Professeurs d'Archéologie et d'Histoire de l'Art des Universités
- Arts de la Corée
- La Tribune de l'Art

AICA

International Association of Art Critics

(Association International des Critiques d'Art)

국제예술비평가협회

1 기구

1) 소재지

소재국가 프랑스

주   소 AICA

32 rue Yves Toudic

75010 Paris, France

전   화 33-(0)1 47 70 17 42

전자우편 aica.office@gmail.com

홈페이지 http://www.aicainternational.org

2) 성격

국제예술비평가협회(Association International des Critiques d'Art, AICA)는 모든 매체, 지도 혹은 작품 큐레이팅을 비평하는 직업의 예술 비평가들로 조직된 국제적인 비정부기구이다.

3) 설립연혁

- 예술의 영역에 있어서의 많은 학파들과 다양한 운동들이 번성하고 있던 1940년대 말, 현대 예술 박물관의 큐레이터들뿐만 아니라 예술비평가들, 미술가들, 예술 교육자들이 유네스코 본부에서 1948년에 두 번의 총회를 가지며 모임을 시작하였다.

- 전 세계적으로 명성이 높은 이들이 모여 회합을 가졌는데, 앙드레 샤스텔(André Chastel), 호르헤 크레스포 드 라 세르나(Jorge Crespo de la Serna), 피에르 쿠르티옹(Pierre Courthion), 찰스 어스틴(Charles Estienne), 처우 링(Chou Ling), 미로슬라브 믹코(Miroslav Micko), 서지오 밀레(Sergio Milliet), 마크 산도스(Marc Sandoz), 지노 세베리니(Gino Severini), 제임스 존슨 스위니(James Johnson Sweeney), 앨버트 터커(Albert Tucker), 리오넬로 벤투리(Lionello Venturi), 에두아르도 베르나차(Eduardo Vernazza), 마르셀 조하르(Marcel Zohar), 폴 피에렌스(Paul Fierens), 허버트 리드(Herbert Read) 등이 여기에 해당된다.

- 유네스코에서 1948년에 열린 두 번의 국제회의 후, AICA는 1950년에 NGO으로 선정되었으며 1951년에 공식 인증되었다. AICA는 예술적 창조와 보급, 문화적 발전의 영역에서 국제적 협력을 전개하고자 열망하는 다양한 전문가들로 구성되어 있다.

- AICA는 전 세계 대략 95개국 출신의 예술전문가 4,600여 명으로 구성되어 있는데, 유럽 전 지역, 호주, 북미와 중남미, 이스라엘, 싱가포르, 일본, 홍콩, 파키스탄과 같은 중동국가들과 아시아 국가들, 다수의 아프리카 대륙 등에 폭넓게 구성되어 있다.

- 지난 10년에서 15년 사이, 연례 총회가 유럽에서뿐만 아니라 카리브해 지역, 홍콩, 류블랴나, 마카오 그리고 도쿄와 같이 상당히 멀리 떨어진 곳에서도 개최되어 왔다. AICA가 조직한 근래의 국제회의들은 2003년 7월 다카르, 2003년 9월 이스탄불, 2006년 1월 아디스아바바, 2007년 11월에 케이프타운, 2009년 5월엔 스코페에서 개최되었다.

4) 설립목적

AICA의 설립 목적은 예술 비평의 소명의식과 관련하여 자신들의 관점을 비교하는 것이었고, 예술가들 및 대중들과 관련하여 자신들의 책임감을 분석하는 것이었으며, 미술사 영역의 발전과 관련해 자신들의 기여를 특별한 성격의 윤곽으로 보여주는 것이었다.

5) AICA의 목표

AICA의 주된 목표들은 시간이 지남에 따라 약간의 변화를 거쳤다. 그 목표들은 협회의 전 지구적인 영향력의 범위, 협회의 비교 문화적 포부와 학제 간 접근을 더욱더 강조하기 위해 2003년 11월 재정립되었다. 현재 공식적인 AICA의 주된 목표들은 다음과 같다.

① 전문분야로서 예술비평을 증진하고 그것의 방법론에 이바지한다.

② 협회원들의 윤리적 및 직업적 이익을 보호하고 협력하여 그들의 권리를 보호한다.

③ 이용할 수 있는 테크놀로지의 도움과 직접적 대면을 통한 격려와 더불어, 협회원들을 위한 활발한 국제적 네트워크를 유지한다.

④ 정치적, 지리학적, 인종적, 경제적 그리고 종교적 테두리를 가로질러 직업상의 관계가 활기를 띠게 한다.

⑤ 표현과 사상의 자유를 편견 없이 옹호하고 임의적 검열제도에 반대한다.

6) AICA의 회원자격

회원은 동료들의 무기명 투표로 선출된다. 자격을 갖추기 위해서 그들은 지난 3년간 일관된 활동의 증거자료를 제시해야만 하고 다음과 같은 영역에서 하나 혹은 그 이상의 활동을 보여줘야 한다.

- 일간·주간 신문, 또는 라디오, TV, 비디오 혹은 전자매체상에서의 방송
- 미술사, 미학 혹은 비평에 대한 작품 출간
- 대학수준이나 고등 교육 기관 수준에서의 예술비평, 미술사, 미학, 큐레이팅, 혹은 예술 지도
- 주된 목표가 본질적으로 상업적이지 않은 박물관 또는 갤러리를 위한 학문적·비평적 텍스트의 생산을 포함한, 교육적·학문적 존재물에 대한 큐레이팅과 관련된 작업과 분석

7) AICA의 기능 및 활동

- 이 기구의 기능은 모든 역사 및 표현에 있어서 시각 예술에 대한 이해와 비평적 해석을 증진하는 것이다. AICA는 국제적 협력의 발전과 예술을 형성하는 경제적, 정치적 그리고 사회적 초점들에 대해 면밀히 살펴보길 원하는 전 세계 예술비평가들을 한데 모으는 데 있다.
- AICA는 시각 예술과 관련된 학회, 강연회, 세미나, 토론회 및 다른 활동들을 조직한다. 협회는 자료를 작성, 번역, 편집, 촬영, 기록 및 출판하는 데 주도적 역할을 할 수 있고 임시 혹은 상임 작업그룹을 조직할 수 있으며, 협회 자체의 주도적 역할을 통하거나 근본적 성격이 유

사한 다른 기구들과 협력하여 연구에 착수할 수도 있다. 이러한 활동들은 행정협의회와 행정국의 승인을 받아야 한다.

• 문화적 활동에 대한 협회의 프로그램은 개략적으로 총회가 결정하고, 행정협의회와 총회에서 관리들과 선출된 대표자들이 상세히 보고하게 되어 있다.

② 정보원

1) 국제 출판물(International Publications)

- *African Contemporary Art-Critical Concerns*
- *AICA in the Age of Globalisation*
- *Art and Centres of Conflict-Outer and Inner Realities*
- *Art as social construction? L'art comme construction sociale?*
- *Art Criticism and Curatorial Practices, East of the EU*
- *Art Planet*
- *Droit d'auteur et critique d'art, problèmes et perspectives*
- *EEYA-From Art School to Professional Practice*
- *EEYA-No Borders Just NEWS**
- *Histories of 50 years of the International Association of Art Critics/AICA*

- *L'Engagement*
- *Le XXe siècle dans l'art algérien*
- *Le XXe siècle dans l'art polonais*
- *Quelles Mémoires pour l'art contemporain?*
- *Transition: Changing Society and Art*

2) 온라인 출판물(Publications en ligne)

- *Evaluating and formative goals of art criticism in recent (de)territorialized contexts-Skopje(FYROM)*, May 2009
- *Structuring Africa(S): Cultural Policies and their Differences and Similarities, or How to Deal with Needs and Desires-Cape Town(South Africa)*, November 2007
- *40th AICA Congress: Critical Evaluation Reloaded-Paris*, October 2006
- *Art Criticism & Curatorial Practices in Marginal Contexts-Addis Ababa(Ethiopia)*, January 2006
- *Art, minorities and majorities-Dakar*, July 2003

3) 대회 기록물(Actes des congrès)

- *Art and Centres of Conflict-Outer and Inner Realities*
- *Beyond walls and wars*
- *Quelles mémoires pour l'Art Contemporain?*

- *Strategies for Survival-NOW!*
- *The Regionalisation of Art Criticism: Its Possibility and Global Positioning*
- *Transition: Changing Art and Society*

4) 국가별 출판물(Publications des sections)

(1) AICA 아르헨티나

- *"Le rôle de la critique=The role of criticism=El rol de la crítica"*
- *"Theory and criticism", 1*
- *"Theory and criticism", 2*

(2) AICA 브라질

- *Sergio Milliet 100 anos*
- *OS LUGARES DA CRÍTICA DE ARTE*
- *Crítica e Modernidade*
- *ARTE BRASILEIRA NO SÉCULO XX*
- *ARTE, CRÍTICA E MUNDIALIZAÇÃO*
- *Catalogue: O Olhar da Crítica ‑ Arte premiada da ABCA e o Acervo Artístico dos Palácios*

(3) AICA 크로아티아

- *Kroćenje tame, Eseji i razgovori o umjetnosti na prijelomu stoljeca*

- *Na drugi pogled-Pozicije suvremene hrvatske fotograpfije/At Second Glance-The Positions of Contemporary Croatian Photography*
- *Contemporary Art Practice Essays 1971~1993*
- *Slikarstvo/neslikarstvo*
- *Misljenje je forma energije, Eseji i intervjui iz suvremene hrvatske umjetnosti*

(4) AICA 독일

- *Zentrum und Peripherie*
- *Ästhetische Busspredigten*
- *Option Gegenwehr: Korrektive zur Kunstpolitik in des DDR*
- *Der "Lackmus-Test": Zur Kunstkritik am Beispiel Kiefer*
- *Sprache und Kunstkritik: Mit Denkversuchen von Kurt Leonhard*
- *"Entartete Kunst": Kommentar 1989/1996 zum Kommentar 1937*
- *Himmel und Hölle: Beuys. Vier kritische Umrundungen 1977 bis 1987*
- *Wege der Kunstkritik: Texte zwischen Theorie und Künstlerlob*

- *Fake als Original: Ein Problem für die Kunstkritik*
- *Der Fall Robert Scholz*

(5) AICA 헝가리
- *Exposed Memories: Family Pictures in Private and Collective Memory*

(6) AICA 아일랜드
- *The city as Art*

(7) AICA 멕시코
- *La Crítica de Arte en el contexto de los Discursos estéticos contemporáneos*

(8) AICA 파라과이
- *Nuevo número de la revista de la AICA-Paraguay*

(9) AICA 폴란드
- *Art Criticism and the Market*

(10) AICA 포르투갈
- *Secção Portuguesa da AICA-História/Portuguese Section of the AICA-History*
- *30 Anos Prémios AICA/MC-Arquitectura/30 Years*

AICA/MC Award-Architecture

- *30 Anos Prémios AICA/MC-Artes visuais/30 Years AICA/MC Award-Visual Arts*

(11) AICA 러시아

- *Sovetskoe iskousstvoznanie[Connaissance des arts soviétiques]*
- *Voprossy iskousstvoznania[Questions des Beaux-arts]*
- *Pinakotheke*
- *Khoudojestvennyijournal[Moscou Art Magazine]*
- *Kartiny mira v istorii mirovoi koultoury[Tableaux du monde dans l'histoire de la culture mondiale]*
- *Kartiny mira v iskousstve XX veka[Tableaux du monde dans l'art du XXème siècle]*
- *Na poroge tretiego tysiatcheletia[Au seuil du troisième millénaire]*
- *XX vek. Vzaimodeistvie iskousstv. V poiskakh novogo obraza mira[XX ème siècle. Coopération des arts: A la recherche de la nouvelle image du monde]*

(12) AICA 슬로바키아 공화국

- *Conceptual Art at the Turn of the Millenium*
- *90's + Reflection of the Visual Art at the Turn of the 20th and 21st Century*

- *Rezonancie 1998*

(13) AICA 대한민국

- *Formation et critique de l'art contemporain en Corée I*
- *Formation et critique de l'art contemporain II*
- *Développement et critique de l'art contemporain en Corée*
- *Après le Modernisme*
- *Nouvelle approche de l'art contemporain en Corée*
- *Korean Art Critics Review*

(14) AICA 카리브해 남부

- *Migration and the Caribbean Diaspora*

(15) AICA 스페인-AECA

- *I Congreso nacional de la Asociación Española de Críticos de Arte*
- *II Congreso nacional de la Asociación Española de Críticos de Arte*
- *La Arquitectura de Hoy*
- *Antología crítica: 1950~1980*
- *Accesibilidad, percepción y expresión artísticas por parte de personas discapacitadas*

(16) AICA 스페인-카탈로니아

- *Global Circuits. The Geography of Art and the New Configurations of Critical Thought*

(17) AICA 스웨덴

- *"Öppet hus om 1970t alskonsten"*
- *Nordiska konsttidskrifter och andra konstpublikationer*
- *Nordiske kunsttidsskrifter. Nordic Art Magazines, Nordic Council of Ministers/Nord*
- *"Konst-, bild-, filmanalys. Kritikerspråket kontra forskarspråket"*
- *Valör.*
- *Swedish samples. A conversation on contemporary art*
- *Pressures on Art Criticism: What is an Independent Art Critic Today?*
- *A New Deal. Post-Soviet realities meet welfare state models. In what way will this reflect on the arts?*

(18) AICA 터키

- *Art Criticism and Curatorial Practices, East of the EU*

(19) AICA 영국

- *Art Criticism and Africa*

(20) AICA 베네수엘라

- *Encuentro de la crítica de arte en Venezuela*
- *"Carlos Silva in Memoriam"*

5) 카탈로그

- *African Contemporary Art-Critical Concerns*
- *AICA in the Age of Globalisation*
- *Art as social construction? L'art comme construction sociale?*
- *EEYA-No Borders Just NEWS**
- *Histories of 50 years of the International Association of Art Critics/AICA*
- *Le XXe siècle dans l'art algérien*
- *Le XXe siècle dans l'art polonais*

6) 구매가능 서적

- *AICA in the Age of Globalisation*
- *African Contemporary Art-Critical Concerns*
- *Art as social construction? L'art comme construction sociale?*
- *Art Planet*
- *EEYA-From Art School to Professional Practice*
- *EEYA-No Borders Just NEWS**

- *Histories of 50 years of the International Association of Art Critics/AICA*
- *L'Engagement*
- *Le XXe siècle dans l'art algérien*
- *Le XXe siècle dans l'art polonaisAfrican Contemporary Art-Critical Concerns*

AGD

Arts for Global Development

세계개발예술

① 기구

1) 소재지

소재국가   미국

전자우편   info@artdevelopment.net

홈페이지   http://www.art4development.net

2) 성격

Arts For Global Development는 자원봉사자들을 기반으로 사회 변동 속에서 학제 간, 다부문 간의 문화적·창의적 접근을 심화시키는 것을 목표로 삼고 있는 국제적 선두 단체이다.

이 단체는 전 세계적으로 사회적·경제적으로 불리한 조건에 놓인 개인과 공동체, 특히 아동, 청년 및 여성들이 재능을 계발할 수 있는 창조적인 분야를 촉진시키고자 한다. 이런 활동은 계발에 있어서 더욱 창의적이고 학제적이며 협력적 접근들, '예술과 계발 주창자들'의 전 세계적 네트워크의 형성 등을 포함한다. 이와 같은 활동은 제3부문[1] 지원 및 기업의 사회적·관습적 책임에 있어서 '예술'의 실천을 증진시키기 위해 창의적 분야에 대한 정보와 지식, 계발 영역에 있어서의 효과적 역할, 사회경제학적, 교육적, 예술 융합적 프로젝트들의 공동발달을 촉진한다.

3) 설립연혁

- Arts For Global Development는 Art4Development.Net이라고도 한다. 2002년 설립되었으며 젊고 자발적이고 국제적으로 활동하는 전문가들로 구성되어 있다.
- Arts For Global Development는 상당히 헌신적인 연구 및 분석 전문가, 발전경제학 및 사회 교육적 전문가, 디자이너 그리고 예술 자문가로 구성된 팀이다. 본 단체는 진취적이며 '학습하는' 집단이란 개념을 특히 강조한다.
- Arts For Global Development를 유일무이하고 역동적으로 만드는 요소로는 학제 간 접근, 학문적 배경, 경험, 계발 및 운영 방법, 인간과 그 인간의 창조성에 대한 찬미, 즉 예술을 향한 열정, 인간 및 사회의 역량 향상을 뒷받침할 수 있는 기회를 제공하고자 하는 활동들이 대

---

1) 제3부문이란 국민 경제 중 공공 및 민간 부문에 속하지 않는 부분을 일컫는다.

표될 수 있다.

4) 비전 및 임무

① 개발적 측면에서 학제 간 접근의 인식 및 전 세계 젊은
   이들과 혜택을 받지 못한 사람들의 건설적이고도 적극
   적인 변화를 위해 '창의적 접근'에 대한 인식을 증진시
   킨다.
② 예술가, 숙련공, 독립 자문가, 비정부기구들, 국내 및 다
   국적 계발 기관들, 법인실체 등을 비롯한 '예술 및 발전
   지지자들'의 전 세계 네트워크를 형성하고 글로컬(glocal)
   사회경제학적 및 교육적 발전 쟁점들에 협력하며 초점
   을 맞춘다.
③ 창의적 분야에 대한 정보와 지식을 제공하고 계발 영역
   에 있어서의 효과적 역할을 제공한다.
④ 사회경제학적, 교육적, 그리고 예술 융합적 프로젝트들
   을 공동 계발하고, 제3부문 지원과 기업의 사회적 및 사
   회 관습적 책임을 증진시킨다.

5) 목표

① 개인과 공동체 간 지식과 상호 작용의 전달을 통해 '예
   술'이 기능하도록 만들어 교육적이면서도 정보자원들을
   제공함으로써 인간의 삶을 향상시키도록 도움을 주는데
   목표를 두고 있다.

② Arts For Global Development의 단·장기 프로그램에는 특별 행사, 워크숍, 전람회, 강연회, 연사 초빙, 출판, 온라인 및 오프라인 활동 등이 있는데, 이런 프로그램들 모두 사람들이 함께 모여 개발된 사회와 변화하고 있는 사회의 간극을 메우도록 도움을 주는 데 목표를 두고 있다.

6) 프로젝트

- 독립적으로 혹은 다른 기구들 및 선두적 단체들과 팀을 이루어 Art4Development는 다음과 같은 사항을 프로그램하거나 기획한다.
- 모든 종류 혹은 양식의 예술과 창의성을 활용함으로써 발달상의 도전과제들 및 예방조치들에 대한 정보, 데이터, 정확하고 자세한 내용을 제공한다.
- 격식에 얽매이지 않는 학습 테크닉인 에듀테이닝(edutaining)을 통해 프로젝트 참가자들을 교육하고 훈련시킨다.
- 계발상의 목표들을 성취하기 위해 구체적으로 행동에 옮기는 것에 대한 희망을 고취시키고 불어넣는다.
- 상호간의 이해와 전 세계적으로 중요한 인간적 및 사회적 쟁점들에 대한 인식을 불어넣도록 도와줄 뿐만 아니라 협력과 초문화적 대화를 촉진시킨다.
- 지구 전역에서 제대로 봉사받지 못하고 계발되지 못한 고립된 사회 속에 살고 있는 이들을 위한 기회를 제공하고자 힘쓴다.

7) 주요사업

오늘날과 같은 지식정보 시대에, 네트워크와 협력 작업은
저개발의 순환을 극복하기 위한 필수적 요소가 되었다. 세
계적 현안에 대한 정보와 노하우를 공유하는 것은 사회적
자본 및 인간 자본의 가치를 높이는 데 필수가 되었다.

Arts For Global Development는 창의력을 가진 이들과 계발
영역 전문가들 간의 네트워킹과 협력 작업을 촉진시키는
교육 단체이다. 이 단체는 창의적이고도 참여적인 접근을
통해 공동체 발전 속의 예술, 청년의 예술능력 향상, 건강,
갈등 해소, 인권, **HIV/AIDS** 예방, 성, 빈곤 감소, 환경 친화
적 개발 등과 같은 계발 관련 사안들을 다루고 있다.

더불어 미술, 공연, 디지털 예술 등 모든 형태의 예술이 계
발 영역에서 직면한 도전, 그리고 사회를 더욱 사회적으로
깨어 있고, 관용이 있으며, 책임을 다하고 창의적으로 활동
할 수 있는 집단으로 변화시키기 위한 활동을 한다.

② 정보원

1) *Weekly Digests*

Art4Development.Net eCommunity는 공동 작업으로 공동체 발전, 건강, 갈등 해소, 인권, HIV/AIDS 예방, 여성 역량, 청년, 빈곤 감소, 지속가능한 발전, 문화유산 등에서의 예술과 같은 예술 발전 관련 쟁점들을 다루는 *Weekly Digests*를 출판한다. 최근의 *e-Digests*가 다루었던 주요 주제들은 다음과 같다.

- New Perspectives to Save Cultural Heritage(문화유산 보호를 위한 새로운 시각)
- Arts and Culture Marketing(예술 및 문화 마케팅)
- Entertainment-Education(예능 - 교육)
- Sociodrama: Theatre for Development(사회극: 발전을 위한 극-TfD)
- Arts and Health Marketing(예술 및 의료 마케팅)
- Youth, Arts, and HIV/AIDS(청년, 예술 그리고 HIV/AIDS)
- Music, Conflict Resolution, and Peace Building(음악, 갈등 해소 그리고 평화구축)
- Volunteerism and Creative Development(자원봉사주의와 창의적 개발)
- Arts, Creativity, and Environment(예술, 창조력 그리고 환경)

- Arts and Technology(예술과 기술)

2) 보도 자료

- All Africa: 예술과 공예품을 통해 앙골라에 271개의 새로운 일자리 창출 관련 기사
- Youth Action Net: 카펫 생산을 통해 빈곤의 순환을 타파하는 캄보디아 여성들 관련 기사
- ATA: 스크린 인쇄, 스텐실, 밀랍 염색, 타이, 염색, 자수 등을 생산하는 20인 탄자니아 워크숍
- All Africa: '우리의 사업이 아프리카 문화를 증진시킨다'라고 말한 나이지리아의 Homes & Fabrics Limited 상무이사의 사업 구상 관련 기사
- Indo-Asian News Service: 문화유산을 통한 관광 프로그램 관련 기사
- Homeless World Cup: Homeless World Cup Foundation 관련 기사
- Guardian: 델리의 길거리 아이들 자선단체와 "poorism" 소개 기사
- Millennium Campaign: German Rap Contest 승자들 관련 기사
- 1 WORLD MANGA: VIZ 미디어와 월드 뱅크와의 제휴 관련 기사
- BBC: 세계 빈곤에 대한 쟁점 보도

- WorldCultureOpen: 태국 유일의 전통 꼭두각시 공연 극장인 Joe Louis 극장 관련 기사
- Department for International Development: CD-ROM에 담긴 DFID의 네 편의 단편영화 관련 기사
- Oxfam: Oxfam을 위해 자금을 조달하는 Big Noise Music 관련 기사
- Baglanatak: 젊은 전문가들로 구성된 banglanatak.com project 관련 기사

3) 보고서

(1) CreativeChange Worldwide
  100페이지로 구성된 디지털 인쇄본, CD 혹은 PDF 파일 형태로 제작된 전자문서로 제공된다. 창조적인 사회적 사업과 기업을 규정하며 창의적 발전 부문과 관련 있는 도전과제들, 성과, 경향을 다루고 있다.

(2) eco'arts catalogue
  eco'arts 프로젝트는 창의성을 가지고 발전적 쟁점들을 솔직하게 다루고 있다. 개개인들이 예방적 행동을 취할 수 있도록 알려주고 영감을 불어넣어, 주거지와 환경에 초점을 두고 있는 창의력이 풍부한 개개인들을 인정해 주고자 한다. eco'arts 카탈로그는 미국, 캐나다, 이탈리아, 독일, 네덜란드, 시에라리온, 콜롬비아, 앙골라, 핀란

드, 카메룬, 남아프리카 등 전 세계 60인 이상의 예술가
들과 지지자들의 작품을 담고 있다.

(3) Digital Change Process of Gain-For-All: ICT, Development,
and Volunteerism from a Turkish Perspective
PDF 파일의 형태로 제공되며 터키의 국제 자원봉사일
기념식에 대한 보도 자료로 구성되어 있다.

(4) Change Initiators: Artists in creating Social Change
Art4Development.Net eCommunity 출신의 예술가들의 작
품을 담은 소형 카탈로그이다.

(5) art'ishake e-magazine
예술 및 발전과 관련된 학제 간, 이문화 간 등 다부문적
이슈들을 담고 있다.

ASC

American Society of Cinematographer

미국촬영인협회

① 기구

1) 소재지

소재국가 미국

주   소 American Society of Cinematographers

1782 North Orange Drive

Hollywood, CA 90028

전   화 +1 (323) 969-4333

팩   스 +1 (323) 882-6391

전자우편 office@theasc.com

홈페이지 http://www.theasc.com

2) 성격

미국촬영인협회(American Society of Cinematographer, ASC)
는 교육문화 전문단체이다. 노동 단체나 장인조합이 아니
기 때문에 ASC는 초대로 회원 승인이 이루어지며 영화 산
업에서 확실한 신임을 받는 사진 감독과 특수효과 전문가
들의 분야로 확장된다.

3) 설립연혁

ASC의 연혁은 Phil Rosen, Frank Kugler와 Lewis W. Physioc
가 뉴욕에 세운 영화카메라동호회와 Charles Rosher, Harry
H. Harris가 로스엔젤레스에 창립한 비평동호회로 거슬러
올라간다. 두 동호회 모두 1911년에 설립되었으며, 1911년
Rosher와 Rosen이 로스앤젤레스로 이주할 당시 국가단체로
통합되었다. ASC는 1911년 1월 캘리포니아에서 인가를 받
았으며 '세계 최장 지속적인 영화 경영'을 제창했다. 다음
해 William S. Hart의 영화 <모래(Sand)>가 6월 27일 개봉되
었고, Joe August의 이름이 영화촬영기사로는 최초로 크레
딧 자막에 등장하게 되었으며, 이어 'ASC'라는 글자가 이
어졌다.

4) 설립목적

ASC는 영화 예술의 발전에 헌신하는 비영리 단체이다.

1919년 인가 이후, ASC는 포부를 지닌 영화제작자들과 그 밖의 사람들에게 영화 촬영의 기법과 기술에 관한 교육에 전념하고 있다. 협회는 국제적으로 명망 있는 잡지『아메리칸 시네마토그래퍼(*American Cinematographer*)』와 유서 깊은 『아메리칸 시네마토그래퍼 매뉴얼(*American Cinematographer Manual*)』의 출판을 통해 교육사업을 수행한다.

할리우드에 위치한 ASC 클럽 회관의 계획적인 확장은 협회가 단체의 교육 활동의 많은 부분을 확장하고 집약 가능하게 할 것이다. ASC는 영화 촬영법을 배우는 학생들에게 유용한 훈련 기회들을 많이 알고 있으므로 이러한 기회를 확장하여 지원할 수 있는 교과과정을 발전시키기 위해 현존하는 프로그램들과 더불어 공동 작업을 할 것이다.

5) 비전 및 임무

ASC 회원 자격은 개인의 작업활동을 기초로 한 초대방식으로 주어진다. 최근의 회원 자격 명단은 20개의 서로 다른 나라 출신의 영화 촬영가 302명으로 구성되어 있으며, 150명 이상의 준회원을 보유하고 있다. 개인의 경우 산업체 보조 부분에서 작업하는데 활동사진들의 예술과 기술에 대한 공로로 가입 초대를 받는다.

교육활동에 대한 관심과 더불어 ASC는 활동사진(영화)의 발달에 활발하게 관여하며 영화 제작 과정에 있어서 영화 촬영가들의 기여를 홍보하기 위해 활약한다. 많은 정·준

회원들은 ASC위원회와 관련된 작업에 자신의 시간을 들여 자원봉사를 한다.

1920년에 창간한 『아메리칸 시네마토그래퍼(*American Cinematographer*)』라는 미국 영화 촬영가 잡지가 오늘날까지도 발간 중이다. 잡지는 최근 개봉된 활동사진들의 영화 촬영 기법에 초점을 맞추며, 영화 촬영가들과 기법상의 정보에 관한 인터뷰를 포함한다. 과월호들도 어떤 특정한 영화의 외향이 어떠한 방법으로 갖추게 되었는지를 알기 원하는 영화 제작자들 사이에서 높은 수요율을 보인다.

『아메리칸 시네마토그래퍼』보다 더 잘 알려진 발행물은 『아메리칸 시네마토그래퍼 매뉴얼』이다. 제일 처음에는 1935년 『아메리칸 시네마토그래퍼 핸드북 앤드 레퍼런스 가이드(*The American Cinematographer Hand Book and Reference Guide*)』라는 이름으로 Jackson J. Rose에 의해서 출판되었다. 『시네마토그래픽 애뉴얼(*Cinematographic Annual*)』에서 진화된 이 안내서는 1930년과 1931년에만 출판되었다. Rose의 안내서는 1950년대 중반까지 9판을 거쳤으며 『아메리칸 시네마토그래퍼 매뉴얼』의 시초였다. 이 새로운 안내서의 첫 판은 1960년대에 출판되어 2004년에 9판이 발간되었다.

6) 조직

- 기술위원회(Technology Committee): 새로운 디지털 도구들의 평가와 개발 분야에 있는 산업체 전문가들과 함께

위원회 협력자들은 현재와 미래의 영화 제작 기술과 관련된 최신정보를 제공하고 있다.

• 교육위원회(Education Committee): 신생 영화 제작자들에 대한 원조는 ASC 임무 중 중요한 부분으로 이 위원회는 몇몇의 프로그램과 이벤트를 개발하여 학생들에게 전문 영화제작자를 만날 기회를 제공하고 있다. 이 과정은 조명 워크숍, 원탁 토론 그리고 ASC 회원들이 판단한 우수한 학생 영화 촬영 기사에게 매년 주는 ASC 문화유산상을 포함한다.

• 홍보위원회(Public-Relations Committee): 이 위원회는 영화제, 시사회, 기타 이벤트에서 ASC 협력자들을 조직하며, 영화 촬영 기사의 역할에 대한 보다 나은 이해를 촉진하기 위해 수고를 아끼지 않는다.

• 간행물위원회(Publication Committee): ASC 간행물을 위한 자문 위원회로 아메리칸 시네마토그래퍼와 아메리칸 시네마토그래퍼 매뉴얼을 포함하며 웹사이트를 위한 귀중하고 교육적인 내용을 제공하며 협회의 온라인 입회를 총괄한다.

2 정보원

1) 출판물

여러 세대에 걸쳐 '영화제작자의 바이블'로 알려져 있으며 세계에서 가장 광범하게 사용되는 영화 참고도서들 중 하나인 『아메리칸 시네마토그래퍼 매뉴얼(*The American Cinematographer Manual*)』을 비롯하여 다음의 출판물들이 있다.

- *Anton Wilson's Cinema Workshop*
- *ASC Film Manual*
- *ASC Video Manual*
- *Charles Clarke's Professional Cinematography*
- *Cinematographer Style Book*
- *Image Control: Motion Picture and Video Camera Filters and Lab Techniques*
- *It's a Wrap*
- *Reflections: Twenty-One Cinematographers at Work*
- *Selected Tables, Charts and Formulas for the Student Cinematographer from the American Cinematographer Manual 3RD Edition*

2) 정기간행물

- *American Cinematographer*

- *Friends of the ASC*
- *Film and Digital Times Newsletter*

특히 *American Cinematographer*의 경우, 디지털, 증정, 인쇄본, 개정판 등의 버전으로 제공되고 있는데, 구독 기간은 6개월, 1년, 2년, 3년(1년 무료 구독 추가)으로 구성되어 있다. 또한 패키지 형식으로 *American Cinematographer*와 함께 구독할 수 있는 것들이 있는데, 다음과 같은 것들이다.

- *ARRI16SR Book*
- *ARRI Book*
- *Cinema of Adventure, Romance and Terror*
- *Selected Tables, Charts and Formulas for the Student Cinematographer 2nd Edition*

3) 전문서적

(1) ASC 출판물(ASC Publications)
- *American Cinematographer Manual,* CineBags CB10Cinematographer bag
- *Anton Wilson's Cinema Workshop,* Fourth Edition
- *ASC Film Manual-Paperback,* 9th Edition
- *ASC Manual-10th Edition,* Hardbound
- *ASC Manual-10th Edition*(Two-Volume Paperback)

- *ASC Video Manual*, 3rd Edition Paper Back
- *Charles Clarke's Professional Cinematography*
- *Cinematographer Style Book*(Vol. 1)
- *Cinematographer Style Book*(Vol. 2)
- *Cinematographer Style*, Vol. I, Vol. II & DVD
- *Image Control: Motion Picture and Video Camera Filters and Lab Techniques*
- *It's a Wrap*
- *Reflections: Twenty-One Cinematographers at Work*
- *Selected Tables, Charts and Formulas for the Student Cinematographer from the American Cinematographer Manual*, 3rd Edition

(2) 애니메이션(Animation)
- *Animation Unleashed: 100 Principles Every Animator, Comic Book Writer, Filmmaker, Video Artist, and Game Developer Should Know*
- *Designing Sound for Animation*
- *Digital Storytelling: A Creator's Guide to Interactive Entertainment*, 2nd Edition
- *Directing the Story Professional Storytelling and Storyboarding Techniques for Live Action and Animation*
- *How to Make Animated Films*

- *Prepare to Board! Creating Story and Characters for Animation Features and Shorts*
- *Stop Motion: Craft Skills for Model Animation,* 2nd Edition
- *The Foley Grail*
- *Timing for Animation,* 2nd Edition

(3) 전기(Biographies)
- *Charlie Chaplin, Comic Genius*
- *Cut to the Chase: Forty-Five Years of Editing America's Favorite Movies*
- *En Lumière: Les Directeurs de la Photographie*
- *Hollywood PL Beyond the Dream: Personal Roads to the Silver Screen*
- *L'Arte della Cinematografia/The Art of The cinematography*
- *Masters of Light*
- *New Cinematographers*
- *New Wave King*
- *The Cinematography of Laszlo Kovacs, ASC*
- *Ray Harryhausen An Animated Life*
- *Storaro-Covili: The sign of a destiny*
- *The Art of Ray Harryhausen*
- *The Art of the Cinematographer: A Survey and*

Interviews with Five Masters
- *The Lion and the Giraffe: A Naturalist's Life In the Movie Business*

(4) 사업과 계획(Business and Planning)
- *Film Production Management,* 3rd Edition

(5) 촬영(Cinematography)
- *Anton Wilson's Cinema Workshop,* Fourth Edition
- *ARRIFLEX 16 SR3 Book*
- *ASC Film Manual-Paperback 9th Edition*
- *ASC Manual-10th Edition*(Hardbound)
- *ASC Manual-10th Edition*(Two-Volume Paperback)
- *ASC Video Manual,* 3rd Edition Paper Back
- *Charles Clarke's Professional Cinematography*
- *Cinematographer Style Book*(Vol. 2)
- *Cinematographer Style,* Vol. I, Vol. II & DVD
- *Cinematography Mailing List-High Definition*-January 2001 to November 2004
- *Cinematography: Theory and Practice,* 2nd Edition Image Making for Cinematographers and Directors
- *Cinematography,* Third Edition
- *Digital Cinematography*
- *Every Frame A Rembrandt: Art and Practice of*

Cinematography

- *Feature Film Lighting*
- *Film and Digital Times,* Digital Edition
- *Film Directing Shot By Shot: Visualizing from Concept to Screen*
- *Film Lighting*
- *FilmCraft: Cinematography*
- *Filming the Fantastic: A Guide to Visual Effects Cinematography*
- *Image Control: Motion Picture and Video Camera Filters and Lab Techniques*
- *It's a Wrap*
- *L'Arte della Cinematografia/The Art of The cinematography*
- *Lean Forward Moment, The: Create Compelling Stories for Film, TV, and the Web*
- *Lighting for Digital Video and Television,* 3rd Edition
- *Lighting for TV and Film,* 3rd Edition
- *Matters of Light and Depth*
- *Motion Picture and Video Lighting*
- *Painting With Light*
- *Perception and Imaging,* 3rd Edition
- *Placing Shadows: Lighting Techniques for Video*

Production, 3rd Edition
- *Practical Cinematography,* 2nd Edition
- *Reflections: Twenty-One Cinematographers at Work*
- *Selected Tables, Charts and Formulas for the Student Cinematographer from the American Cinematographer Manual,* 3rd Edition
- *Shooting Movies Without Shooting Yourself in the Foot*
- *Special Effects: The History and Technique*
- *Storaro: Writing With Light-Colours-Elements-SIGNED COPY*
- *The Art of the Documentary*
- *The Camera Assistant: A Complete Professional Handbook*
- *The Filmmaker's Eye*
- *The Five C's of Cinematography: Motion Picture Filming Techniques*
- *The Lion and the Giraffe: A Naturalist's Life In the Movie Business*
- *The Professional Cameraman's Handbook 4TH*
- *Theory & Practice,* 4-pack
- *Understanding Digital Cinema: A Professional Handbook*
- *Visual Effects for Film and Television*

(6) 촬영 서적 패키지(Cinematography Book Packages)

- *Cinematographer Style,* Vol. I, Vol. Ⅱ & DVD
- *Haskell Wexler,* 3-Pack
- *LIGHTING ESSENTIALS-a SHOT iN THE DARK-FILM LIGHTNING*
- *Storaro Combo-SIGNED*
- *Storaro: Writing With Light-Colours-Elements*
- *Visual E.-ASC Treasury books*

(7) 디지털(Digital)

- *A Shot in the Dark*
- *Cinematography Mailing List-High Definition,* January 2001 to November 2004
- *Color and Mastering for Digital Cinema*
- *Color Correction Handbook: Professional Techniques for Video and Cinema*
- *Compositing Visual Effects*
- *Digital Cinema*
- *Digital Cinematography*
- *Digital Intermediates for Film and Video*
- *Digital Moviemaking 3.0*
- *Digital Video Secrets*
- *DVCam: A Practical Guide to the Professional System*
- *Edit Well: Final Cut Studio Techniques from the Pros*

- *Edit Well: Final Cut Studio Techniques from the Pros*
- *Film and Digital Times Newsletter*
- *Film and Digital Times Newsletter*
- *Film and Digital Times: Digital Edition*
- *HDTV and the Transition to Digital Broadcasting*
- *Lean Forward Moment, The: Create Compelling Stories for Film, TV, and the Web*
- *Practical DV Filmmaking*
- *Producing 24p Video*
- *Single-Camera Video Production, 4th Edition*
- *Sound for Digital Video*
- *Streaming and Digital Media-Understanding the Business and Technology*
- *The Art and Technique of Digital Color Correction 2nd edition*
- *The Art And Technique Of Digital Color Correction*
- *The Digital Photographer's Pocket Encyclopedia*
- *The Filmmaker's Guide to Final Cut Pro Workflow*
- *The Focal Encyclopedia of Photography 4TH Edition*
- *The Hot Shoe Diaries, Big Light from Small Flashes*
- *The Visual Story*
- *Understanding Adobe Photoshop CS4: The Essential Techniques for Imaging Professionals, Adobe Reader*
- *Understanding Digital Cinema: A Professional*

Handbook
- *Working With HDV*

(8) 연출(Directing)

- *Changing Direction: A Practical Approach to Directing Actors in Film and Theatre*
- *Cinematography for Directors*
- *Cinematography: Theory and Practice,* 2nd Edition *Image Making for Cinematographers and Directors*
- *Digital Moviemaking 3.0*
- *Direct Your Own Damn Movie!*
- *Directing Feature Films*
- *Directing The Documentary,* 4th Edition
- *Directing the Story Professional Storytelling and Storyboarding Techniques for Live Action and Animation*
- *Directing: Film Techniques and Aesthetics,* 5th Edition
- *Directors Tell the Story*
- *Film Directing Fundamentals,* 3rd Edition
- *Film Directing Shot By Shot: Visualizing from Concept to Screen*
- *Film Directing: Cinematic Motion,* 2nd Edition
- *FilmCraft: Directing*

- *From Word to Image: Storyboarding and the Filmmaking Process*
- *Making Short Films*
- *Master Shots, Vol. 2: 100 Ways to Shoot Great Dialogue Scenes*
- *Nuts and Bolts Filmmaking*
- *Producing and Directing the Short Film and Video*
- *Producing and Directing the Short Film and Video,* 4th Edition
- *Running the Show,* 1st Edition
- *Screencraft Series: Directing*
- *Setting Up Your Scenes: The Inner Workings of Great Films*
- *Setting Up Your Shots*
- *The Art of the Documentary*
- *The Director's Series*
- *the directors idea*
- *The Film Director Prepares-A Complete Guide to Directing for Film & TV*
- *The Innocence Of The Eye*
- *The Technique of Film and Video Editing, 5th Edition History, Theory, and Practice*
- *The Working Director*
- *Total Directing*

(9) 다큐멘터리(Documentary)
- *Directing The Documentary*, 4th Edition
- *Directing the Documentary*, 5th Edition
- *Documentary in the Digital Age*
- *Documentary Storytelling, 3rd Edition Creative Non-fiction on Screen*
- *Something's Gonna Live*
- *The Art of the Documentary*
- *The Lean Forward Moment: Create Compelling Stories for Film, TV, and the Web*
- *The Lion and the Giraffe: A Naturalist's Life In the Movie Business*
- *The Shut Up and Shoot Documentary Guide*

(10) 편집(Editing)
- *Behind the Seen: How Walter Murch Edited Cold Mountain Using Apple's Final Cut Pro and What This Means for Cinema*
- *Digital Editing Two Pack*
- *Editing with Final Cut Pro 4*
- *FilmCraft: Editing*
- *Final Cut Express 4 Editing Workshop*
- *Final Cut Pro 3 Editing Workshop*
- *Quicktime for Filmmakers*

- *Technique of Film Editing, Reissue of 2nd Edition*
- *The Film Editing Room Handbook: How to Tame the Chaos of the diting Room,* 4th Edition
- *The Lean Forward Moment: Create Compelling Stories for Film, TV, and the Web*
- *The Visual Effects Arsenal*

(11) 장비 지침서 및 매뉴얼(Equipment Guides & Manuals)
- *Apple Pro Training Series: Motion 3*
- *Arricam Book, 2nd Edition*
- *ARRIFLEX 16SR Book Fourth Edition*
- *ARRIFLEX 435 Book*
- *ASC Film Manual-Paperback,* 9th Edition
- *ASC Manual-10th Edition*(Hardbound)
- *ASC Manual-10th Edition*(Two-Volume Paperback)
- *Film and Digital Times Newsletter*
- *Film and Digital Times,* Digital Edition
- *Goodman's Guide to the Panasonic P2 System*
- *Goodman's Guide to the Grass Valley Viper FilmStream Camera*
- *Goodman's Guide To The Panasonic HDX900*
- *Goodman's Guide to the Panasonic SDX900*
- *RED: The Ultimate Guide to Using the Revolutionary Camera*

- *Set Lighting Technician's Handbook*
- *Set Lighting Technician's Handbook,* 4th Edition
- *The Complete Catalog of Movie Cameras*
- *The Focal Encyclopedia of Photography 4TH Edition*
- *The Practical Art of Motion Picture Sound,* 3rd Edition
- *The Steadicam® Operator's Handbook*
- *Uva's Reference Pack*
- *Uva's Rigging Guide for Studio and Location*
- *Vortex Media's PMW-EX1 Field Guide*
- *Vortex Media's PMW-EX3 Field Guide*

(12) 필름 현상처리(Film Processing)

- *Alternative Photo Processes: A Working Guide for Image Makers*
- *ASC Film Manual,* Paperback 9th Edition
- *ASC Manual,* 10th Edition(Hardbound)
- *ASC Manual,* 10th Edition(Two-Volume Paperback)
- *ASC Video Manual,* 3rd Edition Paper Back
- *B&W Photo Lab: Processing and Printing*
- *Basic Photographic Sensitometry Workbook*
- *Behind the Seen: How Walter Murch Edited Cold Mountain Using Apple's Final Cut Pro and What This Means for Cinema*

- *Color and Mastering for Digital Cinema*
- *Dialogue Editing for Motion Pictures-A Guide to the Invisible Art*
- *Digital Intermediates for Film and Video*
- *Film Technology in Post Production, Second Edition*
- *Image Control: Motion Picture and Video Camera Filters and Lab Techniques*
- *Introduction to Media Production,* 4th Edition
- *LIGHTING ESSENTIALS-a SHOT iN THE DARK-FILM LIGHTNING*
- *Lighting for TV and Film,* 3rd Edition
- *Selected Tables, Charts and Formulas for the Student Cinematographer from the American Cinematographer Manual,* 3rd Edition
- *The Art And Technique Of Digital Color Correction*
- *The Lean Forward Moment: Create Compelling Stories for Film, TV, and the Web*
- *The Visual Story*
- *Visual E.-ASC Treasury books*
- *Working With HDV*

(13) 영화제작론(Filmmaking Theory)

- *ASC Manual,* 10th Edition(Hardbound)
- *ASC Manual,* 10th Edition(Two-Volume Paperback)
- *Cinematography: Theory and Practice,* 2nd Edition *Image Making for Cinematographers and Directors*
- *Digital Cinema*
- *Digital Filmmaking 101,* 2nd Edition
- *Eye on the World: Conversations with International Filmmakers*
- *Film Lighting*
- *Filming the Fantastic: A Guide to Visual Effects Cinematography*
- *Filmmaking, Narrative and Structural Techniques*
- *Filmmaking: Direct Your Movie from Script to Screen Using Proven Hollywood Techniques*
- *Genre Filmmaking A visual Guide to Shots and Style*
- *If It's Purple, Someone's Gonna Die: The Power of Color in Visual Storytelling*
- *In the Blink of an Eye*
- *L'Arte della Cinematografia/The Art of The cinematography*
- *LIGHTING ESSENTIALS-a SHOT iN THE DARK-FILM LIGHTNING*

- *Nuts and Bolts Filmmaking*
- *Reflections: Twenty-One Cinematographers at Work*
- *Screencraft Series: Film Music*
- *Screencraft Series: Screenwriting*
- *Setting Up Your Scenes: The Inner Workings of Great Films*
- *Storaro Combo-SIGNED*
- *Storaro: Writing With Light-Colours-Elements*
- *Storaro-Covili: The sign of a destiny*
- *Storaro: Writing With Light-Colours-Elements-SIGNED COPY*
- *The Art of the Documentary*
- *The Filmmaker's Eye*
- *The Five C's of Cinematography: Motion Picture Filming Techniques*
- *The Innocence Of The Eye*
- *Visual E.-ASC Treasury books*

(14) 역사(History)
- *Charlie Chaplin, Comic Genius*
- *Cut to the Chase: Forty-Five Years of Editing America's Favorite Movies*
- *Film Lighting*
- *Hollywood's Conversion of All Production to Color*

- *L'Arte della Cinematografia/The Art of The cinematography*
- *Ray Harryhausen An Animated Life*
- *Raymond Chandler in Hollywood*
- *Secrets of Oscar-winning Animation-Behind the scenes of 13 classic hort animations*
- *Special Effects: The History and Technique*
- *The Art of Ray Harryhausen*
- *The Art of the Cinematographer: A Survey and Interviews with Five Masters*
- *The Cinema of Adventure, Romance and Terror*
- *The Focal Encyclopedia of Photography,* 4th Edition

(15) 기타(Miscellaneous)
- *American Cinematographer Magazine Archival Binder*
- *Character Animation in 3D: Use traditional drawing techniques to produce stunning CGI animation*
- *Compositing Visual Effects*
- *Dialogue Editing for Motion Pictures-A Guide to the Invisible Art*
- *Digital Compositing For Film And Video,* 2nd Edition
- *DV Rebel's Guide, The: An All-Digital Approach to Making Killer*
- *Action Movies on the Cheap*

- *Film and Digital Times: Digital Edition*
- *Film Lighting*
- *FilmCraft: Costume Design*
- *Filming the Fantastic: A Guide to Visual Effects Cinematography*
- *Filmmakers and Financing-Business Plans for Independents*, 5th Edition.
- *HDTV and the Transition to Digital Broadcasting*
- *Hollywood Drive*
- *Incubus DVD*
- *Killer Camera Rigs That You Can Build*
- *Marketing to Moviegoers: A Handbook of Strategies Used by Major*
- *Studios and Independents*
- *Master Shots: 100 Advanced Camera Techniques to Get an Expensive*
- *Look on Your Low-Budget Movie*
- *Producing Video Podcasts*
- *Ray Harryhausen An Animated Life*
- *Screencraft Series: Editing & Post Production*
- *Screencraft Series: Film Music*
- *Screencraft Series: Screenwriting*
- *Screenwriter's Bible*, 4th Edition.
- *Secrets of Oscar-winning Animation-Behind the scenes*

of 13 classic short animations
- *Special Effects*
- *Studio Television Production And Directing*
- *The Camera Assistant: A Complete Professional Handbook*
- *The Citizen Kane Crash Course in Cinematography*
- *The Complete Independent Movie Marketing Handbook*
- *The Innocence of the Eye*
- *The Lion and the Giraffe: A Naturalist's Life In the Movie Business*
- *The Perfect Pitch,* 2nd Edition
- *The Pocket Lawyer for Filmmakers-A Legal Toolkit for Independent Producers*
- *The Technique of Film and Video Editing*
- *Translation of Film and Video Terms*
- *Ultimate Film Festival Survival Guide-Third Edition*
- *Video Color Correction for Non-Linear Editors A Step-by-Step Guide*
- *Video Shooter*
- *Visual Effects for Film and Television*
- *Write to TV*

(16) 모션그래픽(Motion Graphics)

- *Digital Storytelling: A Creator's Guide to Interactive Entertainment*, 2nd Edition

(17) 멀티미디어(Multimedia)

- *Fix It In Post Solutions for Postproduction Problems*
- *Mastering MultiCamera Techniques From Preproduction to Editing and Deliverables*
- *Producing Video Podcasts*
- *The Art And Technique Of Digital Color Correction*
- *The Avid Handbook*, 5th Edition
- *The Video Editor's Guide to Soundtrack Pro*
- *The Visual Effects Producer Understanding the Art and Business of VFX*

(18) 사진(Photography)

- *A Life In Pictures*
- *Color*
- *David Buschs Canon EOS 5D Mark Ⅲ*
- *Exhibiting Photography*
- *Kodak Professional Black-and-White Films*
- *Light: Science And Magic*, 3rd Edition
- *Photography Q&A*
- *speedlights & speedlites*

- *Storaro: Writing With Light-Colours-Elements-SIGNED COPY*
- *The Elements of Photography*
- *The Makeup Artist Handbook*
- *The MovieMaking With Your Camera Field Guide*

(19) 후반 제작(Post-Production)
- *3D Movie Making*
- *Color and Mastering for Digital Cinema*
- *Cut to the Chase: Forty-Five Years of Editing America's Favorite Movies*
- *Dialogue Editing for Motion Pictures-A Guide to the Invisible Art*
- *Digital Intermediates for Film and Video*
- *Film Technology in Post Production, Second Edition*
- *High Definition Postproduction -Editing and Delivering HD Video*
- *In the Blink of an Eye*
- *Marketing to Moviegoers: A Handbook of Strategies Used by Major Studios and Independents*
- *Mastering MultiCamera Techniques From Preproduction to Editing and Deliverables*
- *Nonlinear Editing: Aesthetics, Storytelling and Craft*
- *Photoshop CS for Nonlinear Editors,* 2nd Edition

- *Screencraft Series: Editing & Post Production*
- *Screencraft Series: Film Music*
- *The Complete DVD Book*
- *The Focal Easy Guide to Combustion 4*
- *The Technique Of Film and Video Editing*
- *Visual Effects for Film and Television*

(20) 프로듀싱(Producing)
- *Beginner's guide to production(3 set)*
- *Digital Moviemaking 3.0*
- *Film and Video Budgets*
- *Film Budgeting: Or How Much Will It Cost to Shoot Your Movie?*
- *FilmCraft: Producing*
- *Marketing to Moviegoers: A Handbook of Strategies Used by Major Studios and Independents*
- *Producing and Directing the Short Film and Video*
- *Producing and Directing the Short Film and Video, 4th Edition*
- *Producing with Passion: Making Films That Change the World*
- *The Complete Independent Movie Marketing Handbook*
- *The Insider's Guide to Independent Film Distribution*
- *The Producer's Business Handbook*

- *The Shut Up and Shoot Documentary Guide*
- *What a Producer Does: The Art of Moviemakin(Not the Business)*

(21) 제작(Production)
- *3D Movie Making*
- *Better Location Shooting Techniques for Video Production*
- *Color Correction for Video,* 2nd Edition
- *Cutting Rhythms*
- *Documentary in the Digital Age*
- *Film Production Managment*
- *Film Production: The Complete UNCENSORED Guide*
- *FilmCraft: Producing*
- *FilmCraft: Production Design*
- *Grammar of the Edit,* 2nd Edition
- *GreenScreen Made Easy: Keying and Compositing for Indie Filmmakers*
- *Guerilla Film Makers Handbook(US Edition)*
- *High Definition Cinematography,* 3rd Edition
- *Introduction to Media Production,* 4th Edition
- *Making Short Films*
- *Master Shots, Vol. 2: 100 Ways to Shoot Great Dialogue Scenes*
- *Motion Picture and Video Lighting*

- *Nuts and Bolts Filmmaking*
- *Producing Great Sound for Film and Video*, 3rd Edition
- *Roll! Shooting TV News*
- *Scenic Design: How Do I Paint It?*
- *Set Lighting Technician's Handbook*
- *Single-Camera Video Production*, 4th Edition
- *Storyboards: Motion In Art*
- *Studio Television Production And Directing*
- *The Art Direction Handbook for Film*
- *The Art of the Storyboard*
- *The Innocence Of The Eye*
- *The Lean Forward Moment: Create Compelling Stories for Film, TV, and the Web*
- *The Makeup Artist Handbook*
- *The Videomaker Guide to Video Production*, 4th Edition
- *Uva's Rigging Guide for Studio and Location*
- *Video Production Handbook*, 4th Edition
- *Video Shooter*
- *Voice & Vision, 2nd Edition A Creative Approach to Narrative Film and DV Production*
- *Where Do I Start: Basic Set Construction*

(22) 참고서(Reference)

- *"Who Needs Sleep?"*
- *ASC Film Manual,* Paperback 9th Edition
- *ASC Video Manual,* 3rd Edition Paper Back
- *Bankroll: A New Approach to Financing Feature Films,* 2nd Edition
- *Cinematographer Style Book,* Vol. 2
- *Cinematography Mailing List-High Definition-January 2001 to 2004*
- *Cut by Cut: Editing your Film or Video,* 2nd Edition
- *Film and Digital Times: Digital Edition*
- *Film Lighting*
- *Film Production Management 101*
- *FilmCraft: Producing*
- *Filmmaker's Dictionary,* 2nd Edition
- *HDTV and the Transition to Digital Broadcasting*
- *Hollywood Creative Directory,* 53rd Edition
- *Image Control: Motion Picture and Video Camera Filters and Lab Techniques*
- *L'Arte della Cinematografia/The Art of The cinematography*
- Producer to Producer
- *Quicktime for Filmmakers*
- *Selected Tables, Charts and Formulas for the*

Student Cinematographer from the American Cinematographer Manual, 3rd Edition

- *Storaro Combo-SIGNED*
- *Storaro: Writing With Light-Colours-Elements*
- *Storaro: Writing With Light-Colours-Elements*, SIGNED COPY
- *Student Cinematography Pack*
- *The Art of the Documentary*
- *The Camera Assistant: A Complete Professional Handbook*
- *The Digital Photographer's Pocket Encyclopedia*
- *The Filmmaker's Eye*
- *The Focal Encyclopedia of Photography 4TH Edition*
- *The Pocket Lawyer for Filmmakers-A Legal Toolkit for Independent Producers*
- *The Professional Cameraman's Handbook*, 4th Edition
- *The Shut Up and Shoot Documentary Guide*
- *The Sound Effects Bible*
- *Theory & Practice*, 4-pack
- *Translation of Film and Video Terms*
- *Ultimate Film Festival Survival Guide-Third Edition*
- *Uva's Basic Grip Book*, 4th Edition
- *Uva's Guide to Cranes, Dollies and Remote Heads*
- *Uva's Reference Pack*

- *Uva's Rigging Guide for Studio and Location*
- *Video Shooter*
- *Write to TV*

(23) 시나리오(Screenwriting)

- *FilmCraft: Screenwriting*
- *Grammar of the Shot,* 3rd Edition
- *Screenwriting Tips, You Hack*
- *THE ART OF STORYTELLING FOR DRAMATIC SCREENPLAYS*

(24) 소프트웨어 서적(Software Books)

- *Advanced Photoshop Elements 6 for Digital Photographers*
- *After Effects in Production: A Companion for Creating Motion Graphics,* 2nd Edition
- *After Effects: On the Spot*
- *Apple Pro Training Series,* Shake 4
- *Art and Design in Photoshop*
- *Avid Editing*
- *Character Animation in 3D: Use traditional drawing techniques to produce stunning CGI animation*
- *Combustion 4 Fundamentals Courseware*
- *Creating Motion Graphics with After Effects(Volume*

1), 3rd Edition

- *Creating Motion Graphics with After Effects, Volume 2: Advanced Techniques*
- *Final Cut Pro: On the Spot*
- *Focal Easy Guide to Final Cut Express*
- *Focal Easy Guide to Final Cut Pro 4*
- *Houdini On the Spot*
- *Photoshop CS for Nonlinear Editors, 2nd Edition*
- *The Avid Handbook,* 5th Edition
- *The Complete DVD Book*
- *The Filmmaker's Guide to Final Cut Pro Workflow*
- *The Ultimate Adobe Photoshop CS2 Collection*

(25) 소프트웨어 프로그램(Software Programs)
- *Director's Pad USB Frameforge Controller*
- *Apple Pro Training Series: Final Cut Express 4*
- *Gorilla Pro-Film Production Software 5.0*
- *Photoshop CS4 Down & Dirty Tricks*
- *Producing Flash CS3 Video*
- *Quicktime for Filmmakers*
- *Tiffen Dfx Digital Filter Suite V3*
- *Tiffen Dfx Digital Filter Suite V3: Downloadable Version*

(26) 소프트웨어 훈련 비디오(Software Training Videos)

(27) 스틸 사진(Still Photography)

- *Alternative Photo Processes: A Working Guide for Image Makers*
- *Flower & Garden Photography*
- *Langford's Advanced Photography*, 7th Edition
- *Lighting for Glamour*
- *Mac OS X for Photographers*
- *Nikon D60*
- *Panoramic Photography-From Composition and Exposure to Final Exhibition*
- *Perception and Imaging*, 3rd Edition
- *Studio Photography: Essential Skills*
- *The Complete Nikon System: An Illustrated Equipment Guide*
- *The Focal Encyclopedia of Photography 4TH Edition*
- *Understanding Digital Cameras*
- *Using Filters*

(28) 학생(Student)

- *3D Storytelling*
- *A View From Behind the Viewfinder: A Day in the Life of an ENG Camera Person*

- *American Cinematographer 6-Month Subscription, plus Selected Tables,* 3rd Edition
- *Anton Wilson's Cinema Workshop,* 4th Edition
- *ASC Film Manual-Paperback,* 9th Edition
- *ASC Video Manual,* 3rd Edition Paper Back
- *Basic Photographic Sensitometry Workbook*
- *Charles Clarke's Professional Cinematography*
- *Cinematographer Style Book*(Vol. 2)
- *Cinematographer Style,* Vol. Ⅰ, Vol. Ⅱ & DVD
- *Color Correction for Video,* 2nd Edition
- *Cutting Rhythms*
- *Directing: Film Techniques and Aesthetics,* 5th Edition
- *Feature Film Lighting*
- *Film Directing Shot By Shot: Visualizing from Concept to Screen*
- *Film Technology in Post Production, Second Edition*
- *FilmCraft: Producing*
- *Filmmaking 101: Digital Subscription to AC and Student version of the ASC Manual*
- *Hollywood Drive*
- *Image Control: Motion Picture and Video Camera Filters and Lab Techniques*
- *Jumpstart Cinematography Calculator*
- *Making Short Films*

- *Matters of Light and Depth*
- *Photographic Lighting: Essential Skills,* 4th Edition
- *Placing Shadows: Lighting Techniques for Video Production,* 3rd Edition
- *Reflections: Twenty-One Cinematographers at Work*

(29) 시각 효과(Visual Effects)
- *Digital Compositing for Film and Video,* 3rd Edition
- *Filming the Fantastic,* 2nd Edition
- *The ASC Treasury of Visual Effects*
- *The VES Handbook of Visual Effects*

(30) 희귀본
- 05/2000 *Gladiator Reprints*
- 2000/04 *High Definition Reprint*

ASIFA

Association Internationale du Film d'Animation

(International Animated Film Association)

국제애니메이션영화협회

① 기구

1) 소재지

소재국가　크로아티아

주　　소　ASIFA Secretary General

　　　　　Vesna Dovnikovic

　　　　　Hrvatskog proljeca 36

　　　　　10040 ZAGREB-Croatia

전　　화　+385 -1- 299 13 95

전자우편　secretary@asifa.net

홈페이지　http://www.asifa.net

2) 성격

크로아티아에 본부를 두고 있는 국제애니메이션영화협회
(Association Internation du Film d'Animation, ASIFA)는 국제
적인 비영리 조직이다. 이 시대에서 가장 잘 알려진 애니메
이션 작가들 중 한 명인 캐나다 만화영화제작자 노먼 매클
래런(Norman McLaren)에 의해 1960년 프랑스 안시(Annecy)
에 설립되었다. 세계 각지에 30개 이상의 지부를 두고 있으
며, 이 중 ASIFA-할리우드 지부는 매년 애니메이션상을 수
상하고 있다.

ASIFA는 유네스코(국제연합 교육, 과학, 문화기구)와 제휴
하며 국가 간 협력을 촉진함으로써 국제 평화와 보편적인
존중을 장려한다. ASIFA의 목표는 정보를 공유하며 애니메
이션 작가들의 권리를 지키고, 애니메이션 개념에 대한 관
심을 고취시켜 애니메이션을 통한 문화 이해 및 평화를 증
진시키는 것이다.

3) 설립연혁

ASIFA는 프랑스 안시에서 1960년 창립되었다. 저명한 캐나
다 만화 영화 제작자인 노먼 매클래런(Norman McLaren)이
ASIFA의 첫 번째 회장으로 선출되었다. 매클래런, 존 할라
스(John Halas) 그 밖의 다른 창립자들은 세계의 격차를 해
결하기 위해서 세계 평화와 대화의 세계를 마음에 그렸다.
유네스코와의 협력을 통해, ASIFA는 철의 장막 출신의 만

화 영화 제작자들이 개인적으로 만날 수 있는 길을 모색함으로써 평화로운 만화 영화 세계로 결합되도록 노력해 오고 있다.

4) 설립목적

- ASIFA의 주목적은 애니메이션 영화를 공유하며 변치 않는 국제 우정 관계를 발전시키는 데 있다.
- ASIFA는 만화 영화 전문가들이 출판물과 공공 통신을 통해서 정보와 연락망을 세계적으로 공유할 수 있는 기회를 촉진한다.
- ASIFA는 만화 영화 제작자들의 권리를 유지하고 보호하며 애니메이션 기법을 촉진하고 교육하며 다른 사람들과의 협력과 조력에 관여한다.
- ASIFA는 워크숍, 모임 그리고 전 세계적인 프로젝트와 더불어 애니메이션 기법에 대한 합일된 관심으로 평화와 상호 이해로 나아가는 과정을 증진한다.

5) 비전 및 임무

지역 및 국가 지부들은 그들의 고유 활동을 한다. 영화제, 심사, 회의를 관장하거나 협력, 웹사이트와 뉴스레터 출판, 사생화 교실, 애니메이션 워크숍, 기록보관소와 도서관과의 협력 그리고 비공식적 모임과 회원 인사 모임 주관 등이 협회가 실천하는 사업들에 속한다.

국제 애니메이션 협회는 50회 기념 총서를 포함한 간행물 인쇄, ASIFA상 수상, 국제 애니메이션의 날과 애니메이션 워크숍 - 아동 워크숍 등의 활동을 하고 있다.

6) 이사회

ASIFA의 이사회는 전 세계 애니메이션 전문가들과 협력하며 정기적으로 ASIFA 후원 애니메이션 영화제에서 교류한다. 가장 널리 알려진 영화제로서는 프랑스 안시 국제 영화제, 캐나다 오타와 국제 애니메이션 영화제, 일본 히로시마 영화제 그리고 크로아티아 자그레브 세계 애니메이션 영화제 등이 있다. 연간 애니 어워즈(Annie Awards)는 국제 애니메이션 협회의 할리우드 지부가 주관한다.

② 정보원

1) ASIFA Magazine

1961년 설립되었을 당시부터 잡지가 발행되었다. 처음에는 ASIFA 공식 언어인 프랑스어, 영어 그리고 러시아어로 출판되었다. 오늘날에는 영어로 인쇄되고 디지털상에서 프랑스어와 스페인어로 번역이 제공된다. 수년 동안 이 출판물은 프랑스, 루마니아, 폴란드, 이탈리아, 벨기에, 체코, 캐나다를 포함하여 많은 국가들에서 출판되었다. 출판물의 이

름 또한 *CARTOONS, ASIFA Magazine, ASIFA News,* 아니마
필름*(ANIMAFILM)* 등으로 불려왔으나, 2008년부터 *ASIFA
Magazine*으로 발행되고 있다.

2) Basic Animation stop-motion

초보자를 위한 도서로 정의되며, 통찰력과 광범위하고 다
양한 가치가 있는 영화들, 문화적 참고사항들, 창의적 자극,
애니메이션을 향한 사랑과 열정 등이 200페이지에 걸쳐 망
라되어 있다. 이 책의 저자는 배리 퍼베스(Barry Purves)인
데, 유튜브상에 업로드된 그의 영화 및 인터뷰 자료들은 다
음과 같다.

- *Next*(1989)
- *Screen Play*(1992)
- *Achilles*(1995)
- *The Pied Piper of Hamelin*(1980)
- *Manchester Evening News*(1991)
- *6 min Interview at Annecy 2008*
- *10 min Interview at Lucca 2009 festival*

이 외에도 그가 집필하거나 공저한 출판물은 다음과 같다.

- *The Fundamentals of Animation by Paul Wells*
- *Basics Animation: Drawing for Animation by Paul*

Wells, Joanna Quinn & Les Mills

- *Re-imagining Animation: The Changing Face of the Moving Image*
- *Basics Animation: Scriptwriting by Paul Wells*
- *Most recommended: "Stop Motion‑Passion, Process and Performance"*

3) *ASIFA Unveils its 50th Anniversary Book: The Animation Art and The History of ASIFA*

4) 기타 자료

- *AVA "Basics Animation" series*
- *Basics Animation: Digital Animation*
- *Animated Performance: Bringing imaginary animal, human and fantasy characters to life*
- *Basics Film-making: The Language of Film*

BFCA

Broadcast Film Critics Association

미국방송영화비평가협회

① 기구

1) 소재지

소재국가   미국

주   소   Los Angeles, California, USA

전   화   310-860-2665

전자우편   info@criticschoice.com

트 위 터   @CriticsChoice

홈페이지   http://www.criticschoice.com

2) 성격

미국방송영화비평가협회(Broadcast Film Critics Association, BFCA)는 250여 명의 텔레비전, 라디오, 온라인 비평가들의 협의체이다.

3) 설립연혁

BFCA는 미국과 캐나다에서 가장 큰 영화 비평가 조직으로 1995년에 설립되었다. 1995년부터 매년 비평가 선정 영화상(Critics' Choice Movie Awards)을 수여하는 것으로 가장 잘 알려져 있다.

4) 활동

- BFCA는 인터뷰 및 커뮤니티 웹사이트인 'http://www.critics choice.com'을 후원하고 이달의 영화를 선정하며, 월별 투표에서 각 영화가 받은 점수를 누적 합산하여 한 해 동안 영화들을 추천한다.
- 영화애호가를 위한 부가적 서비스로서 각각의 영화는 비평가 선정 등급(1~10등급이며 10이 최고 등급)을 받는데, 이것은 매달 각 영화가 투표를 통해 받은 누적 점수에 근거를 둔다. 등급들에 대한 추가 정보는 'New Movies'에서 확인가능하다.
- 모든 영화 비평가들은 회원으로서 독특하고 정직한 의견을 투고한다. 정보를 제공하는 것을 넘어서 비평에 영향을 주려는 시도는 BFCA의 규정을 어기는 것으로 간주된다. '인용'은 과거, 현재 그리고 미래에 방송 혹은 인쇄를 목적으로 하는 비평가들로부터 제공받을 수만 있고, 비평가의 허락 없이 어떤 식으로든 수정될 수 없다.

5) 조직

(1) BFCA는 회장과 이사회로 운영되는데, 조이 베를린(Joey Berlin)이 현재 회장직을 맡고 있다. 이사회는 존 드 시미오(John De Simio), 짐 퍼거슨(Jim Ferguson), 마크 램지(Mark Ramsey) 그리고 사라 부히스(Sara Voorhees)로 구성되어 있다.

(2) BFCA 영화제 위원회는 BFCA의 국제적 범위 및 인지도를 확장시키기 위해 2007년 여름에 발족되었다. 위원회의 주된 목적은 다음과 같다.

- 회원들이 선택한 영화제에 참여할 수 있도록 호의적으로 인가를 내준다.
- 존중받는 회원들을 영화제 패널, 심사위원 그리고 연설자로 초대한다.
- 의미 있는 회원 참여를 특징으로 하는 영화제에 재정적 지원을 한다.

6) 회원자격

- BFCA 회원은 '전 세계 독자들에게 텔레비전이나 라디오 혹은 특별한 경우에 인터넷으로 정기적으로 평론을 하는 일하는 비평가들'이다.
- 라디오 영화 비평가들은 그들이 주로 활동하는 라디오

방송국이 뉴욕, 로스앤젤레스, 댈러스, 토론토 등과 같은 대도시에 있지 않다면, 그 방송국 외에 최소한 다섯 곳에서 활동해야만 한다.

• 인터넷에 기반을 둔 비평가들 역시 잘 알려진 비평가들이거나 많은 독자층을 둔 인터넷 비평가들 중에 속해 있어야 한다. 또한 비평가들 웹사이트에 쉽게 접근할 수 있어야 하고, 그 사이트의 핵심 비평가로 확인되어야 한다. LA타임스에 따르면, BFCA는 주로 온라인 블로거들과 무명의 영화 비평가들로 구성되어 있다.

7) BFCA 장학금

• BFCA 장학금은 '방송 영화 비평의 예술과 기량을 증진시키기 위해'라는 BFCA 내에서 규정으로 명시된 미국방송영화비평가협회의 목적을 준수하기 위해 수여된다. BFCA 장학제도는 다음과 같은 목적들을 위해 2004년 수립되어 자금을 지원받았다. 그 목적이란 영화비평가가 되는 것에 관심을 두고 있는 대학생들이 그들의 대학 방송국에서 전파를 타도록 의도된 리뷰들을 작성하고 녹음함에 있어 재정적 지원을 받고 BFCA 회원의 가능한 지도를 받을 수 있는 기회를 제공하는 것이다.

• 장학 프로그램에 참여하고자 하는 BFCA 회원들은 대학(교)을 선정하는 것을 우선으로 해야 한다. 일반적으로 모교를 선택하는 경우가 대부분이지만 인근 기관을 선택

할 수도 있다. 장학프로그램의 목표는 교수 혹은 대학 방
송국 프로듀서 등과 같은, 그 대학에서 장학금 자문위원
이 될 수 있는 후원자를 찾고, 방송영화비평을 위한 기대
와 열정을 보여주는 학생을 선별하는 과정에서 그 후원
자와 협력하는 것이다.

• 각각의 장학금의 세부사항은 유동적이며, 회원들 중 일
부는 라디오 부문에서, 또 다른 일부는 TV부분에서 작업
을 하게 된다. 재정적 지원이 절실한 방송국을 운영 중
인 대학들과 일을 하게 되는 경우에는 방송국과 학생이
보조금을 나누게 된다. 반면에 학교의 재정지원을 충분
히 받는 방송국과 일을 하게 되는 경우에는 장학금 전액
이 학생에게로 돌아간다.

• 일부 BFCA 회원들은 이메일 혹은 전화를 통해 또 다른
도시 출신의 학생들을 모니터링하고 있으며 단 한 명의
학생과 작업을 하는 경우도 있고 여러 명의 학생들과 작
업을 하는 경우도 있다.

• 이러한 보조금 프로그램은 대학을 선택하여, 선택된 대
학의 TV 방송국 혹은 라디오 방송국과 관련을 맺고 있
는 후원자를 찾아 참여할 수 있으며, 학생이 선별되면
지원자는 정식 협약서를 받게 된다. 지원자, 즉 BFCA 회
원, 보조금 프로그램에 선택된 학생, 그리고 그 학생의
리뷰의 제작과 방송을 관장할 대학 교수 혹은 프로듀서
는 이 협약서에 서명을 해야 한다. 이후 BFCA는 1,500달
러를 대학에 보내게 된다.

② 정보원

BFCA는 별도의 출판물을 오프라인으로 발행하지 않고, 영화상 수여 내역 혹은 영화 등급 등의 정보를 홈페이지에 게재하고 있다. 비평가선정 시상기록관(Critic's Choice Awards Archives)을 통해 역대 수상내역을 알 수 있으며, 영화기록관(Archive)을 통해 각 영화별 등급을 확인할 수 있다.

BFCA는 2014년 1월 16일 제19회 Annual Critics' Choice Movie Awards 수상자들을 발표하였는데, 캘리포니아 산타모니카에 위치한 바커 행어(Barker Hangar)로부터 생중계되었다. 이 시상식은 CW 네트워크를 통해 전파를 탔고, 미국 여배우 아이샤 타일러(Aisha Tyler)가 사회를 보았다.

CW 텔레비전 네트워크는 워너브라더스 엔터테인먼트(Warner Bros. Entertainment)와 CBS 코퍼레이션(CBS Corporation)의 합작물로 2006년 9월 20일 미국의 5번째 방송 네트워크로서 데뷔를 하였고, 18~34세 시청자를 타깃으로 하는 유일한 방송망이다.

1) 비평가선정 시상기록관

(1) 제19회 비평가선정 시상기록

비평가선정 시상기록관에는 역대 시상관련 자료들이 게시되어 있는데, 제19회 비평가선정 시상자는 다음과 같다.

- 작품상(Best Picture) - 노예 12년(12 Years a Slave)
- 남우주연상(Best Actor) - 매튜 맥커너히(Matthew McCo-naughey), 달라스 바이어스 클럽(Dallas Buyers Club)
- 여우주연상(Best Actress) - 케이트 블란쳇(Cate Blanchett), 블루 재스민(Blue Jasmine)
- 남우조연상(Best Supporting Actor) - 자레드 레토(Jared Leto), 달라스 바이어스 클럽(Dallas Buyers Club)
- 여우조연상(Best Supporting Actress) - 루피타 농(Lupita Nyong'o), 노예 12년(12 Years a Slave)
- 아역상(Best Young Actor/Actress) - 아델 에그자르코풀로스(Adele Exarchopoulos), 가장 따뜻한 색, 블루(Blue Is The Warmest Color)
- 앙상블상(Best Acting Ensemble) - 아메리칸 허슬(American Hustle)
- 감독상(Best Director) - 알폰소 쿠아론(Alfonso Cuarón), (Gravity)
- 각본상(Best Original Screenplay) - 스파이크 존즈(Spike Jonze), 허(Her)
- 각색상(Best Adapted Screenplay) - 존 리들리(John Ridley), 노예 12년(12 Years a Slave)
- 촬영상(Best Cinematography) - 엠마누엘 루베즈키(Emmanuel Lubezki), 그래비티(Gravity)
- 미술상(Best Art Direction) - 캐서린 마틴(Catherine Martin)(Production Designer), 베벌리 던(Beverley Dunn)(Set

Decorator), 위대한 개츠비(The Great Gatsby) 미술 총감독 세트 장식가

- 편집상(Best Editing) - 알폰소 쿠아론(Alfonso Cuarón), 마크 샌거(Mark Sanger), 그래비티(Gravity)
- 의상상(Best Costume Design) - 캐서린 마틴(Catherine Martin), 위대한 개츠비(The Great Gatsby)
- 분장상(Best Hair & Makeup) - 아메리칸 허슬(American Hustle)
- 시각효과상(Best Visual Effects) - 그래비티(Gravity)
- 애니메이션상(Best Animated Feature) - 겨울왕국(Frozen)
- 액션 영화 작품상(Best Action Movie) - 론 서바이버(Lone Survivor)
- 액션 부문 남우주연상(Best Actor in an Action Movie) - 마크 월버그(Mark Wahlberg), 론 서바이버(Lone Survivor)
- 액션 부문 여우주연상(Best Actress in an Action Movie) - 산드라 블록(Sandra Bullock), 그래비티(Gravity)
- 코미디 영화 작품상(Best Comedy) - 아메리칸 허슬 (American Hustle)
- 코미디 부문 남우주연상(Best Actor in a Comedy) - 레오나르도 디카프리오(Leonardo DiCaprio), 더 울프 오브 월 스트리트(The Wolf of Wall Street)
- 코미디 부문 여우주연상(Best Actress in a Comedy) - 에이미 아담스(Amy Adams), 아메리칸 허슬(American Hustle)

- 공상과학/공포 영화상(Best Sci-Fi/Horror Movi)e‐그래비티(Gravity)
- 외국어 영화상(Best Foreign Language Film)‐가장 따뜻한 색, 블루(Blue Is the Warmest Color)
- 다큐멘터리상(Best Documentary Feature)‐스타로부터 스무 발자국(20 Feet From Stardom)
- 주제가상(Best Song)‐렛 잇 고(Let It Go) 로버트 로페즈(Robert Lopez)와 크리스틴 앤더슨 로페즈(Kristen Anderson-Lopez), 겨울왕국(Frozen)
- 음악상(Best Score)‐스티븐 프라이스(Steven Price), 그래비티(Gravity)

(2) 기타 기록관 보관자료
- *Watch and Share the latest CCMA Television Spots*
- *The Official Critics' Choice Movie Awards Gift Bag!*
- *The CW to Broadcast the "Critics' Choice Movie Awards" and "Critics' Choice Television Awards" in 2014*
- *Sean Penn to receive Joel Siegel Award at 2012 CCMA's*
- *CAST A VOTE FOR YOUR FAVORITE FILM FRANCHISE!*
- *19th Annual Critics' Choice Movie Awards(2014)‐*

Best Picture: 12 Years A Slave

- *19th Annual Critics' Choice Movie Awards Nominations*
- *18th Annual Critics' Choice Movie Awards(2013) ‑ Best Picture: Argo*
- *17th Annual Critics' Choice Movie Awards(2012) ‑ Best Picture: The Artist*
- *16th Annual Critics' Choice Movie Awards(2011) ‑ Best Picture: The Social Network*
- *15th Annual Critics' Choice Movie Awards(2010) ‑ Best Picture: The Hurt Locker*

(3) 블로그

영화 관련 인터뷰 자료 혹은 영화평론 등을 담고 있는 블로그들을 링크로 연결시켜 놓았으며 그 목록은 다음 과 같다.

- *AnneCam*
- *Antagony & Ecstasy*
- *Cinefantastique*
- *Cole Smithey*
- *Decent Films Guide*
- *Documentaries.About.com*
- *Eric Snider*
- *Fat Guys At The Movies*

- *First Showing*
- *Flick Filosopher*
- *HitFlix*
- *Mark Reviews Movies*
- *Movie Nation*
- *MovieMartyr*
- *One Guys Opinion*
- *ReelReviews*
- *Roger Ebert's Journal*
- *ScreenRant*
- *Shadows On The Web*
- *Spout.com*
- *Susan Granger*
- *The Awards Circuit Blog*
- *The Big Picture(Los Angeles Times)*
- *The Bloodshot Eye*
- *The Documentary Blog*
- *The Hollywood Interview*
- *The Hot Blog*
- *The Movie Blog*
- *The Rocchi Report*
- *The Wrap*
- *Twitch*
- *Vanity Fair*

- *Variety*
- *Wolf Entertainment Guide*

(4) 오스카롤로지 사이트(Oscarology Sites)

아카데미 시상식과 관련한 사항들을 두루 살펴볼 수 있는 사이트들의 목록이다.

- *And the Winner Is…*
- *Awards Circuit*
- *Awards Daily*
- *Awards Daily - Sacha Stone*
- *Deadline Hollywood - Pete Hammond*
- *Gold Derby*
- *Hollywood Elsewhere - Jeffrey Wells*
- *In Contention - Kristopher Tapley*
- *Movie City News - David Poland*
- *Oscar Watch(Entertainment Weekly)*
- *Showbiz 411 - Roger Friedman*
- *The Envelope(Los Angeles Times)*
- *The Odds - by Steve Pond*
- *Thompson on Hollywood - Anne Thompson*
- *Variety - Award Central*

BTJA

Broadcast Television Journalists Association

미국방송언론인협회

① 기구

1) 소재지

소재국가 미국

주   소 Los Angeles, California, USA

전   화 +1 310-860-2665

트 위 터 @CriticsChoice

홈페이지 http://www.criticschoice.com

2) 성격

미국방송언론인협회(Broadcast Television Journalists Association, BTJA)는 텔레비전 시청자, 라디오 청취자 그리고 온라인 시청자들을 위해 텔레비전을 정기적으로 다루는 사람들의 전문적 관심사를 대변하는 집단적 목소리로서 결성되었다.

미국방송언론인협회는 규모에 관계없이 네트워크 및 채널 상에서 가장 뛰어난 업적을 기리기 위해 비평가선정 텔레비전상을 수여한다.

3) 설립연혁

BTJA는 방송필름비평협회(Broadcast Film Critics Association)의 파생기관으로서 2011년 설립되었다. 협회장 대리인인 조이 베를린의 말에 따르면, 텔레비전 산업을 아우르는 방송언론인들에 대한 접근을 신장시키기 위해 비평가선정 텔레비전상이 생겨난 것이다. 비평가선정 영화상이 연례 영화 시상식 시즌의 중요한 일부로 자리매김해 왔던 것과 마찬가지로, 비평가선정 텔레비전상 역시 텔레비전산업을 위해 유사한 역할을 수행할 것이라고 협회는 확신하고 있다.

4) 시상부문

- BEST DRAMA SERIES
- BEST ACTOR IN A DRAMA SERIES
- BEST ACTRESS IN A DRAMA SERIES
- BEST COMEDY SERIES
- BEST ACTRESS IN A COMEDY SERIES
- BEST ACTOR IN A COMEDY SERIES
- BEST MOVIE
- BEST MINI - SERIES

- BEST ACTRESS IN A MOVIE OR MINI‑SERIES
- BEST ACTOR A MOVIE OR MINI‑SERIES
- BEST ANIMATED SERIES
- BEST REALITY SERIES‑COMPETITION
- BEST REALITY SERIES
- BEST SUPPORTING ACTRESS IN A COMEDY SERIES
- BEST SUPPORTING ACTOR IN A COMEDY SERIES
- BEST SUPPORTING ACTRESS IN A MOVIE OR MINI‑SERIES
- BEST SUPPORTING ACTOR IN A MOVIE OR MINI‑SERIES
- BEST GUEST PERFORMER IN A DRAMA SERIES
- BEST GUEST PERFORMER IN A COMEDY SERIES
- BEST SUPPORTING ACTOR IN A DRAMA SERIES
- BEST SUPPORTING ACTRESS IN A DRAMA SERIES
- BEST REALITY HOST
- BEST TALK SHOW

5) BTJA 멤버십

BTJA는 텔레비전, 라디오 및 인터넷 비평가들과 꾸준히 텔레비전에서 활동하는 언론인들을 대표하는 협회이다. 미국방송영화비평가협회 및 미국방송언론인협회에 등록하기 위한 필요조건으로서, 지원자들은 텔레비전, 라디오 혹은 인

터넷상으로 많은 시청자 혹은 청취자들에게 정기적으로 방
송되는 프로그램에서 활동하는 언론인 혹은 비평가여야만
한다.

② 정보원

BFCA와 마찬가지로 BTJA 역시 온라인으로 텔레비전상 수
여 내역을 볼 수 있는데, 비평가선정 시상기록관(Critic's
Choice Awards Archives)을 통해 역대 수상내역을 알 수 있다.

- Nominees for the 3rd Annual Critics' Choice Television
  Awards
- Icon Award Recipient and Most Exciting New Series
  Honorees
- Most Exciting New Series Honorees To Be Celebrated At
  The Critics' Choice Television Awards
- Winners of the 3rd Annual Critics' Choice Television
  Awards
- Winners of the 2nd Annual Critics' Choice Television
  Awards
- 2012 Critics' Choice Television Awards Nominations

CEC ArtsLink
CEC ArtsLink
시민교류단 아트링크

☐ 기구

1) 소재지

소재국가   미국

주   소   CEC ArtsLink, Inc.

　　　　　291 Broadway, 12th Floor

　　　　　New York, NY 10007 U.S.A.

전   화   +1-212-643-1985

팩   스   +1-212-643-1996

전자우편   info@cecartslink.org

홈페이지   http://www.cecartslink.org

2) 성격

CEC ArtsLink는 미국, 중유럽 및 서유럽, 러시아, 코카서스

3국,2) 중앙아시아에서 활동하는 시각 및 공연 예술가들과 문화 관리자들(cultural managers) 간의 교류를 장려하고 지원하는 프로그램을 제공하는 국제 예술 기구이다. CEC ArtsLink는 사회가 지닌 소통의 가장 계획적이고 복잡한 수단이 바로 예술이라는 것과 예술가들 및 예술 행정가들의 작업이 서로 간 오랜 불신, 편견, 갈등의 역사를 극복하기 위해 국가적 차원으로 지원하고 있다.

3) 설립연혁

• 이 기구 이름 속에 들어있는 'CEC'라는 머리글자들은 50년의 경험을 보여준다. 이 기구는 당파에 속하지 않는 대(對)여론 외교3)에 대한 가능성을 열고자 1962년 설립되었다. 이 기구는 시민교류단(Citizen Exchange Corps)이란 이름으로 1965년부터 알려졌고 기업, 종교, 교육, 언론의 지도자들뿐만 아니라 백악관, 국무부, 상하원으로부터 지원을 받았다.

• 1980년대 중반, 당시 Citizen Exchange Council(시민교류단)으로 알려졌던 CEC는 (구)소련에서 글래스노스트(glas-

---

2) 서아시아 코카서스 산맥에 위치한 세 나라로, 조지아, 아르메니아, 아제르바이잔을 가리키는 말이다. 이들 국가들은 1991년 소비에트 연방의 붕괴 이전까지 러시아의 강력한 영향을 받았고, 지리상으로는 아시아로 분류되지만 문화, 종교, 역사적 측면에서 볼 때 서아시아보다는 동유럽에 더 가깝다고 볼 수 있다. 일례로 이 국가들은 축구 국제 경기에 있어서도 유럽축구연맹에 편성되어 있다.

3) 교섭 경과나 교환 문서 등을 국민에게 공개하면서 외교 정책을 펴나가는 방법이다.

nost)[4]와 페레스트로이카(perestroika)[5]의 자유로운 환경 속에서 일하는 미국의 기구들의 선두자리에 있었다. CEC는 대학생과 고등학생들을 위한 교류 프로젝트들을 발전시켰고 미국 해외 공보처로부터의 지원과 더불어 <글래스노스트 필름 페스티벌(Glasnost Film Festival)>과 <아메리칸 다큐멘터리 쇼우케이스(American Documentary Showcase)>라는 두 편의 다큐멘터리 영화를 각각 1989년과 1990년에 제작했다.

- 1990년대, 이 기구는 CEC International Partners라는 새로운 이름을 채택했고 목표로 삼은 지역 내에서의 변화에 부응했던 전개 작업을 시작했다. 그 결과, 중등학생을 위한 환경 교육 교류인 ArtsLink와 EcoBridge, 이 두 개의 프로그램을 새로 개발하였다. 이 프로그램들은 여러 해 동안 미국해외공보처로부터 자유지원법 보조금을 받았다.

- 1992년, 소로스재단(Soros Foundation), 국립예술기금 그리고 TMU(the Trust for Mutual Understanding)로부터 지원을 받아 구소련 국가들 출신의 예술가들과 예술 경영인을 위한 최초의 미국 내 대규모 프로그램인 ArtsLink가 시작되었다. 현재 ArtsLink Awards라고 불리는 이 프로그램

---

4) '개방' 또는 '공개'의 의미를 가지는 러시아어로, 미하일 고르바초프가 1985년 3월 소련 공산당 서기장에 취임한 후 실시한 개방정책이다.

5) 소련의 고르바초프 공산당 서기장이 실시한 개혁정책 [본문] '재건', '재편'의 뜻을 가진 러시아어로, 미하일 고르바초프가 1985년 3월 소련 공산당 서기장에 취임한 후 실시한 개혁정책을 가리킨다.

은 19번째 연례 교류에 진입하고 있다.

• 1992년, 러시아의 상트페테르부르크에 위치한 문화 기구
들이 300주년 기념식을 준비할 수 있도록 도왔으며, 이
러한 현상은 10년 이상 지속된 협력의 시작점이기도 하
였다. CEC는 문화 전문가들과 예술가들의 쌍방의 교류를
포함하는 프로젝트들에 소요되는 비용을 지원하기 위해
재단들과 개인 기부자들로부터 120만 달러 이상을 모금
하였다.

• 1998년, CEC의 이사회는 기구의 초점을 완벽히 예술에
두기로 결정을 내렸고, 2003년에 명칭을 CEC ArtsLink
로 변경하였다. 2004년과 2005년에는 중앙아시아 국가들
과의 새롭고 흥미진진한 창작 예술 교류에 착수하였다.
2010년에는 터키와 아프가니스탄에 CEC ArtsLink의 프
로그램을 개방하였고, 이어서 2012년에는 이집트, 이스라
엘, 레바논, 팔레스타인 그리고 시리아에도 프로그램을
개방하였다.

• 예술분야 전문지식인, 예술가들과 전문가들로 구성된 국
내 및 국제 네트워크, 그리고 전문 교육을 위한 미국 내
운영 사이트들은 CEC ArtsLink를 미국과 해외 37개국과
의 교류를 위한 중요한 기관으로서 역할을 할 수 있도록
하는 요소이다.

4) 비전 및 임무

CEC ArtsLink는 상호이익을 위한 공동의 혁신적 예술을 통해 국제적 소통과 이해를 증진시킨다. 이 기구는 미국과 해외 37개국에서 시각 및 공연 예술가들과 문화 관리자들의 교류를 장려하는 프로그램을 지원하고 생산한다. 국제기구인 CEC ArtsLink는 예술이 가장 복잡하고 계획적인 사회의 의사소통 수단이고, 예술가들 및 예술 관리자들의 작품활동이 국가 간의 오랜 불신, 편견, 갈등 등을 극복하는 데 도움이 될 수 있다고 믿고 지원하고 있다.

이 기구는 미국과 소련의 시민들이 그들의 정부가 문을 열고 생각을 공유하며 상호 간의 신뢰를 하지 않자, 이를 성취할 수 있도록 하기 위해 1962년 설립하였다. 오늘날의 변형되고 복잡한 세계가 이전보다 더욱 민간외교를 간절히 필수적인 것으로 만듦에 따라, CEC ArtsLink의 영속적인 국가 간 협력 관계는 예술분야에서 국제적인 범위를 구축하고 확장시킬 수 있도록 도와준다.

5) 프로그램

다방면의 문화교류 프로그램을 통해, CEC ArtsLink는 미국과 아래 나열된 37개국 간의 건설적이고도 상호이익적 관계를 창출해내고 지속시키기 위해 봉사한다. 예술가들, 예술 단체들 그리고 지역기반 기관들과 협력하면서 CEC ArtsLink는 미국과 과거 고립된 문화권들6) 간의 지속적인 대화를 위해 필수적인 구조를 제공한다.

(1) ArtsLink Awards

ArtsLink Awards는 세 가지 분리된 형태의 상을 통해 미국과 위에서 언급된 37개국 및 지역 내의 예술가들과 예술 단체들 간의 교류를 지원한다. 수상자들은 경합을 벌여 동료패널 평가 절차를 통해 선별된다.

자금은 ArtsLink Projects, ArtsLink Residencies, 그리고 Independent Projects를 통해 제공된다.

(2) inPUBLIC NYC

뉴욕시 기반의 inPUBLIC NYC 프로그램을 통해, CEC ArtsLink는 해당 기구가 거의 50년 동안 발전시켜 온 국제적 담론 속으로 지역 사회의 참여를 이끌어냈다. 국제 예술가들의 광대한 네트워크와 탁월한 국내 제휴 단체들은 독특한 시너지 효과를 형성하였다. 그 결과 흥미로운 공동 작업, 워크숍, 낭독회, 전람회, 영화 및 공연이 열리게 되었고, 다섯 개의 자치구 내의 지역사회에 광범한 문화적 통찰을 가져오게 되었다.

inPUBLIC NYC라는 프로그램은 다문화적인 담론이란

---

6) 아프가니스탄, 알바니아, 아르메니아, 아제르바이잔, 벨라루스, 보스니아와 헤르체고비나, 불가리아, 크로아티아, 체코, 이집트, 에스토니아, 조지아, 헝가리, 이스라엘, 카자흐스탄, 코소보, 키르기스스탄, 라트비아, 레바논, 리투아니아, 마케도니아, 몰도바, 몽골, 몬테네그로, 팔레스타인, 폴란드, 루마니아, 러시아, 세르비아, 슬로바키아, 슬로베니아, 시리아, 타지키스탄, 터키, 투르크메니스탄, 우크라이나, 우즈베키스탄.

CEC ArtsLink의 기풍을 미국 및 국제 예술가들에 의한 공동 프로젝트, 워크숍, 낭독회, 전람회, 영화 및 공연을 통해 뉴욕시 지역사회에 부여한다.

(3) Global Art Lab

러시아와 중앙아시아에서의 프로젝트로서 Global Art Lab은 공동 작업, 교류, 공연, 전성 신장 워크숍, 단기 전속 활동을 통해 러시아와 중앙아시아에서의 예술적 및 문화적 현 사안들에 대처한다. 1998년 이래 이전에 VisArt였던 Global Art Lab은 300명 이상의 미국 예술가, 큐레이터, 연기자, 연주자 그리고 문화 관리자들을 지역 예술가들과 예술 전문가들과 함께 공동 작업을 할 수 있도록 러시아와 중앙아시아 전역의 도시들로 파견하였다. 이러한 프로젝트들은 많은 청중과 지속적인 연합, 탁월한 결정으로 주의를 끌었다. Global Art Lab은 시각 예술, 현대 음악, 그리고 젊은 예술 지도자들을 위한 전문성 신장에 초점을 두고 있다.

② 정보원

1) 출판물

- *1-50: CEC ArtsLink's 50 years of opening doors and*

changing perspectives
- *House Turned Inside Out*
- *The Middles*
- *From Ives to Adams: American Music of the XX Century*
- *Culture & Transition*
- *FLIPSIDE*
- *My America T-shirts*

이 중 *FLIPSIDE*(2004), *Culture&Transition*(2006)은 공급 리스트에 등재되어 있는 한 무료로 제공받을 수 있고, *House Turned Inside Out*(2012), *The Middles*(2012), *My America T-Shirts*(2012)는 CEC ArtsLink로부터 제공받을 수 있으며 *From Ives to Adams: American Music of the XX Century*(2010)는 저자로부터 제공받을 수 있다.

2) 국가별 정보원

예술 관련 단체들을 국가별로 정리해서 제공하고 있다.

(1) 아르메니아
- Armenian Center for Contemporary Experimental Art in Yerevan
- Armenian Musical Assembly
- Armenian Philharmonic Orchestra

- Komitas State Conservatory
- Union of Composers and Musicologists of Armenia

(2) 보스니아 헤르체고비나
- Media Center Sarajevo
- MESS International Theater Festival
- Sarajevo Center for Contemporary Arts
- Sarajevo Film Festival

(3) 불가리아
- Dance BG
- Institute of Contemporary Art
- InterSpace Media Art Center
- Next Page Foundation
- The Red House Centre for Culture and Debate
- Theatre Tsvete
- Zeniths Gallery

(4) 크로아티아
- Center for Drama Art
- Croatian Institute for Movement and Dance
- Croatian National Theatre
- Eurokaz International Festival of New Theatre
- Institute for Contemporary Art

- Miroslav Kralijevic Gallery
- Motovun Film Festival
- Multimedia Institute
- Museum of Contemporary Art
- Queer Zagreb Festival
- Zagreb Student Center

(5) 체코 공화국

- Academy of Performing Arts
- Archa Theatre
- Foundation and Center for Contemporary Arts
- Museum of Decorative Arts
- Museum of Romani Culture, Brno
- Tanec Praha
- Theatre Institute

(6) 에스토니아

- 2.tants
- Center for Contemporary Arts
- Estonian Academy of Art
- MoKS Center for Art and Social Practice
- Mooste Kulalisstuudio
- NGO Meem
- Polli Talu Arts Center

(7) 조지아

- National Parliamentary Library of Georgia
- Tbilisi Opera and Ballet Theater
- V. Saradjishvili Tbilisi State Conservatory

(8) 헝가리

- C3 Center for Culture and Communication
- danceLab
- Madach Theater
- Trafo House of Contemporary Arts

(9) 카자흐스탄

- International Jazz Festival

(10) 코소보

- Stacion Center for Contemporary Art Prishtina

(11) 키르기스스탄

- Swiss Cooperation Office, Arts and Culture Program

(12) 라트비아

- Latvian Center for Contemporary Art
- Latvian National Opera
- Olga Zitluhina Dance Company

(13) 리투아니아

- AURA Dance Theatre
- Contemporary Art Centre
- Europos Parkas
- Lithuanian Academy of Music and Theatre
- Lithuanian Playwrights Club D5/Aiste Ptakauskaite
- Valstybinis Jaunimo Teatras

(14) 마케도니아

- Contemporary Art Center
- Lokomotiva
- Performing Arts Center Multimedia

(15) 몰도바

- Oberliht Young Artists Association
- Center for Contemporary Art

(16) 몽골

- Arts Council of Mongolia
- Roaring Hoofs International Music Festival
- Arabesque Contemporary Dance Center
- Globe Art Center

(17) 폴란드

- Centre for Contemporary Art at Ujazdowski Castle
- Krakow Academy of Music
- Laznia Centre for Contemporary Art
- Lublin Culture Center
- Silesian Dance Theatre
- WRO Center for Media Art
- Wyspa Art Institute
- Zacheta National Gallery of Art

(18) 루마니아

- Artphoto Contemporary Art Magazine
- dramAcum
- International Center for Contemporary Art
- Odeon Theatre
- Pavilion UniCredit Centre for Contemporary Art and Culture
- Sibiu International Theatre Festival

(19) 러시아

- Dialogue Dance
- Dom Cultural Center
- Kannon Dance School & Company
- MediaArtLab

- National Center for Contemporary Arts
- PRO ARTE Instiute

(20) 세르비아

- Centre for Contemporary Arts Belgrade
- Ethnographic Museum in Belgrade
- Kuda
- REX Cultural Center

(21) 슬로바키아

- Foundation-Centre for Contemporary Arts
- Bankarska Bystrica Puppetry Festival
- Jan Koniarek Gallery
- Bratislava in Movement

(22) 슬로베니아

- Artservis
- Bunker Productions
- Exodos Festival of Contemporary Performing Arts
- KUD Mreža
- Metelkova
- SCCA, Center for Contemporary Arts

(23) 우크라이나

- Association New Music
- Center for Contemporary Art Kyiv
- Center for Contemporary Art Odessa
- UKMA Theatre Centre

(24) 우즈베키스탄

- Ilkhom Theatre of Mark Weil
- Karakalpak Museum

(25) 국제 정보원

- Res Artis: International Association of Residential Art Centers
- Trans Artists
- A.Network

3) 보도 자료

- March 1, 2013: *Vashdog.ru*(In Russian)
  제2차 미국전통음악제(Second Festival of Traditional American Music)와 Quebe Sisters Band에 대해 프로그램 감독인 수잔 카츠와의 인터뷰
- November 15, 2012: *Gazette.net*
  2012 ArtsLink 독립 프로젝트에 관한 보고서

- September 28, 2012: *Ahram*(In Arabic)
  중동 최대 신문으로서 CEC ArtsLink가 수상대상국에 중
  동을 포함시킨다.
- September 20, 2012: *The Huffington Post*
  상트페테르부르크에서 개최된 Global Art Lab's Art Prospect
  festival에 관한 기사
- September 16, 2012: *The National*
  ArtsLink Residences에 대한 총감독 프릿지 브라운과의 인
  터뷰
- September 5, 2012: *Russia Beyond the Headlines*
  Art Prospect에 대한 러시아 대표 일간지 RBTH의 보도
  자료
- July 2, 2012: *Examiner.com*
  One Big City의 프로젝트인 Ceznja의 하이라이트
- May 28, 2012: *Voice of America*(In Russian)
  One Big City의 프로젝트인 Moya Amerika(My America)
  에 대한 보이스 오브 아메리카의 올렉 설킨의 보도
- May 24, 2012: *New York Daily News*
  One Big City의 프로젝트인 Moya Amerika(My America)
  의 개막식
- May 18, 2012: *Native American Music News*
  Festival of Traditional American Music을 위한 알 카를로
  스 나카이의 러시아 기행에 관한 보도
- May, 2012: *New York Magazine*

One Big City 프로젝트 Moya Amerika(My America)에 관한 보도

- May 1, 2012: WBAI 99.5 FM, *The Artsy Fartsy Show*
  One Big City와 Moya Amerika(My America)에 관한 총감독 프릿지 브라운과 다니엘 갈레고스(Daniel Gallegos)의 대담
- April 4, 2012: *Los Angeles Times*
  미국 박물관으로의 예술 및 공예품 대부에 대한 러시아의 금지를 다룬 기사에 인용된 CEC ArtsLink의 제니아 스타드니크(Zhenia Stadnik)
- March 29, 2012: *Moscow Times*
  스파소 하우스(Spaso House)에서 개최된 Wylie & the Wild West의 콘서트에 대한 보도 자료
- March 16, 2012: *Great Falls Tribune*
  '러시아에 거주하는 몬태나 주의 사람들은 카우보이 문화의 대사들이다'라는 기사
- March 2012: *Russian Press Coverage of the Festival of Traditional American Music*
  미국전통음악제에 대한 인상적인 언론 보도 자료들
- March 13, 2012: *Time Out Peterburg*(In Russian)
  미국전통음악제 관련 보도 자료
- March 13, 2012: *Russia Profile.org*
  밸파 뚜쥬르(Balfa Toujours)와 제프리 브루사와 그의 친구들(Jeffery Broussard et Ses Amis)에 대한 보도 자료
- March 10, 2012: *Center TV*(In Russian)

밸파 뚜쥬르(Balfa Toujours)와 제프리 브루사와 그의 친
구들(Jeffery Broussard et Ses Amis)에 대한 보도 자료

- March 7, 2012: *St. Petersburg Times*
  밸파 뚜쥬르(Balfa Toujours)와 제프리 브루사와 그의 친
  구들(Jeffery Broussard et Ses Amis)에 대한 보도 자료
- March 5, 2012: *Piter. TV*(In Russian)
  밸파 뚜쥬르(Balfa Toujours)와 제프리 브루사와 그의 친
  구들(Jeffery Broussard et Ses Amis)에 대한 보도 자료
- March 2012: *Living Life Magazine*(In Russian)
  형제 노래단(The Brotherhood Singers)과 미국전통음악제
  에 대한 프로필
- December 2011: *The Village Voice*
  ArtsLink Award 수상자 브랑코 프란체스키(Branko Francheschi)
  의 전시회
- Fall 2011: *Bactria Cultural Centre Newsletter*
  가브리엘 리즈(Gabriel Reese)와 이베니 마크샤코프(Evgenii
  Makshakov)가 참여한 CEC ArtsLink의 Global Art Lab 거
  리 미술전에 대한 보도 자료
- October 21, 2011: *VL.ru*
  블라디보스토크에서 개최된 CEC ArtsLink의 대중 예술
  프로젝트 관련 보도 자료
- August 12, 2011: *New York Times*
  One Big City program으로 록펠러 재단으로부터 2011 문화
  혁신기금(Cultural Innovation Fund)을 받았다는 보도 자료

- June 8, 2011: St. *Petersburg Times*
  제이 디 벨트란(JD Beltran)과 스콧 민넨만(Scott Minneman)의
  The Magic Story Table 관련 보도 자료
- February 4, 2011: *Washington Square News*
  드미트리 카빈(Dmitry Khavin)의 영화 오데사(Artists of
  Odessa)의 예술가들 관련 보도 자료
- February 2011: *Art in America*
  예술 비평가인 엘리노어 하트니(Eleanor Heartney)가 작성
  한 2010년 중앙아시아에서의 여정과 강연 내용
- January 5, 2011: *New York Times*
  뉴욕타임즈에서 다뤄진 2010 ArtLink 독립 프로젝트 수
  상자인 벨라루스 무료 극장(Belarus Free Theatre) 관련 보
  도 자료
- November 2010: *America.gov*
  미국 방문 중 Innovative Projects에 참여하는 ArtsLink 회
  원들 관련 내용
- October 2010: *Dancing Times*
  Open World New Russian Interdisciplinary Performance
  에 대한 무용 비평가 잭 앤더스(Jack Anderson)의 리뷰
- October 2010: *Style Weekly*
  시베리아 민속음악의 미국 데뷔 보도 자료
- August 20, 2010: *Time Out New York*
  New Russian Interdisciplinary Performance에 대한 관련
  보도 자료

- July 12, 2010: *New York Magazine*|
  뉴욕 조이스 소호(Joyce Soho)에서의 새로운 러시아 안
  무 목록
- July 12, 2010: *Flavorpill*
  뉴욕 조이스 소호(Joyce Soho)에서의 새로운 러시아 안무
  에 대한 논평 기사
- July 8, 2010: *Time Out New York*
  뉴욕 조이스 소호(Joyce Soho)에서의 새로운 러시아 안무
  목록
- June 28, 2010: *The New York Times*
  키르키즈스탄 출신의 전통 음악가인 캄바르 카렌다로프
  (Kambar Kalendarov)와 쿠트만 술탄베코프(Kutman
  Sultanbekov)에 대한 보도 자료
- August 13, 2009: *The New York Times*
  새로운 러시아 안무에 대한 논평 기사
- August, 2009: *Hustler of Culture*
  새로운 러시아 안무에 대한 Hustler of Culture의 논평
  기사
- August, 2009: *Flavorpill*
  새로운 러시아 안무에 대한 또 다른 논평 기사
- August, 2009: *Russian Mix*
  Russian Mix에 게재되어 있는 새로운 러시아 안무 목록
- July 3, 2009: *The New York Times*
  새로운 러시아 안무 목록

- September 20, 2008: *The St. Petersburg Times*
  국제 예술 박람회인 H2O에 대한 리뷰
- September 5, 2008: *The St. Petersburg Times*
  H2O에 대한 논평 기사
- Autumn 2008: *Hermitage Magazine*
  H2O에 대한 논평 기사
- July 20, 2008: *The New York Times*
  Dialogue Dance Company 주최 공연에 대한 논평 기사
- April, 2005
  옥스퍼드 미시시피 대학교에서 진행된 4인의 러시아 작가들의 스펙터클읽기에 대한 논평 기사
- January 4, 2005: *The Village Voice*
  중앙/동 유럽 및 미국 출신의 예술가들의 작품 전시회인 FlipSIDE에 대한 논평 기사
- December 17, 2004: *The New York Times*
  뉴욕타임즈에 게재된 Ken Johnson(Ken Johnson)의 FlipSIDE에 대한 리뷰
- December 13, 2004: *The New Yorker*
  FlipSIDE에 대한 또 다른 논평 기사

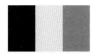

EFAH

European Forum for Arts and Heritage

유럽예술유산포럼

① 기구

1) 소재지

소재국가   벨기에

주   소   10, rue de la Science, 1000-Bruxelles

전   화   +32(0) 2 534 4002

팩   스   +32(0) 2 534 1150

전자우편   efah@efah.org

홈페이지   http://www.efah.org

2) 설립연혁

유럽예술유산포럼(European Forum for Arts and Heritage,
EFAH)은 1992년 유럽 국가들의 문화적인 연대와 유럽 예
술가들의 권익을 위해 발족하였다.

3) 설립목적 및 기능

EFAH는 문화 관련 정보제공과 유럽 문화 발전을 위한 기금 조성, 유럽의 문화적 중심지로서의 역할에 따라 의견을 수렴하고 활발한 교류를 위한 네트워크 구축 등 여러 가지 사업을 하고 있다.

4) 회원국

EU 25개 국가들과 5,000여 개의 단체가 가입하여 활동하고 있다.

5) 한국과의 관계

한국은 현재(2008년) 회원국이 아니다.

② 정보원

1) 정기간행물

*EU Insider*는 정기적인 EFAH 정기간행물로서 연 4회 발행되며, EU 국가들 내에서의 문화 정책의 변화, 결정, 다양한 문화사업 안내, 세계문화계 동향 등을 사설을 통해 볼 수 있다. 2007년 자료부터 온라인을 통해 PDF 파일로 읽을 수 있으며, 이메일 회원가입 시 전자우편으로 받아볼 수 있다.

2) 뉴스 및 보도 자료

'Newsletter' 섹션에서 최신 뉴스를 읽을 수 있으며, 회의 일
정, 회의 결과 등을 PDF 파일로 볼 수 있다. 전자우편 회원
가입 시, 무료로 뉴스레터를 받아볼 수 있다.

3) 회의기록문

2005년 회의 자료부터 'Document Library' 섹션에서 PDF 파
일로 무료로 열람할 수 있다.

4) 연구

- Civil Society Platform for Intercultural Dialogue(2007)
- Communication on an European Agenda for Culture in a
  Globalising World(2007)
- Open Method of Coordination(2007)
- Communication on Culture(2007)
- Progress on Communication(2007)
- Hearing on "Culture: A Sound Investment for the EU"(2006)
- Online Consultation-EFAH's Submission(2006)

FIPRESCI

Fédération Internationale de la Presse Cinématographique

The International Federation of Film Critics

국제비평가협회

① 기구

1) 소재지

소재국가 독일

주   소 Schleissheimer Str. 83, D-80797 Munich, Germany

전   화 +49 (89) 18 23 03

팩   스 +49 (89) 18 47 66

전자우편 info@fipresci.org

홈페이지 http://www.fipresci.org

2) 성격

독일에 본부를 두고 있는 국제비평가협회(Fédération Internationale de la Presse Cinématographique, FIPRESCI)는 전 세계의 전문 영화 평론가들과 영화 기자들로 구성된 국가적 단체들의 협회로 '영화 문화의 발달과 전문적인 이익을 보호'하기 위해 활동한다. 협회는 1930년 6월 벨기에 브뤼셀에서 창립되었고 현재 전 세계 50개국 이상에서 회원을 보유하고 있다. 전문 영화 평론가들과 영화기자들로 구성된 기구들이 영화 문화의 촉진과 발달, 전문적 직업종사자들의 이익을 보호하기 위해 각국에 설립되었는데, 이 기구들이 모여 1930년 6월 6일 국제비평가협회를 설립하게 되었다.

3) 설립연혁

- 역사적 배경(1925~1945)

  1925년, 파리와 브뤼셀 출신의 몇몇 영화 기자들이 영화 언론전문협회를 설립했다. 곧이어 벨기에 기자들이 외국에서 다른 저널리스트들과 접촉하면서 주도권을 가지게 되었고 국제영화비평가협회의 구상이 파리에서 형태를 갖추기 시작하는 동안 영화 회의가 1926년 9월 27일과 10월 3일 사이에 로스차일드 재단 건물에서 개최되었다. 당시 일간지 기자와 전문지 기자 출신의 영화 평론의 영향력을 지닌 대표들이 파리 영화 회의에 참석해 오고 있었다.

- M.J.L.Croze의 보고를 경청한 다음 결성된 위원회는 국제 영화 출판의 규약을 요구했다. 이 조직은 전문가들의 이익 옹호단체 결성뿐만 아니라 국제 정보의 중심이 되어야 할 것이다. 몇몇 벨기에 평론가들은 고국으로 돌아가서 주도권을 잡고 유럽 내 영화 보도 자료를 위해 다른 국내 협회와 접촉했다. 1930년 6월, 국제영화학회가 개최되는 동안 브뤼셀에서 예술 영화의 전당(Palais des Académies)을 개최하면서, 프랑스, 이탈리아 그리고 벨기에의 다수의 평론가들은 개인 회원 원칙을 기반으로 협회를 창립했다.

- 협회의 두 번째 총회는 1931년 로마에서 개최되었고 이러한 노력은 회원이 아닌 국가들과의 접촉을 이루었다. 이탈리아는 FIPRESCI라는 명칭 채택을 제안했다. 같은 해 6월까지 전 유럽 언론 협회에 보고되어 각국 정부도 참여하였고 11월에 국제 총회는 FIPRESCI로 재조직되었다.

- 1932년 6월까지 런던에서 개최된 세 번째 총회는 이후 자체 해산된 의회가 제안한 새로운 국제 지위들을 승인하기 위한 자리였다.

- 다음 해 1월 파리에서 네 번째 총회기간 동안, 벨기에가 총 사무와 재무를 담당하는 직을 맡게 되었으며 협회 로고와 회원카드가 만들어졌다.

- 다섯 번째 총회는 1935년 5월 29일부터 6월 1일까지 브뤼셀 박람회에서 개최되었다. 14개국 대표들이 참석하여

영화의 문화적 가치를 장려하자는 관점으로 최초 연계를 맺었다. 이로써 초창기 총회에서 결의된 제안들이 인준되었고 각국마다 정보부 신설이 결정되었다. 총회는 영화잡지 편집자들에게 FIPRESCI 회원만 해외 통신원으로 고용하도록 요청했고 또한 이 총회는 FIPRESCI 회원중 소지자들을 위한 여행과 숙박 시설 관련 재정 절감을 유지하도록 요구받았다. 다음 해, 영화 발명 40주년의 일환으로, FIPRESCI 회원들은 로마에서 회합을 가졌는데, 그 자리에서 교황 Pius 11세와 무솔리니가 축사를 하였다.

- 1930년대 후반기 동안 FIPRESCI 사무국은 유럽에서 일어난 상반되는 정치적 소요 정국으로 매우 조심스럽게 행보해야 했다. FIPRESCI는 중립적 위치를 간신히 유지했으며 2차 세계 대전이 발발한 첫 해 동안 사무국은 오스트리아와 폴란드 FIPRESCI 회원들을 지원할 수 있었다.

- 갑작스러운 전쟁의 발발 와중에도 FIPRESCI는 독일, 오스트리아, 벨기에, 프랑스, 이탈리아, 룩셈부르크와 체코슬로바키아 등 7개국 부서로 구성되었다.

- 전쟁이 끝난 후, FIPRESCI를 다시 한 번 운영하게 한 것은 다름 아닌 프랑스와 벨기에였다. 깐느 영화제가 1946년에 열렸을 때, FIPRESCI는 참석했고 한 모임에서 신임 간부들과 새 대표로 영국 평론가 딜라이스 파월(Dilys Powell)을 선출했다. 또한 FIPRESCI는 첫 영화제에서 심사위원단을 구성하여 David Lean의 <짧은 만남(Brief Encounter)>과 Georges Rouquier의 <화르비끄(FARREBIQUE)>에게 심사

위원대상을 수여했다. 이 협회는 1947년 다행스럽게도 FIPRESCI가 현 상태가 될 수 있도록 직접적인 도움을 준 능력 있고, 매력적인 외교가인 데니스 매리언(Denis Marion)을 발견할 수 있었다.

4) 설립목적

① 영화 평론과 영화 저널리즘 그리고 정보의 윤리와 자유를 보호한다.

② 예술적 표현과 문화 교육의 수단으로써 영화에 대한 생각을 증진하고 확대한다.

③ 영화 평론과 저널리즘의 특별권과 의무를 논의하고 정의하며 승인한다.

④ 전 세계 영화 평론과 영화 기자들의 생각과 경험 교류 촉진과 이로 인한 모든 이데올로기와 정치적 경계를 초월하여 영속적인 대화를 위한 새로운 기반을 확립한다.

⑤ 상기 관점에 부합하는 모든 기록물을 출판하고 배포한다.

5) 비전 및 임무

FIPRESCI는 토론토 국제영화제, 깐느 영화제, 베니스 영화제 그리고 바르샤바 국제영화제와 같은 영화제 기간 중에 진취적인 영화 제작에 대한 보상으로 상을 수여한다. 수상자들에는 페드로 알모도바르, 폴 토마스 앤더슨, 누리 빌제 세일란, 장 뤽 고다르, 미카엘 하네케, 김기덕, 아키 카우리

스마키, 테렌스 마릭, 크리스티안 문쥬, 자파르 파나히, 로
만 폴란스키, 우디 알렌과 왕가위 등이 있다.

2005년부터 협회는 온라인 영화정기간행물에 영화 평론가
크리스 후지와라가 편집한 비주류 상도 수여한다.

6) 조직

① 협회는 국가 단체들로 구성되어 있다. 이와 같은 모든
국가 단체들은 동일한 권한과 책임을 지닌다.

② 이러한 수단으로 각 국가 단체는 FIPRESCI 국가 지부로
간주된다. 각 국가 지부는 협회 모임과 표현에서 하나의
투표권을 갖는다.

③ 일반적으로, 국가 지부들은 현행 법규에서 규정된 조항
들을 충족시키면서 단 하나의 단체를 구성해야 한다.

④ 예외적인 경우, 두 단체들 중의 최대 기관이 하나의 국
가 지부 내에서 FIPRESCI에 가입될 수 있다.

⑤ 협회는 전문 영화 기자들과 전문 영화를 위해 구성되며
조직된다.

⑥ 제휴 단체들은 다음의 예처럼 해당 법령인 영화 저널리
즘의 최소 범위를 준수하며 집필한다. 일간지나 정기
간행물, 교양 잡지에 영화 기사나 논평을 정기적으로
집필하는 모든 사람은 간행물들이 정기적으로 출판되는
한 라디오나 TV 혹은 전자 출판을 전문적으로 하거나
하지 않을 수 있으며 모든 배급자들은 자국에서 평론가

나 기자와 동등한 지위를 갖는다.

⑦ 제휴 단체들은 평론가나 기자를 포함한 각자의 위치를 준수하며 집필할 수 있지만, 직간접적으로 영화 산업 회사의 홍보활동을 하면 회원으로 받아들여질 수 없다.

② 정보원

1) *Undercurrent*

국제비평가협회는 *Undercurrent*라는 영화비평에 대한 잡지를 격월로 발행하고 2002년 베니스 영화제를 시작으로 각종 영화제에 대한 정보를 축제 기록 보관소(festival reports archive)에 보관하고 있다.

2) 영화제 보고서(festival reports)

매년 전 세계적으로 개최되는 영화제에 대한 보고서를 사이트에 게재하고 있다. 이 보고서에는 영화제가 다루고 있는 주요 프로그램들과 FIPRESCI 수상작들을 비롯하여, 영화제 출품작 혹은 영화제와 관련된 별도의 보고서들을 포함하고 있다. 예를 들어 18회 부산국제영화제에는 다음과 같은 보고서들이 등재되어 있다.

- *How Nice to be a Cat*

- *Films of New Currents*
- *Mothers and Daughters*
- *Looking for a Beautiful Future*
- *Good Spread of Subjects*

영화제 보고서는 2002년부터 2014년까지 등재되어 있으며
개최 연도와 개최 도시는 다음과 같다.

① 2014년

    Palm Springs / Tromsö / Rotterdam / Gothenburg / Berlin

② 2013년

    Palm Springs / Tromso / Rotterdam / Göteborg / Berlin /
Cartagena / Guadalajara / Sofia / Toulouse / Thessaloniki
Documentary / Fribourg / Hong Kong / Lecce / Istanbul /
Wiesbaden / Buenos Aires / Krakow OffPlusCamera / San
Francisco / Oberhausen / Ankara / Cannes / Krakow Short
/ Cluj / Seattle / Troia / Annecy / Moscow / Karlovy
Vary / Yerevan / Odessa / Durban(Talent Press) / Wroclaw
/ Motovun / Sarajevo(Talent Press) / Locarno / Montreal /
Venice / Toronto / Miskolc / Almaty / San Sebastian /
Reykjavík / Rio de Janeiro / Busan / Perm / Warsaw /
Chemnitz / Valladolid / Molodist / Abi Dhabi / Leipzig /
Viennale / Cottbus / Mannheim-Heidelberg / Thessaloniki

/ Stockholm / Ljubljana / Bratislava / Sevilla / Gijón /
Mar del Plata / Tallinn / Torino / Taipei / Athens /
Dubai / Kerala / Havana

③ 2012년

Palm Springs / Dhaka / Tromso / Rotterdam / Göteborg
/ Mumbai Doc / Berlin / Cartagena / Guadalajara /
Thessaloniki Doc / Sofia / Hong Kong / Toulouse /
Fribourg / Istanbul / Buenos Aires / Krakow Off Plus
Camera / Lecce / Wiesbaden / San Francisco / Oberhausen
/ Ankara / Cannes / Seattle / Krakow / Cluj / Annecy /
Moscow / Karlovy Vary / Yerevan / Odessa / Wroclaw
/ New Delhi / Motovun / Locarno / Durres / Montreal
/ Venice / Toronto / Miskolc / Almaty / Troia / San
Sebastián / Reykjavík / Rio / Busan / Perm / Abu
Dhabi / Warsaw / Valladolid / Molodist / Leipzig /
Viennale / Geneva / Thessaloniki / Cottbus / Stockholm
/ Bratislava / Mannheim-Heidelberg / Ljubljana /
Carthage / Gijón / Taipei / Athens / Mar del Plata /
Tallinn / Torino / Cairo / Havana / Kerala / Dubai

④ 2011년

Palm Springs / Tromso / Rotterdam / Goteborg / Berlin /
Cartagena / Sofia / Thessaloniki Documentary / Toulouse

/ Fribourg / Hong Kong / Istanbul / Wiesbaden / Buenos
Aires / Krakow OffPlusCamera / Lecce / San Francisco
/ Oberhausen / Ankara / Cannes / Krakow Short / Annecy
/ Troia / Cluj / Seattle / Moscow / Karlovy Vary / Yerevan
/ Wroclaw / Odessa / Motovun / Locarno / Montreal /
Durres / Venice / Toronto / Riga / San Sebastian /
Barcelona / Almaty / Reykjavík / Busan / Oslo / Rio
de Janeiro / Warsaw / Perm / Abu Dhabi / Leipzig /
Valladolid / Kiev / Vienna / Cottbus / Bratislava / Geneva
/ Thessaloniki / Mar del Plata / Stockholm / Ljubljana /
Mannheim / Tallinn / Gijón / Taipei / Torino / Havana
/ Dubai / Kerala

⑤ 2010년

Berlin / Hong Kong / Cannes / Moscow / Karlovy Vary
/ Locarno / Rio de Janeiro / Reykjavík

⑥ 2009년

Palm Springs / Tromso / Rotterdam / Göteborg / Berlin
/ Mexico City / Sofia / Miami / Fribourg / Thessaloniki
Documentary / Guadalajara / Toulouse / Hong Kong /
Buenos Aires / Lecce / Istanbul / Wiesbaden / Lisbon /
San Francisco / Oberhausen / Motovun / Brisbane / Troia
/ Toronto / Haifa / San Sebastian / Reykjavík / Oslo /

Mar del Plata / Ljubljana / Torino / Vienna / Mannheim / Cottbus / Athens / Leipzig / Geneva / Cairo

⑦ 2008년

Palm Springs / Dhaka / Tromso / Goteborg / Rotterdam / Mumbai Documentary / Berlin / Mexico City / Fribourg / Miami / Mumbai / Thessaloniki Documentary / Sofia / Guadalajara / Hong Kong / Toulouse / Wiesbaden / Istanbul / Buenos Aires / Lecce / Lisbon / Oberhausen / San Francisco / Ankara / Cannes / Cluj / Cracow / Troia / Annecy / Sochi / Moscow / Zanzibar / Karlovy Vary / Yerevan / Motovun / Lima / Brisbane / Locarno / Sarajevo / Venice / Toronto / Montreal / Pécs / Perm / Riga / San Sebastian / Reykjavik / Pusan / Pécs / Warsaw / Athens / Haifa / Vienna / Valladolid / Leipzig / Mannheim-Heidelberg / Mar del Plata / Cottbus / Ljubljana / Stockholm / Torino / Bratislava / Havana / Dubai / Kerala

⑧ 2007년

Palm Springs / Tromsö / Rotterdam / Göteborg / Berlin / Mexico City / Adelaide / Sofia / Miami / Mumbai / Mar del Plata / Thessaloniki doc / Toulouse / Fribourg / Hong Kong / Guadalajara / Wiesbaden / Istanbul /

Buenos Aires / Lecce / Lisbon / San Francisco / Oberhausen
/ Ankara / Cannes / Cracow / Cluj / Troia / Sydney /
Annecy / Moscow / Karlovy Vary / Zanzibar / Yerevan /
Delhi / Motovun / Brisbane / Locarno / Montreal / Venice
/ Perm(Flahertiana) / Toronto / San Sebastian / Rio de
Janeiro / Haifa / Reykjavik / Pécs / Oslo / Pusan / Mannheim
/ Athens / Warsaw / Kiev / Vienna / London / Valladolid /
Leipzig / Geneva / Cottbus / Ljubljana / Stockholm /
Thessaloniki / Gijón / Torino / Taipei / Cairo /
Bratislava / Tbilisi / Kerala / Havana.

⑨ 2006년
Palm Springs / Tromso / Dhaka / Rotterdam / Göteborg
/ Mumbai doc / Berlin / Bangkok / Mexico City /
Miami / Fribourg / Sofia / Thessaloniki doc / Mar del
Plata / Toulouse / Mumbai / Guadalajara / Istanbul /
Hong Kong / Wiesbaden / Buenos Aires / Singapore /
Lisbon / San Francisco / Lecce / Oberhausen / Ankara /
Cannes / Cracow / Troia / Cluj / Annecy / Sydney /
Moscow / Taormina / Karlovy Vary / New Delhi /
Zanzibar / Motovun / Brisbane / Locarno / Montreal /
Venice / Toronto / San Sebastian / Riga / Rio de
Janeiro / Reykjavik / Haifa / Oslo / Warsaw / Tbilisi /
Chicago / Pusan / Athens / Vienna / Valladolid / Kiev /

London / Leipzig / Geneva / Cottbus / Torino / Stockholm / Ljubljana / Mannheim-Heidelberg / Thessaloniki / Gijón / Cairo / Bratislava / Havana / Kerala

⑩ 2005년

Mumbai / Bangkok / Tromso / Sundance / Rotterdam / Göteborg / Miami / Berlin / Sofia / Fribourg / Mar del Plata / Guadalajara / Toulouse / Hong Kong / Lecce / Thessaloniki Doc / Wiesbaden / Istanbul / Buenos Aires / Singapore / Toronto Doc / San Francisco / Oberhausen / Ankara / Cannes / Cluj / Troia / Cracow / Split / Annecy / Taormina / Sydney / Moscow / Karlovy Vary / Zanzibar / Delhi / Motovun / Brisbane / Locarno / Montreal / Venice / Toronto / Vladivostok / New Montreal / San Sebastian / Rio de Janeiro / Tbilisi / Leipzig / Athens / Yamagata / Pusan / Warsaw / Oslo / Chicago / Haifa / Vienna / Valladolid / Kiev / London / Geneva / Cottbus / Torino / Ljubljana / Mannheim-Heidelberg / Stockholm / Thessaloniki / Gijon / Cairo / Bratislava / Havana / Kerala

⑪ 2004년

Palm Springs / Tromso / Dhaka / Bangkok / Göteborg / Rotterdam / Miami / Mumbai / Berlin / Tampere / Sofia / Mar del Plata / Guadalajara / Thessaloniki Documentary

/ Toulouse / Fribourg / Hong Kong / Singapore / Lecce / Buenos Aires / Istanbul / Wiesbaden / San Francisco / Toronto Hot Docs / Oberhausen / Ankara / Cannes / Cracow / Annecy / Troia / Sochi / Taormina / Sydney / Moscow / Split / Karlovy Vary / Valencia / Motovun / Brisbane / Locarno / Montreal / Venice / Toronto / Riga / Donostia-San Sebastian / Rio de Janeiro / Haifa / Athens / Pusan / Oslo / Chicago / Leipzig / Vienna / London / Valladolid / Kiev / Geneva / Cottbus / Torino / Llubljana / Mannheim-Heidelberg / Stockholm / Thessaloniki / Bratislava / Goa / Havana / Kerala

⑫ 2003년

Palm Springs / Tromso / Ouagadougou / Solothurn / Khanty-Mansiisk / Rotterdam / Göteborg / Berlin / Miami / Thessaloniki Documentary / Mar del Plata / Sofia / Fribourg / Guadalajara / Wiesbaden / Lecce / Hong Kong / Buenos Aires / Istanbul / Singapore / Oberhausen / Cannes / Cracow / Taormina / Troia / Sochi / Sydney / Moscow / Karlovy Vary / Jerusalem / Motovun / Melbourne / Brisbane / Locarno / Venice / Montreal / Toronto / San Sebastian / Viareggio / Split / Rio de Janeiro / Pusan / Chicago / Paris, Portraits of Tehran / Yamagata / Oslo / Leipzig / Vienna / Valladolid / Kiev /

London / Cottbus / Geneva / Turin / Stockholm / Mumbai / Mannheim-Heidelberg / Amsterdam / Thessaloniki / Bratislava / Havana / Kerala

⑬ 2002년

Venice: Oasis / Havana: Cidade de Deus

FIAPF

International Federation of Film Producers Association

세계영화제작자연맹

① 기구

1) 소재지

소재국가 프랑스

주   소 9, rue de l'Echelle 75001 Paris

전   화 33(0) 1 44 77 97 50

팩   스 00 33 1 44 77 97 55

전자우편 info@fiapf.org

홈페이지 http://www.fiapf.org/default.asp

2) 설립연혁

세계영화제작자연맹(International Federation of Film Producers Association, FIAPF)은 1933년 당시 영화제작을 이끌어 나가는 31개국의 영화 제작사 대표들을 중심으로 발족하였다.

3) 설립목적 및 기능

FIAPF은 유일한 영화, TV 제작자들의 국제적인 교류의 장
으로써 경제적이고 법적인 규율을 정하고 관리하여, 영화
제작자의 권리와 이익을 보호해주는 기구이다.

4) 회원국

전 세계 25개국, 31개의 제작사가 회원이다.

5) 한국과의 관계

우리나라는 회원국으로서 FIAPF에서 공인한 영화제는 부
산국제영화제이며, 이 영화제는 1996년부터 매년 가을에
개최되고 있다.

② 정보원

1) 정보배포정책

뉴스와 정기간행물은 회원가입 없이 PDF 파일로 무료로
다운로드할 수 있으나, 일부 법안에 관련된 내용들은 별도
의 회원가입을 한 후 열람할 수 있다.

2) 정기간행물

- *FIAPF-AT-A-GLANCE*

  연 4회 발간되는 정기간행물로써 영화 제작의 최신 정보
  와 영화제, 영화 제작 관련 법, 저작권 관련 이슈에 대해
  서 싣고 있으며, 2004년 자료부터는 인터넷으로 검색이
  가능하다.

3) 저작권 보호 관련 리포트

- *DRM-FIAPF Comments on European Commission's High Level Group Report*
- *Digital Rights Management*
- *FIAPF Members' Briefing*
- *FIAPF's Technology Statement,* July 03

4) 공식 발표 자료

- *FIAPF's Oral Statement,* October 03
- *FIAPF Template Letter to Governments*
- *FIAPF Members' Briefing,* November 03

5) 유럽 관련 법안 자료

- *FIAPF on Collective Rights Management*(2004)
- *European Filmarchive-FIAPF Position*(2004)

- *EU Commission and National Film Funds*(2004)
- *Cable and Satellite*(2002)
- *Copyright Directive*(2002)
- *Enforcement Directive*(2002)
- *TWF Directive*(2003)
- *Distribution Measures*(2003)
- *MEDIA*(2000)
- *Lower VAT Pdf files'*(2000)
- *Collective Management*(2000)
- *Customs Regulations*(2000)

6) 아시아 관련 자료

- *Copyright and Content Protection Measures in Japan, India, China*

7) 미국 관련 법안 자료

- *IBERMEDIA*
- *Copyright and Content Protection in Argentina*

IABD

International Association of Blacks in Dance

국제흑인무용협회

① 기구

1) 소재지

주　　소　International Association of Blacks In Dance c/o
　　　　　Denise Saunders Thompson PO
　　　　　Box 1544 Washington, DC 20013

전　　화　202-806-5408

팩　　스　202-806-9193

전자우편　info@iabdassociation.org

홈페이지　http://www.iabdassociation.org

2) 성격

국제흑인무용협회(The International Association of Blacks in Dance, IABD)는 무용과 연관된 예술가들, 무용단체들, 디렉터들, 안무가들, 흑인 무용에 관심 있는 사람들, 퍼포먼스 쇼케이스, 그리고 예술가적 기교들이 모인 흑인무용의 메카로 떠올랐다. 1988년에 설립된 이 협회는 네트워크, 신문, 안무가들 연락처, 출판된 논문들을 제공하고 매년 컨퍼런스를 개최한다.

3) 설립연혁

IABD는 정부의 예술가 보조금을 받은 존 메이어 브라운(Joan Myers Brown)이 설립하였다. 그녀는 흑인 무용 커뮤니티를 형성하는 것이 그녀 자신뿐 아니라 다른 흑인무용전문가들에게 도움이 될 것이라고 생각하였다. 이에 1988년 Philadanco 직원과 함께 첫 번째 국제 흑인 무용 컨퍼런스를 열었다. 당시 80여 명의 무용 관련 직업을 가진 사람들이 참석했으며 현재는 전 세계에서 400명 정도가 참석하는 대규모 컨퍼런스로 성장하게 되었다. 1991년 긴급자금이 IABD 예술가들과 단체들에게 투입되었다. 1996년 IABD는 무용수들을 위한 국제 훈련프로그램을 만들었고, 매년 열리는 컨퍼런스를 통해 무용수들이 오디션을 볼 수 있도록 도왔다.

4) 임무

IABD는 흑인 역사나 뿌리를 가진 사람들에게 더 많은 예술 분야의 기회와 가이드라인을 네트워크, 자금, 공연, 교육, 관객발전, 철학적 대화 등을 통해 제공할 수 있도록 노력한다.

② 정보원

1) 정보원 열람 및 배포 정책

협회는 흑인 무용의 미학을 기록하는 데 헌신적이며, 협회는 젊은 세대들에게 흑인 예술가들의 기여에 대해 교육한다. 이러한 목적을 달성하기 위해 협회는 National Afro-American Historical and Cultural Museum in Wilberforce, Ohio, the Afro-American Museum in Philadelphia, Pennsylvania, and the Moorland-Spingarn Research Center, Howard University in Washington, DC에 아카이브를 마련했다.

2) 인쇄실

IABD 뉴스와 신문을 발행하고 있다.

(1) 2013
- *Watch Joan Myers Brown Accepting the National*

Medal of the Arts

- Joan Myers Brown | President Obama to Award 2012 National Medal of Arts and National Humanities Medal
- 2012 National Medal of Arts
- Joan Myers Brown | 2013 Dance/USA Honor Honoree
- International Association of Blacks in Dance Announces Change in Location and Date for January 2014 IABD Dance Conference & Festival

(2) 2012

- One Night Only! International Association of Blacks in Dance Conference Announces 25th Silver Anniversary Celebration Showcase Performance Line-up
- Charles Augins, Camille A. Brown, Brenda Dixon-Gottschild, Louis Johnson, Dianne McIntyre, and Renee Robinson to be Honored by International Association of Blacks in Dance
- International Association of Blacks in Dance Announces 25th Silver Anniversary Celebration

(3) 2010

- IABD Chairperson Dr. Sherrill Berryman Johnson transitions, March 24, 2010

3) 자료

IABD는 멤버들에게 협회를 지원하고 멤버들에게 도움이
될 서비스나 커뮤니티의 정보를 제공하고 있다.

(1) Shades of Dance-Shades of Dance Inc.

2008년 Robin Gamble-Maddrey와 Stephanie Gamble에 의
해 설립되었다. 이 회사는 저렴한 가격에 좋은 품질의
무용의상을 제공하는 업체이며 모든 피부색상의 사람들
이 입을 수 있는 옷을 제공한다. 특히 무용 타이즈가 이
업체의 대표 상품이다.

(2) 10 Ways to Preserve Dance, Among The Legends, Where
Do I Go-by Lela J. Sewell-Williams.

댄스 기록 보관 담당자인 Lela J. Sewell-Williams는 무용
에 관한 모든 자료를 수집, 보관하고 있다. 또한 그녀는
사진이나, 편지, 비디오, 문서, 인터넷 자료들도 가지고
있어 많은 사람들에게 도움이 되고 있다.

IAMCR

International Association for Media and Communication Research

국제미디어/소통연구협회

① 기구

1) 소재지

소재국가　미국

주　　소　Pablo de María 1036

Montevideo, CP 11.200

Uruguay

팩　　스　+1 206 339 8919

홈페이지　http://iamcr.org

2) 성격

국제미디어·소통협회(International Association for Media and Communication Research, IAMCR)는 세계적인 미디어와 소

통에 관한 연구기관으로 알려져 있다. 이 기관의 회원들은
이 분야에서 최고의 석학들이 들어오도록 장려하고 있다.
IAMCR은 미디어와 소통에 관한 연구를 발전시키고 지지
하는 데 목적을 두고 있으며 특히 빈곤 지역 출신의 학자
들과 여자들을 지원하고 있다.

3) 설립연혁 및 목적

IAMCR는 미디어와 커뮤니케이션 연구자들의 협회이다. 유
네스코는 1957년 IAMCR이 설립되도록 기반을 마련해주었
다. IAMCR는 국제연합체계와 NGO로써 형식적인 관계를
유지하고 있으며 유네스코와 UN경제사회이사회에서 특별
협의지위를 가지고 있다. 이 협회는 세계적으로 미디어와
커뮤니케이션에 관한 연구를 하고 있으며 특히 사회정치
적, 기술적, 정책과 문화적 과정들을 조사하고 있다. 회원
은 개인과 기관으로 100개가 넘는 다양한 나라에서 가입하
고 있으며 이 협회의 장점은 회원들의 다양한 경험, 전문
가적 지식으로 꼽을 수 있다.

4) 비전 및 임무

IAMCR 회원들은 미디어나 커뮤니케이션 연구가들이 흥미
를 유지하고, 그들의 발전을 위해 노력할 수 있도록 장려한
다. 그들은 미디어와 소통의 발전에 관한 연구와 지식 나눔
을 통해 발전에 기여하고 있다.

또한 협회는 다른 미디어나 커뮤니케이션 협회들과 연결고리를 가지고 있으며 이를 통해 많은 사람들이 더 나은 연구를 할 수 있기를 기대한다. 그동안 협회는 저널리스트 보호, 소통의 권리, 연구의 자유, 국제소통정책지지, 제3세계 통신시설 기부 등 여러 방면에서 도움을 주고 있다.

5) 조직

- 이사회(Executive board)
- 국제협회(International Council)
- 위원회(Committee)
  - 컨퍼런스 위원회(Conference Committee) 의장: Maria Michalis
  - 선거위원회(Election Committee) 의장: Cees Hamelink
  - 환경영향위원회(Environmental Impact Committee) 의장: Gabriele Hadl
  - 재정위원회(Finance Committee) 의장: Nico Carpentier
  - 자금모금위원회(Fundraising Committee) 부의장: Janet Wasko, Nico Carpentier
  - 법률위원회(Legal Committee) 의장: Philippe Maarek
  - 멤버십위원회(Membership Committee) 부의장: Aimée Vega Montiel, Pradip Thomas
  - 발행물위원회(Publications Committee) 부의장: Marjan de Bruin, Claudia Padovani

- 학계와 미래변화를 위한 IAMCR 대책위원회(Task Force on Changes in Academia and Future Directions for IAMCR) 의장: Friedrich Krotz
- 미디어, 커뮤니케이션 정책 대책위원회(Task Force on Media and Communication Policy) 부의장: Stefania Milan, Jeremy Shtern

2 정보원

1) 관련된 단체들

- International Peace Research Association, IPRA
- Association for Education in Journalism and Mass Communication, AEJMC
- International Sociological Association, ISA
- International Communications Association, ICA
- International Federation of Communication Associations, IFCA
- European Communication Research and Education Association, ECREA
- Global Communication Research Association, GCRA
- Asociación Latinoamericana de Investigadores de la Comunicación, ALAIC

- Southern African Communication Association, SAC-OMM
- Nordic Information Centre for Media and Communication Resaerch, NORDICOM
- Sociéte francaise des Sciences de l'information et de la Communication, SFSIC
- African Council for Communication Education, ACCE
- Asian Media Information and Communication Centre, AMIC
- The Amsterdam School of Communications Research, ASCoR
- Chinese Communication Association, CCA
- European Institute for Communication and Culture, EURICOM
- JourNet
- International Federation for Information and Documentation, FID
- International Federation of Journalists, IFJ
- International Institute of Communications, IIC
- International Political Science Association, IPSA
- World Association for Public Opinion Research, WAPOR

2) 출판물

(1) GLOBAL HANDBOOKS IN MEDIA & COMMUNICATION

이 책은 시리즈로 Wiley-Blackwell과 IAMCR이 공동 출판했다. 이 책은 주제에 관한 최신의 소식과 최고의 국제적인 관점들을 보여준다.

- *THE HANDBOOK OF GLOBAL MEDIA AND COMMU-NICATION POLICY*
- *THE HANDBOOK OF MEDIA AUDIENCES*
- *THE HANDBOOK OF POLITICAL ECONOMY OF COMMUNICATIONS*

(2) IAMCR Book Series

IAMCR 회원들은 IAMCR와 Palgrave McMillan Publishers cooperation아 공동 제작한 새로운 책 시리즈를 접할 수 있으며, 2014년 2월에는 'Global Transformations in Media and Communication Research'가 새로 발간되었다.

(3) Hampton Press Book Series

- *PROPAGANDA IN THE 20TH CENTURY: CONTRIBUTIONS TO HISTORY*
- *THE GLOBAL JOURNALIST: NEWS PEOPLE AROUND THE WORLD*

- *SPACES OF INTERCULTURAL COMMUNICATION. AN INTERDISCIPLINARY INTRODUCTION TO COMMUNICATION, CULTURE, AND GLOBALIZING LOCALIZING AUDIENCES*
- *GLOBAL TRENDS IN MEDIA EDUCATION*
- *IDEOLOGIES OF THE INTERNET*
- *FROM THE MARGINS TO THE CUTTING EDGE: COMMUNITY MEDIA AND EMPOWERMENT*
- *INTERNATIONAL COMMUNICATION AND GLOBAL NEWS NETWORKS: HISTORICAL PERSPECTIVES*
- *DOWN THERE AND UP HERE. ORIENTALISM AND OTHERING IN FEATURE STORIES*
- *VIRTUAL RADIO GA-GA, YOUTHS AND NET RADIO: EXPLORING SUBCULTURAL MODELS OF AUDIENCES*
- *DELIBERATION, THE MEDIA AND POLITICAL TALK*
- *POLITICAL ECONOMY, COMMUNICATION AND KNOWLEDGE: A LATIN AMERICAN PERSPECTIVE*
- *JOURNALISM IN CRISIS: CORPORATE MEDIA AND FINANCIALIZATION*
- *CONSUMING AUDIENCES? PRODUCTION AND RECEPTION IN MEDIA RESEARCH*

(4) Palgrave/IAMCR Book Series

현재 이 시리즈 중 첫 번째 출판물은 *Communication Rights and Social Justice*이며, 2014~2015년 중에 많은 시리즈가 출판될 예정이다.

(5) 분야별 저널

IAMCR의 Sections and Working Groups는 특정 분야에 대한 저널을 편찬하는데, 현재 *The Political Economy of Communication*이라는 정치 경제 부문의 저널이 발표되어 있다.

(6) Member's Books

IAMCR 회원들은 자신들이 최근에 출간한 서적들을 이 페이지를 통해 회원들 및 웹사이트 방문자들에게 소개할 수 있다.

- *IAMCR MEMBER'S BOOK*
- *COMMUNICATION THEORIES IN A MULTICULTURAL WORLD*
- *ACADEMICS RESPONDING TO DISCOURSES OF CRISIS IN HIGHER EDUCATION AND RESEARCH*
- *BBC AND BRITISH INTERESTS IN IRAN*
- *FREEDOM OF EXPRESSION REVISITED: CITIZENSHIP AND JOURNALISM IN THE DIGITAL ERA*

- *CULTURAL REVOLUTION IN IRAN: CONTEMPORARY POPULAR CULTURE IN THE ISLAMIC REPUBLIC*
- *ENABLING OPENNESS: THE FUTURE OF THE INFORMATION SOCIETY IN LATIN AMERICA AND THE CARIBBEAN*
- *ISLAM IN EUROPE: PUBLIC SPACES AND CIVIC NETWORKS*
- *SOCIAL MOVEMENTS AND THEIR TECHNOLOGIES: WIRING SOCIAL CHANGE*
- *GENDER AND PUBLIC RELATIONS: CRITICAL PERSPECTIVES ON VOICE, IMAGE AND IDENTITY*
- *COMMUNICATING INDIA'S SOFT POWER: BUDDHA TO BOLLYWOOD*
- *MEDIA STRUCTURES AND MEDIA PERFORMANCE*
- *MEANINGS OF AUDIENCES: COMPARATIVE DISCOURSES*
- *DE-CONVERGENCE OF GLOBAL MEDIA INDUS-TRIES*
- *CLIMATE CHANGE POLITICS: COMMUNICATION AND PUBLIC ENGAGEMENT*
- *THE MEDIA IN TRANSITIONAL DEMOCRACIES*
- *THEORIES AND MODELS OF COMMUNICATION*
- *THE STRUGGLE FOR CANADIAN COPYRIGHT: IMPERIALISM TO INTERNATIONALISM*

- *AUDIENCE TRANSFORMATIONS: SHIFTING AUD-IENCE POSITIONS IN LATE MODERNITY*
- *NAINS SANS GÉANTS: ARCHITECTURE DÉ-CENTRALISÉE ET SERVICES INTERNET*
- *COMMUNICATION AND HUMAN RIGHTS*
- *MEDIA REGULATORS IN EUROPE: A CROSS-COUNTRY COMPARATIVE ANALYSIS*
- *THE GLOBAL JOURNALIST IN THE 21ST CENTURY*
- *MEDIA AND INFORMATION LITERACY AND INTER-CULTURAL DIALOGUE*
- *MEDIA INTERVENTIONS*
- *DELIBERATION, THE MEDIA AND POLITICAL TALK*
- *MEDIATION AND PROTEST MOVEMENTS*
- *PRODUCING THE INTERNET: CRITICAL PER-SPECTIVES OF SOCIAL MEDIA*
- *BEYOND WIKILEAKS: IMPLICATIONS FOR THE FUTURE OF COMMUNICATIONS, JOURNALISM AND SOCIETY*
- *SPEAKING UP AND TALKING BACK?*
- *MEDIA MEETS CLIMATE: THE GLOBAL CHALL-ENGE FOR JOURNALISM*
- *RINGTONES OF OPPORTUNITY: POLICY, TECHNOLOGY AND ACCESS IN CARIBBEAN COMMUNICATIONS*

- *BODIES OF DISCOURSE. SPORTS STARS, MEDIA, AND THE GLOBAL PUBLIC*
- *GOD, JEWS AND THE MEDIA-RELIGION AND ISRAEL'S MEDIA*
- *FROM NWICO TO WSIS: 30 YEARS OF COMMU-NICATION GEOPOLITICS*
- *MEDIATIZATION AND RELIGION-NORDIC PERSPE CTIVES*
- *PUBLIC MEMORY, PUBLIC MEDIA AND THE POLITICS OF JUSTICE & GLOBAL AND LOCAL TELEVANGELISM*
- *IMAGINING THE INTERNET: COMMUNICATION, INNOVATION, AND GOVERNANCE*
- *POLITICAL ECONOMY, COMMUNICATION AND KNOWLEDGE: A LATIN AMERICAN PERSPECTIVE*
- *PICTURING AFGHANISTAN: THE PHOTOGRAPHY OF FOREIGN CONFLICT*
- *CORPORATIONS AND CULTURAL INDUSTRIES: TIME WARNER, BERTELSMANN, AND NEWS CORPORATION*
- *MIGRATION AND NEW MEDIA: TRANSNATIONAL FAMILIES AND POLYMEDIA*
- *SCANDALOUS! THE MEDIATED CONSTRUCTION OF POLITICAL SCANDALS IN FOUR NORDIC*

COUNTRIES

- *GLOBALIZATION AND MEDIA: GLOBAL VILLAGE OF BABEL*
- *COMMUNICATION ETHICS NOW*
- *TRANSNATIONAL MEDIA EVENTS: THE MOHAMMED CARTOONS AND THE IMAGINED CLASH OF CIVILIZATIONS*
- *COMMUNICATING POLITICS: POLITICAL COMMUNICATION IN THE NORDIC COUNTRIES*
- *DEMOCRACY, JOURNALISM AND TECHNOLOGY: NEW DEVELOPMENTS IN AN ENLARGED EUROPE*
- *MEDIATED CROSSROADS: IDENTITY, YOUTH CULTURE AND ETHNICITY*
- *¿EDUCAR YA FUE?-CULTURAS JUVENILES Y EDUCACIÓN*
- *THE LABORING OF COMMUNICATION: WILL KNOWLEDGE WORKERS OF THE WORLD UNITE?*
- *STRONG RELIGION, ZEALOUS MEDIA: CHRISTIAN FUNDAMENTALISM AND COMMUNICATION IN INDIA*
- *ASIAN COMMUNICATION HANDBOOK*
- *MAKING ONLINE NEWS: THE ETHNOGRAPHY OF NEW MEDIA PRODUCTION*
- *BROADCASTING, VOICE, AND ACCOUNTABILITY*
- *COMMUNICATION IN CHINA: POLITICAL ECONOMY,*

POWER, AND CONFLICT

- IRISH JOURNALISM BEFORE INDEPENDENCE-MORE A DISEASE THAN A PROFESSION
- THE HANDBOOK OF GENDER, SEX, AND MEDIA
- INTERNET AND SURVEILLANCE-THE CHALLENGES OF WEB 2.0 AND SOCIAL MEDIA
- LA NEUTRALITÉ DE L'INTERNET-UN ENJEU DE COMMUNICATION
- UPRISING: THE INTERNET'S UNINTENDED CON-SEQUENCES
- MEDIA LITERACY, SOCIAL NETWORKING, AND THE WEB 2.0 ENVIRONMENT FOR THE K-12 EDUCATOR
- MEDIA IN MOTION-CULTURAL COMPLEXITY AND MIGRATION IN THE NORDIC REGION
- EXPLORATIONS IN NEW CINEMA HISTORY-APPROACHES AND CASE STUDIES
- MEDIA AND PARTICIPATION-A SITE OF IDEOLOGICAL-DEMOCRATIC STRUGGLE
- MEDIA AND CONFLICT: ESCALATING EVIL
- NEGOTIATING COMMUNICATION RIGHTS-CASE STUDIES FROM INDIA
- NEW MEDIA TECHNOLOGIES AND USER EMP-OWERMENT

- *THE INTERNATIONAL TELEVISION NEWS AGE-NCIES-THE WORLD FROM LONDON*
- *MAKING ONLINE NEWS, VOL. 2-NEWSROOM ETHNOGRAPHIES IN THE SECOND DECADE OF INTERNET JOURNALISM*
- *MEDIA/SOCIETY: INDUSTRIES, IMAGES, AND AUDIENCES (4TH ED)*
- *THE HANDBOOK OF GLOBAL MEDIA AND COMMUNICATION POLICY*
- *CAMPAIGN COMMUNICATION AND POLITICAL MARKETING*
- *FOUNDATIONS OF CRITICAL MEDIA AND INF-ORMATION STUDIES*
- *MEDIA MATTERS IN THE CULTURAL CONTRADICTIONS OF THE "INFORMATION SOCIETY"-TOWARDS A HUMAN RIGHTS-BASED GOVERNANCE*
- *THE PRODUCTION OF MODERNIZATION: DANIEL LERNER, MASS MEDIA, AND 'THE PASSING OF TRADITIONAL SOCIETY'*
- *AFTER THE CZARS AND COMMISSARS: JOURNALISM IN AUTHORITARIAN POST-SOVIET CENTRAL ASIA*
- *NEWS 2.0*
- *ENCYCLOPEDIA OF SOCIAL MOVEMENT MEDIA*
- *ENCYCLOPEDIA OF SOCIAL MOVEMENT MEDIA*

- *POLITICAL ECONOMY OF MEDIA TRANSFORMATION IN SOUTH AFRICA*
- *PENSER LA SOCIÉTÉ DE L'ÉCRAN. DISPOSITIFS ET USAGES*
- *GLOBAL ADVERTISING, ATTITUDES, AND AUDIENCES*
- *TRIALS OF ENGAGEMENT-THE FUTURE OF US PUBLIC DIPLOMACY*
- *THE GEOPOLITICS OF REPRESENTATION IN FOREIGN NEWS: EXPLAINING DARFUR*

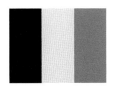

IAMIC

International Association of Music Information Centers

국제음악정보센터협회

① 기구

1) 소재지

소재국가 벨기에

주   소 Steenstraat 25, BE-1000 Brussels Belgium

전   화 +32 2 504 90 90

팩   스 +32 2 502 81 03

전자우편 iamic@iamic.net

홈페이지 http://www.iamic.net

2) 성격

국제음악정보센터협회(International Association of Music Information Centers, IAMIC)는 동시대의 음악을 장려하고

기록화하는 기구들의 국제적인 네트워크기구이다. IAMIC
는 회원 국가의 음악활동을 중요시하는 동시에 집합적 프
로젝트에 관한 국제교류를 촉진시키는 역할을 한다. 한편,
IAMIC는 유네스코의 국제음악위원회(International Music
Council)의 회원이다.

3) 설립목적

① 회원에 의해 제공된 정보, 자료, 제작물 이용을 장려한다.
② 회원들의 음악에 관한 행위, 방송, 보급 활동을 장려한다.
③ 회원들 간의 아이디어와 경험, 그리고 기술 교환을 장려한다.
④ 각 회원들에게 다양한 음악 관련 서비스를 제공한다.
⑤ 더 큰 국제 음악 환경에서의 활발한 역할 수행을 장려한다.
⑥ IAMIC에 관한 인식을 증진시킨다.

4) 사명

① 회원을 위한 국제적 수준의 서비스를 제공한다.
② 음악관련 활동의 개발 협력 및 교환을 장려한다.
③ 음악관련 프로젝트를 수행한다.

5) 조직

총회(Council)와 실무그룹(Working Group), 그리고 각종 위
원회(Board)로 구성되어 있다.

(1) 총회(Council)

매년 IAMIC는 주요 컨퍼런스를 각각 다른 국가에서 개
최하여 가능한 모든 회원들이 참석 가능하도록 한다.
IAMIC에 의해 개최되는 컨퍼런스는 국제 음악 커뮤니
티의 발전을 가능하게 하며 정보공유를 위한 벤치마킹
의 대상이 되기도 한다.

(2) 실무그룹(Working Group)

실무그룹은 조직을 운영하고 각각의 회원들의 참여와
프로젝트 및 활동을 장려한다.

(3) 위원회(Board)

다음과 같은 각종 위원회를 두고 있으며, 각 위원회의
분야별로 전문화하고 있다.

- 커뮤니케이션위원회(Communications Committee)
- 컨퍼런스위원회(Conference Committee)
- 다른 장르를 위한 특별전문위원회(Task Force for Other Genres)
- 툴박스 특별전문위원회(Toolbox Task Force)

6) 회원

IAMIC는 2006년 기준으로 총 38개국의 43개 회원기관을

지원하고 있다. 이들 각각의 회원기관인 음악정보센터(Music Information Centers, MICs)는 그들 국가와 지역에서의 다양한 종류의 음악을 기록화하는 활동을 한다. 구체적으로 낱장악보, 기록, 인명자료, 연구 자료를 관리하고 대중에게 장려할 만한 페스티벌, 콘서트, 대회, 컨퍼런스와 같은 예술적인 프로젝트를 제공한다. 대륙별·국가별 IAMIC의 회원기관은 다음과 같다.

(1) 유럽
- 오스트리아: Mica
- 벨기에: 플란더스 음악센터(Flanders Music Centre)
- 크로아티아: 크로아티아음악정보센터(KDZ)
- 체코: 체코음악정보센터
- 덴마크: 덴마크 예술부의 음악센터(Danish Arts Agency, Music Centre)
- 영국: 영국음악정보센터
- 에스토니아: 에스토니아음악정보센터
- 핀란드: 핀란드음악정보센터
- 프랑스: Centre de Documentation de la Musique Contemporaine
- 조지아: 조지아음악정보센터
- 독일: 독일음악정보센터(Internationales Musikinstitut Darmstadt)
- 그리스: 그리스음악정보센터

- 헝가리: BMC 헝가리음악정보센터
- 아이슬란드: 아이슬란드음악정보센터
- 아일랜드: 아일랜드현대음악센터
- 이탈리아: 이탈리아현대음악기록관(Archives of Italian Contemporary Music, AMIC)
- 라트비아: 라트비아음악정보센터
- 리투아니아: 리투아니아음악정보 및 출판센터
- 룩셈부르크: 룩셈부르크음악정보센터
- 네덜란드: Donemus, Gaudeamus
- 노르웨이: 노르웨이음악정보센터
- 폴란드: 폴란드음악정보센터
- 포르투갈: Miso Music Portugal, Calouste Gulbenkian Foundation
- 스코틀랜드: 스코틀랜드음악센터
- 세르비아: SOKOJ 음악정보센터
- 슬로바키아: 슬로바키아음악센터
- 슬로베니아: 슬로베니아음악정보센터사회
- 스페인: Centro para la Difusion de la Musica Contemporanea
- 스웨덴: STIM/Svensk Musik
- 스위스: Foundation SUISA pour la musique
- 웨일즈: 웨일즈음악정보센터

(2) 아메리카
- 브라질: Centro de Documentacao de Musica Contemporanea

- 캐나다: 캐나다음악센터
- 미국: 미국음악센터

(3) 아시아
- 이스라엘: 이스라엘음악정보센터
- 일본: 현대일본음악문서화센터

(4) 오세아니아
- 호주: 호주음악센터
- 뉴질랜드: 뉴질랜드음악센터(SOUNZ)

7) 주요사업

IAMIC 네트워크를 이루고 있는 각 국가 및 지역의 음악정보센터(MICs)는 작곡가, 음악가, 교육자, 학생, 청중에게 다양한 종류의 필수서비스를 제공한다.

많은 국가의 새로운 음악을 위한 국가자원센터들은 국가/지역의 작곡가 업적을 기록 및 보관하여 연주가 및 음악교육자들에게 이용 가능하도록 한다.

많은 음악정보센터들은 지역음악생활에 대한 정보를 대중에게 전달하고 프로젝트 활동, 지역음악가들의 활동에 대한 대중화를 통해 지역문화개발에 이바지한다.

2 정보원

1) 정보원배포정책

'News'와 'Archives'에서 IAMIC가 제공하는 보도자료 및 뉴스레터의 내용을 무료로 검색·열람할 수 있다.

2) 보도자료(News)

여기에는 주로 보도자료가 제공되며, 'IAMIC News'와 'Member News'로 구분되어 있다. 각각에 해당하는 일부 목록은 다음과 같다.

(1) IAMIC 보도자료(IAMIC News)

- *New Zealand Music Month*
- *Nordic Wind Music Catalogue*
- *New Art Net*
- *IAMIC Winter Meeting*
- *EFA and IAMIC Promote New Music Programming*
- *2007 IAMIC Conference in Wellington New Zealand*

(2) 회원 보도자료(Member News)

- *Canadian Music Centre Launches Composer Portraits: Influences of Many Musics*
- *New Book Documents Legendary New Rock Festival*

- *BBC Radio 3's 'Hear & Now' Features Welsh Composers*
- *New Zealand Geographic Features NZ Composers*
- *Centrediscs Receives four 2007 Juno Award Nominations*
- *49th Annual Grammy Nominee List Released*
- *Report on the 2006 Work Programme*
- *Free Downloads from Edition Suecia*
- *Critical Notice*

3) 기록물(Archives)

'Project' 페이지의 제일 하단부분에 있는 'Archive' 항목을 통해 IAMIC의 뉴스레터의 전문(full-text)을 열람할 수 있다. 일년에 두 번, 즉 대체적으로 5월 또는 6월 그리고 12월에 뉴스레터를 발간하고 있으나 발간주기는 일정하지 않고 간혹 한번 발간되기도 하였다. 홈페이지상에서는 1998년 12월호부터 2005년 12월호까지의 목록과 전문이 제공되고 있다.

IAML

International Association of Music Libraries,

Archives and Documentation Center

세계음악도서관 · 기록관및도큐멘테이션센터협회

① 기구

1) 소재지

소재국가 스웨덴

주   소 The Music Library of Sweden, Box 16 326

SE-103 26 Stockholm

전   화 +46 8 519 554 12

팩   스 +46 8 519 554 05

전자우편 webmaster@iaml.info

홈페이지 http://www.iaml.info

2) 성격

세계음악도서관·기록관및도큐멘테이션센터협회(International Association of Music Libraries, IAML)는 각 국가의 음악도서관, 기록관, 도큐멘테이션센터들의 음악목록, 음악기록화, 음악도서관, 정보과학에 관한 프로젝트의 현실화 지원을 촉진시키고 장려하는 국제기구이다. 22개의 국가에 국가사무소를 두고 있고, 5개의 전문분과, 4개의 주제별 위원회, 그리고 다양한 실무그룹을 두고 있다.

3) 설립연혁

IAML은 1951년 음악 관련 기관의 국제협력을 촉진시키고 전문성 향상을 위해 설립되었다. 현재 IAML은 전 세계 45개국의 약 2천여 명의 개인 및 기관 회원을 보유하고 있고, 국제도서관 및 음악 커뮤니티의 주요 회원 중 하나이다.

4) 설립목적

① 음악도서관, 기록관, 도큐멘테이션센터의 활동을 증진 및 장려하고 해당 분야에 종사하는 개인과 기관들 사이의 협력을 강화한다.
② 음악도서관, 기록관, 도큐멘테이션센터의 국가적이고 국제적인 문화적 중요성에 대한 심층적 이해를 촉진시킨다.
③ 음악목록, 음악기록, 음악도서관, 정보과학에 관한 프로

젝트 실현을 위해 지원한다.

④ 음악과 관련한 모든 출판물과 기록의 유용성을 촉진시
킨다.

⑤ 목록, 보존, 음악자료의 유용성에 관한 국제 및 국가 표
준 개발을 지원한다.

⑥ 전문적인 교육 및 훈련을 증진시킨다.

⑦ 모든 종류의 음악컬렉션 목록을 관리한다.

⑧ 모든 기간의 음악기록의 보호 및 보존을 지원한다.

⑨ IAML의 관심을 공유하는 다른 국제기구와 협력한다.

⑩ 관심이 있는 모든 이들의 연간회의 참가를 장려한다.

5) 기능

① 음악 및 음악자료에 관계되는 도서관과 기록관 및 도큐
멘테이션센터의 활동을 증진시키고, 관련 분야에 종사
하는 개인 및 기관 간의 상호 협력을 강화하고, 관련 업
무에 관한 정보를 출판한다.

② 국내 및 국제적으로 음악도서관, 기록관과 도큐멘테이
션센터의 문화적 중요성에 대한 이해를 촉진시킨다.

③ 국내 및 국제적 수준으로 음악 서지, 음악 도큐멘테이
션, 그리고 음악과학도서관 실현을 돕는다.

④ 음악관련 모든 출판물과 기록들의 유용성, 특히 국제적
인 교환 및 대출을 장려한다.

⑤ 본 협회에 속해 있는 모든 지역의 표준 발전을 지지하

고 격려한다.

⑥ 적절한 전문 교육과 연수를 증진시킨다.

⑦ 모든 종류의 음악자료들의 서지통정을 진행시킨다.

⑧ 모든 시대의 음악기록을 보호하고 보존하도록 한다.

⑨ 도서관, 서지, 기록학, 도큐멘테이션, 음악, 그리고 음악
학 분야 내에서 다른 조직과 상호 협력한다.

⑩ 회원 간의 국제적 만남을 가진다.

⑪ 전문 관심 분야의 모든 자료를 다루는 정기간행물을 간
행한다.

6) 조직

IAML의 조직은 총회를 포함하여 국가대표로 구성되는 협
의회(Council)와 선거에 의해 선출된 위원회(Board), 전문분
과(Professional Branches), 주제별위원회(Subject Commissions),
연구그룹(Working Group) 그리고 일반위원회(Committees)로
이루어지는 실무단으로 구성되어 있다.

(1) 협의회(Council)

협의회는 IAML의 최고위조직으로서 IAML을 총괄 지
시하며 업무와 관련한 의사결정을 내린다. 협의회는 적
어도 1년에 한 번 개최하며, IAML 컨퍼런스 기간 동안
에 개최된다.

(2) 위원회(Board)

위원회는 협의회의 실무집단으로서 위원장, 직전위원장 (Immediate Past-President), 4인의 부위원장, 사무총장, 재무위원장으로 이루어진다.

(3) 총회(General Assembly)

총회는 모든 회원들로 이루어진다. 적어도 3년에 한 번 열리는 총회를 통하여 IAML의 기본적인 사항들이 결정되며, 계획과 현재 활동에 대한 평가 및 문제점 도출 등이 논의된다. 또한 향후 3년 동안의 재정예산이 표결에 의해 결정된다. 국제 연간 총회는 IAML의 중요활동이다. 1990년부터 시작하여 매해 다른 국가에서 실시해 왔으며 2007년에는 호주, 2008년에는 이탈리아, 그리고 2015년에는 미국 뉴욕에서 실시할 예정이다. 국제총회는 전문가분과협회(Association's Professional Branches), 주제별위원회(Subject Commissions) 그리고 연구그룹(Working Groups)의 회의로 구성되어 있으며, 일반적인 관심사에 대한 세션도 있다.

(4) 전문분과(Professional Branches)

전문분과는 같은 전문분야 및 같은 종류의 기관들이 회원이 되어 구성되며 다음과 같은 5개의 전문분과가 있다.

• 기록관 및 음악기록센터

- 방송 및 오케스트라 도서관
- 음악교육기관의 도서관
- 공공도서관
- 연구조사도서관

(5) 주제별위원회(Subject Commissions)

주제별위원회는 도서관활동 형태별로 구성된다. 현재 서지, 시청각자료, 서비스와 교육, 목록의 네 분야의 주제별위원회가 운영되고 있다. 이와 같은 주제영역 전개의 주안점은 각기 다른 나라의 관심 범위 내에서 발전 양상을 보이는 부분을 선택하여 새로운 프로젝트를 실시하는 것이다.

(6) 일반위원회(Committees)

일반위원회는 IAML의 행정적·법률적인 문제에 대해서 조언을 해주는 역할을 한다. 규약(Constitution), 저작권(Copyright), 정보기술, 복지(Outreach), 프로그램, 출판물, 컨퍼런스 조직과 같은 일곱 분야의 일반위원회가 존재한다. IOS(International Organization for Standardization)와 함께 ISMN(Inernational Standard Music Number)의 발전에 관하여 연구한다. 이 외 설립 규정, 저작권, 출판물, 과학 기술 등 행정 및 법적 문제에 관한 임무를 수행한다.

(7) 연구그룹(Working Group)

IAML은 다양한 연구를 수행하는 연구그룹을 조직하고 있다. 연구그룹은 대규모 프로젝트를 책임지며, 보고서 준비와 사업 보고서 또는 출판을 수행한다.

(8) 국가사무소(National Branches)

국가사무소는 57개 중 25개국이 대표를 맡고 있다. 대표국가는 호주, 오스트리아, 벨기에, 캐나다, 크로아티아, 체코, 덴마크, 에스토니아, 핀란드, 프랑스, 독일, 헝가리, 이탈리아, 일본, 네덜란드, 뉴질랜드, 노르웨이, 폴란드, 러시아, 스위스, 슬로바키아, 스페인, 스웨덴, 영국과 아일랜드, 미국 등이 포함된다.

7) 회원

현재 세계 45개국 이상이 가입되어 있으며, 약 2천여 명 정도의 개인 및 단체회원을 보유하고 있다. 현재 본부는 스웨덴에 있고, 22개국에 분관을 두고 있다.

IAML은 유럽 및 북미의 국가에 잘 알려져 있어 해당 국가의 전문가들로 구성되어 있고 그 외에도 호주, 뉴질랜드, 일본 등에서도 널리 알려져 회원을 보유하고 있다. 그러나 기본적으로 아시아, 라틴아메리카, 아프리카에서는 비교적 덜 알려진 상태이다.

회원들은 주로 음악수집가, 음악 및 시청각 사서들, 음악기록전문가, 도큐멘테이션전문가, 음악학연구가, 음악발행자, 판매자 등으로 구성된다.

8) 주요사업

IAML의 주요사업은 전문분과, 주제별위원회, 연구그룹을 통해 이루어진다.

① 전문분과

음악기록관련 각종 견해와 정보를 교환하고 공통의 관심사를 논의하는 포럼을 주최하는 역할을 하고 있다.

② 주제별위원회

서로 다른 국가에서 관련 관심사에 대한 기록관과 도서관 활동 중 새로운 개발에 관한 것 등에 중점을 두고 활동한다. 또한 새로운 프로젝트를 시행하는 것도 주제별위원회의 역할이다.

③ 연구그룹

특정한 과제수행, 보고서 및 성명서 작성, 출판 업무를 담당하고 있다. 다음과 같은 주제에 관한 연구그룹이 있다.

- 음악기록관 등록(Registration of Music Archives, 구 IRMA)
- 하루살이퍼포먼스로의 접근[Access to Performance

Ephemera, 구 음악퍼포먼스인덱싱(Indexing of Music Performances)]

* 저작권데이터 교환(Exchange of Authority Data)
* 음악정기간행물(Music Periodicals, 2001년 절판)
* 음악과음성기록주요서지레코드(Core Bibliographic Record for Music and Sound Recordings, 1998년에 완성)

9) 관련 단체

IAML은 다음의 국제적인 기구의 회원이며, 음악기록 관련 기구와 긴밀한 협력을 유지하고 있다.

* 국제도서관협회연맹(International Federation of Library Associations and nstitutions, IFLA)
* 국제아카이브협의회(International Council on Archives, ICA)
* 도서관·정보·도큐멘테이션협회유럽지부(European Bureau of Library, Information and Documentation Associations, EBLIDA)
* 국제음악협의회(International Music Council, IMC)
* 유네스코비정부기구(Non-Governmental Organization, UNESCO)
* 국제음향 및 시청각기록관협회(International Association of Sound and Audiovisual Archives, IASA)
* 국제음악정보센터협회(International Association of Music Information Centers, IAMIC)

② 정보원

1) 정보원배포정책

'Publications'와 'Archives'에서 IAML의 관련 정보가 제공되고 있다. 'Archives'의 열람을 원하는 자료는 전자우편을 통해 받아볼 수 있다. 'Publications'의 정보는 홈페이지지상에서 원문 열람이 가능하다. 'Fontes Artis Musicae'는 회원에게만 제공되고, 1994년부터 온라인으로 색인검색이 가능하고 홈페이지에 기간호(back issues)에 대한 정보를 알려주고 있는데 음악서지 관련 문제가 있을 때 음악사서의 전자우편 (iaml-l@cornell.edu)으로 도움을 요청할 수 있다. 뉴스레터의 경우 1권에서 9권까지는 웹문서로 배포되고, 10권부터는 PDF와 HTML로 배포되다가 2005년 이후부터는 PDF로 제공되고 있다.

2) 출판물(Publications)

뉴스레터, 연간회의자료, 분과 및 위원회 활동보고서 등을 열람할 수 있다.

(1) 뉴스레터(Newsletter)

뉴스레터는 1951년 10월 창간호와 1999년의 두 차례에 걸친 견본호, 그리고 2000년 10월의 창간호부터 2007년 6월의 24호까지의 목록과 원문이 제공되고 있다.

(2) 연간회의 자료(Annual Conference)

1990년 프랑스에서 개최된 연간회의관련 자료에서부터 2007년 7월 1일~7월 6일까지 호주 시드니에서 개최된 회의 관련 자료가 각 연도별로 제공되고 있다. 그 외에 2008년 이탈리아의 연간회의에서부터 2015년 미국 뉴욕에서의 연간회의 계획 관련 자료 또한 제공되고 있다.

(3) 분과 및 위원회 활동보고서

IAML의 전문분과와 각 위원회 관련 보고서를 제공하며, 다음과 같다.

① 방송 및 오케스트라 도서관 분과
- *Branch Programme for 2007 Conference in Sydney*
- *Branch Programme for 2006 Conference in Göteborg*

② 음악교육기관의 도서관 분과
- *Programme for 2007 Conference in Sydney*
- *Activities 1998~2006*
- *Questionnaire: Networking and Access to Music Collections*

③ 공공도서관 분과
- *IAML Toolbox*
- *Activities 2005~2007*

④ 목록위원회
- *Unimarc Forms*
- *Plaine & Easie Code*
- *Unimarc Medium of Performance*
- *Activities 2007*
- *Unimarc Sub-Commission Minutes, Göteborg, June 2006*
- *Working Group on the Core Bibliographic Record for Music and Sound Recordings*

⑤ 서비스 및 교육위원회
- *Activities 1997~2002*

⑥ 저작권위원회
- *Activities 1997~2005*
- *Questionnaire on Copyright/Droit d'auteur 2004*

⑦ 정보기술위원회
- *Göteborg 2006, Programme*
- *Sydney 2007, Programme*
- *National Branch Reports*

3) 도큐먼트(Documents)

- *Music Periodicals*
- *Hofmeister*
- *Fontes Artis Musicae*

계간의 정기간행물로서 협회운영을 위한 커뮤니케이션 통로로서 음악사서와 도큐멘테이션, 서지 및 음악학 등과 관련한 내용을 싣고 있다.

- *The IAML Newsletter*

이는 전자 뉴스레터이다. 1952에는 제1권을 간행하고, 1999년에 다시 시험판(Trial Issue)으로 1권과 2권을 출판하였다. 이후 2000년에 정식으로 제1권을 간행한 후 2015년 현재 제33권이 간행되었다.

- *IAML-L*

이는 IAML 메일링 리스트로서 음악사서 간의 상호 경험을 교류하고, 전문적 주제를 토론하고, 그리고 문제와 정보를 교환하기 위한 통로이다. IAML 회원과 비회원을 포함하여 470여 도서관의 메일링 리스트이다.

4) 프로젝트 관련 정보원

- The R‒Projects

이는 IAML과 IMS(International Musicological Society)의 협력 프로젝트로 음악학자와 사서를 위하여 4개의 주요 서지시리즈의 출판을 돕는다. 이는 모두 국가적 그룹과 국제적 센터의 협력으로 출판된다.

① *Répertoire International des Sources Musicales(RISM)*

RISM, 즉 IIMS(International Inventory of Musical Sources)

는 전 세계의 음악자원을 적절하게 기술하는 것을 목
적으로 하는 세계적 수준의 목록이다. 각국의 독립
적인 RISM 연구그룹에서 주로 1800년 이전의 음악
인쇄물과 1600년 이후의 음악 필사본, 그리고 때로
는 오페라나 오라토리오의 대본 등을 목록화하여 출
판한 것이다. 이는 인쇄목록을 먼저 출판하고 1995
년 이후 CD-ROM으로 작업되었다.

② *Répertoire International de Littérature Musicale(RILM)*

RILM, 즉 IIML(International Inventory of Musical Literature)
은 전 세계 음악에 대하여 학술적으로 기술한 서지데이
터베이스에 대한 초록이다. 연간의 인쇄물, OCLC와
NISC에서 제공되는 온라인, 그리고 NISC에서 제공되는
CD-ROM이 있다.

③ *Répertoire International d'iconographie Musicale(RIdIM)*

RIdIM, 즉 IIMI(International Inventory of Musical
Iconography)는 음악 관련 영상자료를 발행한다. 이는
목록, 연구자료, RIdIM/RCMI 뉴스레터, RIdIM/RCMI
음악도상(圖象)학자 시리즈를 출판하고, 듀크대학출판사
(Duke University Press)와 Bärenreiter-Verlag에 의해
발행되는 학술적 연감인 Imago Musicae를 지원한다.

④ *Retrospective Index to Music Periodicals(1800~*
1950)

RIPM(The Répertoire International de la Presse
Musicale), 즉 RIPM은 가장 최근에 생긴 네 번째

'Repertories'이다. 1987년 이래로 19세기와 20세기 초반의 음악적으로 중요한 부분을 반영하는 출판물을 해마다 10권 정도씩 출판해 왔다. RIPM 시리즈는 NISC(National Information Services Corporation)에 의하여 인쇄자료, 전자자료, CD-ROM으로 출판되고 EBSCO, NISC 및 OCLC에 의해 CD-ROM으로 제작되었다. 2006년 여름, RIPM은 2백 권째 출판과 5십만 이상의 레코드 수록 데이터베이스를 축하하며 RIPM Online Archive of Music Periodicals을 탄생시켰다.

5) IAML 지원 출판물

그 외 IAML 지원 출판물은 다음과 같다.

- *Documenta Musicologica. Kassel: Bärenreiter*
  Reihe 1: Druckschriften - Faksimiles. 1951~. 43 vols. to 2006
  Reihe 2: Handschriften - Faksimiles. 1955~. 34 vols. to 2006
- *Catalogus Musicus*
  Kassel: Bärenreiter, 1963~ (in progress). 18 vols. to 2004
- *Code International de Catalogage de la Musique*

Frankfurt: Peters, 1957~1983. 5 vols.(완질본)

- *Guide for Dating Early Published Music*

  Hackensack, NJ: Boonin; Kassel: Bärenreiter, 1974

- *Terminorum Musicae Index Septem Linguis Redactus*

  Budapest: Akád. Kiadó; Kassel: Bärenreiter, 1978

6) IAML 기록관

국제 IAML 기록관은 스웨덴 스톡홀름(Stockholm)의 스웨덴 음악도서관(The Music Library of Sweden, 홈페이지: http://www.muslib.se/home.html)에 위치한다. IAML 제공자나 발행 및 생산자는 관련 전자레코드와 도큐먼트를 IAML 기록관에 저장·보존한다. 전자레코드 전송 전에 시스템에 대한 정보도 함께 전송하되 5년마다 정기적으로 전송해야 한다. 온라인 전송이 가능하며, 오프라인 발송 시 스웨덴음악도서관(주소: Box 16326, 103 26 Stockholm)으로 보내야 한다. 전자 도큐먼트는 기록관으로부터 전자우편으로 제공되며, 필요한 경우 출력되거나 디스크의 형태로 제공된다.

IATO

International Art Therapy Organization

국제예술치료협회

1 기구

1) 소재지

전자우편   archives@mdsa.net

페이스북   https://www.facebook.com/
            internationalarttherapyorganization

홈페이지   http://www.internationalarttherapy.org

2) 성격

국제예술치료협회(International Art Therapy Organization, IATO)
는 치료사들과 관계된 전문가들, 예술치료에 관련된 학생
들, 치료를 위한 작품 활동, 그리고 건강과 사회를 위한 예
술 등을 한군데 모아 서로 정보를 교환하고 도움을 주고받

을 수 있도록 도와준다.

3) 미션

- 교육, 커뮤니케이션, 미술테라피, 치료를 위한 작품 활동, 건강과 사회 변혁을 위한 예술에 관한 세계적인 커뮤니티를 형성한다.
- 미디어, 온라인 교육, 아카이브, 발행물을 통해 멤버들과 대중에게 미술 테라피에 관해 알려야 한다.
- 어떻게 미술 테라피가 건강을 좋게 하고, 다른 사람과의 관계를 윤택하게 하고, 삶을 변화시키는지를 대중들이 인정하도록 장려한다.
- 멤버들과 협력단체의 연구와 프로그램 발전을 위해 공동 연구를 해야 한다.

4) 비전 가치

(1) 세계는 하나
미술 테라피, 치료를 위한 작품 활동, 그리고 건강과 사회변혁을 위한 예술은 문화적·정치적·개인적 차이를 떠나 모든 사람들의 삶을 향상시키고 개선시킬 수 있다고 믿는다.

(2) 많은 비전
예술이 어떻게 인생을 변화시키고 삶을 회복시키는 데 도

움이 되는지에 관한 많은 비전이 존재한다. 사람들이 다양
한 예술 활동을 어떻게 건강을 위해 사용하고 실천하는지
를 연구하고 있다.

(3) 함께 일하기
네트워크를 통한 협력으로 모든 사람이 변화를 일으킬
수 있도록 노력한다.

(4) 폭넓은 커뮤니티 형성
폭넓은 커뮤니티를 만들어 성장시키고 지속시키기 위해
노력하며 이러한 폭넓은 커뮤니티가 진정한 변화를 일
으킬 수 있다고 믿는다.

(5) 지속성
새로운 것의 끊임없는 창조가 아닌 현존하는 기술을 통
해 포럼, 토론게시판, 원격교육, 소통, 그리고 소셜 네트
워킹을 통해 지속적이고 저비용의 기관을 만드는 것이
목표이다.

② 정보원

1) 퓨전(*FUSION*: The E-Zine for Planet Art Therapy)

퓨전이 유행하고 있다. 요리에서 다른 문화의 다양한 재료들과 기술들을 섞어 쓰고, 음악에서 재즈와 록음악을 섞고, 그리고 삶에서는 아이디어, 특성, 시각들을 섞어 새로운 창의적인 것을 발견한다. 이런 모든 경우에서 새로운 에너지와 새로운 것들이 탄생한다. *FUSION*은 인터넷 잡지로서 **Art Therapy Alliance**와 IATO의 멤버들 및 그들의 작품에서 영감을 얻었다. 뉴스, 이야기들, 그리고 미술치료에 관한 정보들을 수록하고 있다.

2) 미술치료 링크와 자료들(Art Therapy Links and Resources)

IATO는 미술 테라피, 치료를 위한 작품 활동, 건강을 위한 미술, 그리고 사회변혁에 관해 가장 많은 미술치료 링크와 자료들을 제공하고 있다.

(1) 미술 테라피 필름 페이지(Art Therapy Films Page)
미술 테라피에 관한 다양한 필름이 제공되고 있다.

(2) 미술 테라피 학교와 교육(Art Therapy Schools and Education)
① 미술 테라피 학교
학교와 나라마다 다르지만 미술 테라피는 보통 석사

나 박사과정에서 이루어지고 있다.

② 국제 미술 테라피 학교와 프로그램

Gradschools.com은 세계적으로 교육프로그램과 많은 정보를 연결해 주고 있으며, 그뿐만 아니라 다른 분야의 정보도 함께 제공하고 있다. 이 사이트 안에 있는 학교들은 대부분 미술 테라피 학위를 제공하고 있다.

③ 미국 미술 테라피 대학원(US Art Therapy Graduate School Programs-Masters & PhD Degrees)

Gradschools.com은 미국 대학원 교육프로그램에 관한 정보도 제공하고 있다.

- *Southwestern College-New Mexico*(예술치료/상담)
- *Pacifica Graduate Institute*(임상심리학 박사과정)
- *Notre Dame De Namur University*(예술치료)
- *University of Wisconsin-Superior*(예술치료)
- *Phillips Graduate Institute*(결혼 및 가정 치료/예술치료)
- *Argosy University*(예술치료)
- *Marywood University*(예술치료)
- *Emporia State University*(예술치료/상담)
- *Caldwell College*(정신건강상담 석사과정/예술치료)
- *Seton Hill Universit*(예술치료)
- *Nazareth College*(창의예술치료-예술치료)

- *Adler School Of Professional Psychology*(상담심리 석사과정: 예술치료)
- *Pratt Institute*(창의예술치료)
- *Colorado State University*(음악치료)
- *Naropa University*(예술치료)
- *Rochester Institute Of Technology*(친환경 판화)
- *School Of The Art Institute of Chicago*(예술치료)
- *University of Haifa*(예술치료)
- *Antioch University New England*(무용/운동 치료 석사과정)
- *School of Visual Arts*(예술치료)
- *Eastern Virginia Medical School*(건강 전문가 양성)
- *Saint Mary-of the Woods College*(예술치료)
- *Mount Mary Universiity*(예술치료)
- *Notre Dame De Namur University*(예술치료 박사과정)
- *Lesley University*(표현치료기법 석사과정)
- *Drexel University*(결혼 및 가정 치료 박사과정)
- *Ursuline College*(예술치료 및 상담)
- *Southern Illinois University*(예술치료 상담)
- *University of Western Sydney*(치료연구 및 상담)
- *Immaculata University*(음악치료)
- *Hofstra University*(창의예술치료)
- *University of Southern California*(작업치료 석사

및 박사과정)

- *Georgia College And State University*(음악치료)
- *Concordia University*(예술치료)
- *Prescott College*(표현예술치료)
- *Massachusetts College Of Art and Design*(Fine Arts 3D MFA)
- *Florida State University*(박물관 연구)
- *George Washington University*(예술치료)
- *University of Roehampton*(예술치료)
- *Cork Institute of Technology*(예술치료)
- *New York University*(음악치료)
- *Montclair State University*(음악치료)
- *Shenandoah University*(음악치료)
- *Whitecliffe College of Arts and Design*(예술치료 석사과정)
- *Temple University Graduate School*(음악치료)
- *East Carolina University*(음악)
- *Ottawa University Arizona*(전문상담)
- *Institute of Global Education*(자연치유)
- *Western Michigan University*(음악)
- *University of Limerick*(음악치료)
- *Winthrop University*(교육)
- *Southern Methodist University*(음악치료)
- *American University in Cairo*(아랍 연구: 이슬람

예술 및 건축)

- *Marylhurst University*(예술치료 상담)
- *La Trobe University*(예술 치료 프로그램)
- *International University Of Professional Studies* (표현예술치료)
- *University of Minnesota*(음악치료)
- *University of Western Sydney, Nepean*(예술치료)
- *University of Iowa*(음악치료)
- *University of Hertfordshire*(범죄 및 커뮤니티 안전)
- *Warnborough College*(미술 프로그램)
- *University of The Pacific*(음악치료)
- *University of Kansas*(음악치료)
- *Loyola University New Orleans*(음악치료)
- *Ohio University*(음악치료)
- *Vancouver Art Therapy Institute*(예술치료)
- *University of Miami*(음악치료)
- *Queen Margaret University*(예술치료)
- *Goldsmiths, University of London*(미술심리치료/ 춤 동작 치료)
- *University of Missouri-Kansas City*(음악치료)
- *Springfield College*(예술치료)
- *Université Laval*(시각예술)
- *Edith Cowan University*(예술치료)
- *University of Derby*(건강과 교육의 상호작용 예술)

- *LaTrobe University*(예술치료)
- *Albertus Magnus College*(예술치료)
- *University of Louisville*(예술치료)
- *Kutenai Art Therapy Institute*(예술치료)
- *Glasgow School of Art*(연구학위)

3) 미술 테라피 단체, 기관, 협회(Art Therapy Groups, Associations, and Organizations)

(1) International Art Therapy Websites
- Art Therapy Groups on LinkedIn
- The Art Therapy Alliance
- Art Therapy India
- Creative Arts Therapy in Latin America/Terapias Creativas en Latino América
- International Art Therapy Organization on LinkedIn
- International Art Therapy Research Collaborative

(2) General Interest Groups on LinkedIn
- Digital Art Therapy
- Medical Art Therapy
- Trauma and Loss

(3) International Art Therapy Organizations and Associations
- International Expressive Arts Therapy Association(IEATA)

예술가, 교육자, 상담가, 치료사를 통해 개인과 사회의 변화와 표현미술의 인식을 높이기 위해 표현미술을 심리치료나 정신건강에 사용하고 있다.

- International Association for Art, Creativity and Therapy(IAACT)

  예술가, 의사, 미술 테라피스트, 심리학자, 그리고 치료전문가들이 함께 정보를 공유하고 획득할 수 있도록 도와준다.

- International Society for the Psychopathology of Expression & Art Therapy(SIPE)

  국내와 국외의 정신의학, 미술 테라피, 심리학, 사회학 등의 연구들을 모아 링크를 제공하고 정보를 공유하는 데 목적을 둔다.

- The European Consortium for Arts Therapies(ECArTE)

  대학들의 협력단이다. 이의 목적은 유럽의 미술 테라피의 수준을 올리고 전문적으로 훈련시키기 위해 만들어졌다.

- The Australian Creative Arts Therapy Association(ACATA)

  비영리 단체이며 미술 테라피의 표준 기술을 정해 제공하고 있다. 또한 멤버 간에 소통, 정보교환, 그리고 많은 정보들을 제공하고 있다.

- Canada: Association of Art Therapists of Québec(AATQ), Ontario Art Therapy Association(OATA), British Columbia Art Therapy Association(BCATA.)

- Australia and New Zealand: Australian and New Zealand National Art Therapy Association(ANZATA)
- Latin America/South America: Chilean Art Therapy Association, Argentina Art Therapy Association
- United Kingdom: British Association of Art Therapists(BAAT)
- Italy: Art Therapy Italiana Association
- Spain: La ATe
- Ireland: Northern Ireland Group for Art as Therapy(NIGAT)
- Germany: Germany Association of Art Therapy
- Sweden: The Swedish National Association for Art Therapists(SBRT)
- Israel: The Israeli Association of Creative and Expressive Therapies(ICET)
- Hong Kong: The Hong Kong Association of Art Therapists(HKAAT)
- Taiwan: The Taiwan Art Therapy Association

4) 미술 테라피

미술 테라피는 건강, 지역사회, 정신 건강, 교육 및 여러 다른 곳에서 쓰인다. 특히 의학에서 많이 쓰이는 부분은 재난 구조, 트라우마, 자폐증, 정신 건강, 중독, 심리학적 학습평가, 신경과학, 미디어, 창의력, 가정폭력, 사회폭력 등이다.

ICAF

International Child Art Foundation

국제어린이예술재단

① 기구

1) 소재지

소재국가 미국

주   소 ICAF P. O. BOX 58133
          WASHINGTON, DC 20037

전   화 +1 202 530 1000

팩   스 +1 202 530 1080

홈페이지 http://www.icaf.org

2) 성격

국제어린이예술재단(International Child Art Foundation, ICAF)은 1997년 설립된 비영리기구로 본부는 워싱턴 D.C. 에 있다. 이 기구는 어린이의 창의성을 육성하고 그들의 공감을 발전시킴으로써 그들의 학문적 성과를 고양시키고 전 지구적 시민의식을 심어주는데, 이는 21세기 학습자들과 지도자들의 중요한 사명이다. 이 기구가 4년마다 개최하는 세계 아동 축제는 세계에서 가장 큰 국제 아동 기념행사이다.

3) 설립연혁

- 경제학자이자 ICAF의 설립자인 애쉬파크 이스하크(Ashfaq Ishaq) 박사는 항상 창의성에 관심을 두었고 기업가정신에 대한 연구가 이런 열정을 심화시켰다. 그는 경제가 생산성만을 다루고 창의성은 도외시한다는 것이 불만족스러웠다. 그는 선천적으로 창의적인 어린이가 성장하면서 창의력을 잃게 되는 원인을 알기 원했다. '4학년 슬럼프 현상'에 대한 폴 토렌스(E. Paul Torrence)의 장기적이고 문화적인 연구에 영감을 받아, 이스하크 박사는 아이들의 이런 슬럼프 극복을 돕기 위해 ICAF를 창설했다.

- ICAF는 미국 어린이들을 위한 최초의 국제 예술 기구가 되었고 세계 어린이들을 위한 최초의 국제 예술 기구가 되어, 미국 어린이들을 위한 국립 예술 및 창의성 기관으로, 그리고 전 세계 어린이들을 위한 국제 예술 및 창의성 기관으로 1997년부터 봉사해 왔다.

- ICAF의 프로그램은 어린이들의 상상력을 성장시키고, 고통을 치유하며 평화를 구축한다. 전 세계적으로 대략 500만 명의 어린이들이 지난 17년에 걸쳐 이 재단의 프로그

램을 통해 예술을 창조해 왔다. 이 재단은 미국 역사 속에서 가장 최초로 1998년 9월 워싱턴 D.C.에서 국제아동예술제를 개최했고, 어린이들의 공동창조 올림픽으로서 1999년부터 4년마다 내셔널몰(National Mall)[7]에서 세계아동축제를 개최해 왔다. 가장 창의적인 세계 기업들 중 일부가 재단을 후원해 왔지만, 독자들의 개인 기부를 통해서도 프로그램을 무료로 유지하고, 축제에 대중들이 자유롭게 참여할 수 있으며 재단이 발행하는 잡지 『아동예술(*ChildArt*)』을 광고로부터 자유롭게 운영하고 있다.

4) 비전 및 임무

1997년부터 ICAF는 아동들의 천부적 창의력을 고양시키고 본래 갖추고 있는 공감을 발전시키기 위해 예술의 힘을 사용해 왔다.

이 단체의 사명은 아동들의 창의력을 신장시키고 21세기 학습자들과 지도자들의 공감 - 비결 속성(empathy-key attribute)을 계발시킴으로써 학문적 연구의 질을 높이고 전 지구적 시민의식을 고취시키는 것이다.

---

7) 내셔널몰은 워싱턴 D.C.에 위치한 복합단지로서, 링컨기념과 스미스소니언 박물관, 각 연방정부 청사들, 국회의사당 등, 박물관, 기념관, 공연장 등의 건축물들이 집적되어 있다.

5) 프로그램

이 재단은 다음과 같은 목적들을 달성하기 위해 교사들을 훈련시키고 그들에게 구조적인 학습 계획을 제공한다.

(1) ICAF의 최고 프로그램은 예술 올림피아드이다. 8세에서 12세까지 어린이들을 위한 이 세계에서 가장 권위 있고 규모가 크다. 예술 올림피아드 우승자들은 워싱턴 D.C.의 내셔널몰에서 개최되는 세계 아동 페스티벌에서 자신들의 도시를 대표한다.

이러한 8세에서 12세까지의 아동들을 위한 가장 규모가 크고 권위가 있는 예술 올림피아드(Arts Olympiad)와 더불어 아동들의 건강한 생활 습관, 상상력 그리고 창의적인 비판적 사고를 함양한다.

(2) 예술을 통한 평화 프로그램(Peace through Art programs)은 휴머니티에 대한 젊은이들의 신뢰를 회복시킴으로써 분쟁지역에서의 폭력을 줄이기 위한 것이다.

예술을 통한 평화 프로그램은 어린이들이 평화와 공존의 중요성을 마음에 그릴 수 있도록 그들의 창의력을 활용한다. 이 프로그램의 목표는 지금 세대로부터 다음 세대에게 트라우마와 증오가 전달되는 것을 감소·방지하는 데 있다. 이 프로그램은 어린이들이 공동체를 위해 평화로운 미래를 함께 만들어 나갈 수 있도록 예술을 통해 공감을 형성하고 리더십 기술을 전수한다. 또한 분쟁지역에 살고 있는 어린이들의 휴머니티에 대한 신뢰를 바로잡는 것을 목표로 두고 있다.

(3) 치유 예술 프로그램(Healing Art programs)은 피해를 입은 공동체의 자연에 대한 신념을 회복시킴으로써 큰 자연재해를 뒤따르는 고통을 치유하기 위한 것이다.

치유 예술 프로그램은 2004년 12월 아시아에서 발생한 쓰나미에 대한 치유로 시작되었다. 9·11테러 생존자 중 어린이를 대상으로 한 치유프로그램들로부터 얻은 지식과 경험을 바탕으로 치유 예술 프로그램을 통해 쓰나미 생존 어린이들을 돕고 있다. 쓰나미 치유 예술 프로그램(The Tsunami Healing Arts Program)은 허리케인 카트리나 이후 카트리나 치유 예술 프로그램으로서 미국 걸프만까지 확대되었다. ICAF는 국제 개발공동체 속에서 자연재해에 대한 이해를 넓히기 위한 '파괴, 재건, 예방' 프로그램을 바탕으로 2005년에 세계은행 예술 프로그램(World Bank Arts Program)과 제휴관계를 맺은 바 있다.

6) 성과

① 80여 개국 5만여 명의 아이들이 독창적인 예술을 생산하도록 도왔다.
② 미국 역사상 최초의 전국아동예술제를 유치했다.

③ 어린이들이 직면할 수 있는 비만에 대한 위험, 창의성 상실에 대한 위험에 대해 다룰 수 있도록 창의적인 정신과 건강한 신체를 위해 예술-운동을 이상적 (Artist-Athlete Ideal)으로 개발하였다.

④ 어린이들의 전인적 발달을 위한 과학, 기술, 공학 그리고 수학에 대한 STEM(Science, Technology, Engineering, Mathematics) 훈련을 통해 예술과 스포츠를 통합하는 STEAMS(Science, Technology, Engineering, Arts, Mathematics, Sports) 교육을 개척하였다.

⑤ 어린이들의 상상력 올림픽으로서 1999년부터 4년마다 워싱턴 D.C.의 내셔널몰에서 개최되는 세계 아동 페스티벌을 기획하였다.

⑥ 어린이들의 예술 공개 및 협의회에서 활동하는 어린이들은 세계의 리더로서 인정을 받았다.

② 정보원

1) *ChildArt*

*ChildArt*는 단 하나의 상업광고도 싣지 않고 1998년부터 연 4회 출판되는 독특한 가정잡지이다. 호마다 이 잡지는 창의성을 육성하고 전 지구적 이해력을 신장시키기 위해 중요한 주제에 초점을 맞춘다. *ChildArt*는 창의력이 풍부한

우리의 지도자들이 직접 다음 세대에게 이야기를 전하고 아이들이 이런 지도자들로부터 평생 축적한 경험과 전문적 지식을 배울 수 있는 매우 특별한 통로이다. 특히, 10세에서 12세 어린이를 대상으로 만들어진 *ChildArt*는 부모들과 교사들이 더 나은 세상을 위해 창의력과 공감할 수 있는 능력을 배양하도록 돕는다. 이 잡지의 화려한 시각자료와 디자인은 모든 연령대의 사람들에게 읽기의 즐거움을 더해 준다. *ChildArt*는 STEAMS 교육을 증진시키는 데, 여기서 A와 S는 각각 Arts(예술)와 Sports(운동)에서 가져왔고, 전인적 아동 교육을 위한 STEM[8] 원리에 통합된 것이다.

2) 보도 자료

ICAF는 여러 기구에 관련된 자료나 기사들을 PDF 파일 형태로 제공하고 있으며, 발행 날짜와 담고 있는 내용은 다음과 같다.

- February 5, 2013: 제5회 예술 올림피아드(2013~2016)에서 공연한 ARTBEAT 관련 기사
- January 20, 2013: ICAF의 역사와 비전에 대한 CyberTherapy와 *Rehabilitation Journal*과 이스하크 박사와의 대담
- December 14, 2012: "우리가 예술이다(We Are The Art)"

---

8) '스탬(STEM)'이란 과학(Science), 기술(Technology), 공학(Engineering), 수학(Mathematics)을 통틀어 일컫는 말이다.

뮤직비디오 관련 자료

- November 2, 2012: 허리케인 샌디(Sandy) 관련 자료
- September 12, 2012: 여덟 살짜리 작가 관련 자료
- July 20, 2012: 런던 올림픽을 경축하는 예술 올림피아드 전람회 관련 자료
- March 19, 2012: 3,000명 이상이 참석한 ICAF Youth Board Members Host Exhibition 관련 자료
- March 6, 2012: 일본 가나자와현에서 개최된 국제 아동 예술제 관련 자료
- February 12, 2012: 창의력 육성과 전 지구적 공감 개발(Nurturing Creativity and Developing Empathy Globally) 기사
- November 1, 2011: 미국 연방체육대학원의 시상 관련 기사
- October 5, 2011: WACOM의 "천 개의 숲(A Thousand Forests)" 캠페인 관련 자료
- Oct 1, 2011: 2011년 세계아동축제에 대한 *ChildArt* 리뷰 샘플 자료
- May 25, 2011: Top Teen과 Tween Performers를 특집으로 다룬 WCF 2011
- May 2, 2011: 보도참고자료 WCF 2011
- February 14, 2011: "세계무대(World Stage)"에서 공연하기 위해 경합을 벌이는 젊은 음악가들 관련 자료
- December 2, 2010: 세계 아동 축제관련 업데이트 자료
- July 10, 2010: 쇠퇴하는 미국 창의성에 대한 기사 자료
- March 24, 2010: 아이티와 칠레를 위한 치유 예술 프로그

램 관련 자료

3) 참고 사이트

ICAF는 본 기구와 연관성이 있는 여러 기구 및 단체들을 다음과 같이 제공하고 있다.

(1) 북아메리카

- *Canadian Society for Education through Art*
- *National Gallery of Canada*
- *All Art Schools*
- *Americans for the Arts*
- *Art Resources*
- *Chemistry for Kids*
- *Dib Dab Doo and Dilly Too*
- *Haring Kids*
- *International Collection of Child Art*
- *Long Lake Camp for the Arts*
- *MOCHA*
- *MoMA Art Safari*
- *National Art Education Association*
- *NGA Kids*
- *Reach Every Child*
- *The Official Kids Portal for the U.S. Government*

(2) 아시아

- *Gallery of Indonesian Children's Art*
- *Art Education in Japan World School Galleries*

(3) 유럽

- *International Society for Education through the Arts in Europe*
- *Saksala ArtRadius*
- *AllaprimA Foundation*
- *Imaginate Children's Festival*
- *The Art Newspaper*
- *The Art School and Program Directory*
- *D'Art*
- *Global Children's Art Gallery*
- *Grove Dictionary of Art*
- *Home School Arts*
- *International Drama/Theater Education Association*
- *International Society for Education through the Arts*
- *Kids Space*

ICI

Independent Curators International

국제독립큐레이터협회

① 기구

1) 소재지

소재국가 미국

주   소 Independent Curators International

401 Broadway, Suite 1620

New York, NY 10013

전   화 +1 212 254 8200

팩   스 +1 212 477 4781

홈페이지 http://www.curatorsintl.org

전자우편 info@curatorsintl.org

2) 성격

국제독립큐레이터협회(Independent Curators International, ICI)
는 전 세계 다양한 청중들을 위해 전시회, 행사, 출판 그리
고 훈련 기회들을 제공한다. 독립적 사고를 위한 촉매제인
ICI는 숙련된 큐레이터들, 예술가들 그리고 기관들을 서로
연결하여 국제적 네트워크를 구축하고 새로운 형태의 공동
작업을 구축한다. 해당 영역에서 일어나는 현재의 발전에
중요한 사람들, 생각들, 실천들로 접근할 수 있게 해주는
허브 역할을 맡고 있다.

3) 설립연혁

국제독립큐레이터협회는 니나 선델(Nina Sundell)과 수잔 솔
린스(Susan Sollins)에 의해 1975년 설립되었다. 니나와 수잔
은 당시 예술계에서 사라지고 있는 것에 초점을 두기로 선
택한 사람이었다. 이들은 미국 중심부를 벗어난 곳에서는
양질의 예술작품을 대상으로 하는 현대적 전시회를 보는
것이 매우 어렵다는 것을 알았기에, 그들 자신 혹은 다른
큐레이터들에 의해 조직된 전시회들을 개발하였는데, 그들
은 전국을 순회하며 전시회를 개최하였다. 28년을 넘게 ICI
와 함께 했던 주디스 올치 리처즈(Judith Olch Richards)가
1997년부터 2009년까지 상임이사직을 맡았다. 케이트 파울
(Kate Fowle)이 2009년 6월 상임 이사직을 맡았고, 올 봄 그
녀는 무소임 이사가 되었다. 르노와 프로치(Renaud Proch)

가 2013년 4월 1일 부회장에서 회장으로 승진되었다.

4) 전시회 활동

ICI는 전 세계 예술가들, 큐레이터들, 그리고 공동체들과 함께 순회 전시회를 공동으로 개최한다. ICI 전시회의 모든 버전은 개최하는 곳과 공동체의 참여에 따라 상이하며 ICI에서 개최하는 전시회들은 상호 교류와 많은 이들의 결합된 시각으로 이끌어지는 큐레이터의 방향을 고려한다. 이것은 ICI가 제공하는 예술작품이 현대 예술의 영역에서 중요한 발전을 반영하고 ICI의 전시회들이 서로 다른 예술적 목소리들과 견해들을 위한 플랫폼이라는 것을 반영한다. ICI는 지난 38년 동안 128회에 걸쳐 순회전시를 개최하였고 3,700명 이상의 예술가들과 큐레이터들의 작품들을 널리 알렸다. 이 작업은 49개 주와 전 세계 42개국의 478곳에 달하는 박물관, 대학 미술관 그리고 아트센터와의 협력을 통해 이뤄졌는데, 그 국가들에는 아르헨티나, 오스트레일리아, 브라질, 캐나다, 체코 공화국, 덴마크, 프랑스, 독일, 영국, 홍콩, 아이슬란드, 이스라엘, 이탈리아, 라트비아, 리투아니아, 멕시코, 뉴질랜드, 폴란드, 스페인, 스웨덴, 타이완, 그리고 서사하라가 포함된다. 거의 6백만 명의 사람들이 경험했던 이 전시회들과 행사들은 광범위하게 지역적·국가적·국제적 언론을 매료시켰다.

5) 큐레이토리얼 인텐시브(Curatorial Intensive)

2013년, 19개국과 미국 내 13개주의 37곳에서 10회의 ICI 전시회가 개최되었다. 66명의 큐레이터들과 예술가들은 ICI 회담, 공공 프로그램 그리고 연구 계획에 기여하였고 33개국 이상의 국가들과 미국의 8개 주의 94명의 큐레이터들이 ICI 단기 전문가 훈련 프로그램인 큐레이토리얼 인텐시브에 참석했다.

54개국과 미국의 21개 주에 기반을 두고 있는 ICI 큐레이토리얼 인텐시브 프로그램은 현재까지 총 257명이 수료하였다. ICI는 큐레이터 네트워크를 통해 현재의 프로젝트들과 전시회들에 대한 최신 정보를 갖추고 있다.

② 정보원

ICI는 순회 전시회를 보조하기 위해 양질의 출판물을 만드는 데 노력을 기한다. 70종 이상의 출판물의 리스트를 홈페이지에서 확인할 수 있다.

1) 큐레이터 네트워크(Curator's Network)

큐레이터 네트워크는 55개국 출신의 400명 이상과 함께하는 ICI 전문 회원 프로그램이며, 그들은 모두 국제적 연결망을 통해 그들의 관심사와 연구를 구축·개방·공유하는 전문가들이다. 전 세계 큐레이터들의 온라인 커뮤니티로서,

ICI는 국제적 교류 및 대화를 가능하게 한다. 큐레이토리얼 허브(Curatorial Hub)의 개통과 더불어 온라인과 뉴욕 등에서 프로그램들이 진행되고 있다.

2) ICI 큐레이터 도서관(ICI Curatorial Library)

큐레이토리얼 허브와 마찬가지로 큐레이터 도서관은 국제적인 큐레이터 실천 렌즈를 통해 현대 예술에서 최근의 발전을 문서화하는데 봉사하고 있다. ICI 큐레이터 도서관은 연구 및 뉴욕에 거주하고 있거나 뉴욕으로 들어오는 큐레이터들을 위한 접근 용이한 원천을 위한 도구로서 자리매김하고 있다. 게다가 ICI 도서관은 클레오파트라 도서관(Cleopatra's Library)의 영주지이다.

클레오파트라 도서관은 (뉴욕시의 다섯 행정구의 하나인) 브루클린에 본부를 두며 공동 예술 구역을 구축하고자하는 프로젝트를 2008년에 시작하게 되었는데, 참고 도서관의 설립에 참여하기를 도서관 관계자 모두가 원했던 300인 이상의 큐레이터들을 초청함으로써 성사되었다. 그때부터 끝없이 확장되는 도서관은 대중 개방 정보원으로서 기능해오고 있다. 다양한 예술분야에 조예가 깊은 다양한 동료, 멘토, 친구, 전문가에 의한 소중한 기여와 더불어 시간이 거듭될수록 공고한 토대를 다져오고 있다.

300명의 큐레이터 모두는 선별작업에 참여하고, 그들의 개인적 관심사를 나타내며, 그들이 가장 강하게 생각하는 염려 사항들 혹은 그들을 고무시키는 철학적, 이론적, 미학적 움직임들을 나타내도록 요청을 받았다. 이러한 프로젝트는 ICI 국제 네트워크의 일부인 큐레이터들의 기부와 더불어 계속하여 진화하고 있다. ICI 도서관은 빠르게 발전하고 있으며, 소장 자료들은 ICI 웹사이트상에서 접근할 수 있는 온라인 검색 엔진을 통해 검색할 수 있다.

(1) 출판물
- *Allen Ruppersberg Sourcebook: Reanimating the 20th century*
- *do it: the compendium*
- *Thinking Contemporary Curating*
- *Martha Wilson Sourcebook*
- *People's Biennial 2010*
- *The Storyteller*
- *Mixed Signals: Artists Consider Masculinity in Sports*
- *Slightly Unbalanced*
- *The New Normal*
- *Phantasmagoria: Specters of Absence*
- *Jess: To and From the Printed Page*
- *Shoot the Family*
- *Space Is the Place*
- *What Sound Does a Color Make?*
- *Situation Comedy: Humor in Recent Art*

- *Beyond Green: Toward a Sustainable Art*
- *Inside the Studio: Two Decades of Talks with Artists in New York*
- *Likeness: Portraits of Artists by other Artists*
- *Walk Ways*
- *My Reality: Contemporary Art and the Culture of Japanese Animation*
- *Power of the Word*
- *Beyond Preconceptions: The Sixties Experiment*
- *Painting Zero Degree*
- *Irish Art Now: From the Poetic to the Political*
- *Embedded Metaphor*
- *At the Threshold of the Visible*
- *Meret Oppenheim: Beyond the Teacup*
- *Multiple Exposure: The Group Portrait in Photography*
- *Monumental Propaganda*
- *Critiques of Pure Abstraction*
- *After Perestroika: Kitchenmaids or Stateswomen*
- *Empty Dress: Clothing as Surrogate in Recent Art*
- *From Media to Metaphor: Art About AIDS*
- *No Laughing Matter*
- *A Different War: Vietnam in Art*
- *Team Spirit*
- *Through the Path of Echoes: Contemporary Art in*

Mexico

- *Hybrid Neutral: Modes of Abstraction and the Social*
- *Morality Tales: History Painting in the 1980's*
- *Line and Image: The Northern Sensibility in Recent European Drawing*
- *After Matisse*
- *Video Transformations*
- *Drawings: After Photography*
- *Art Materialized*
- *FAX*
- *Experimental Geography*
- *High Times, Hard Times: New York Painting 1967~ 1975*
- *100 Artists See God*
- *The Paper Sculpture Book*
- *Mark Lombardi: Global Networks*
- *UnNaturally*
- *Pictures, Patents, Monkeys, and more… On Collecting*
- *Lee Krasner*

(2) 저널

- *RECURATING, REMAKING, REDOING*
- *TOWARDS AN ETHICS OF RECURATION*

- *REMCO DE BLAAIJ: TRAVEL JOURNAL*
- *MIGUEL AMADO: REPORT FROM ANGOLA AND MOZAMBIQUE*
- *ON EXHIBITION WITHOUT OBJECTS - FLATNESS, FILE SIZE, AND HARD DRIVES*
- *SCORES FOR INSTALLATIONS: CONVERSATION WITH ROBERT FLECK*
- *BETWEEN THE POLITICIZATION OF ART AND THE AESTHETICS OF POLITICS*
- *MUD TO CONCRETE: A REPORT ON MY CITY*
- *GL(ITCH): SCANOPS*
- *GL(ITCH)*
- *INTERVIEW WITH DORYUN CHONG, GERRIT LANSING INDEPENDENT VISION AWARD RECIPIENT*
- *PROYECTO COYOTE*
- *PERFORMANCE AND REPERFORMANCE*
- *NOTES FROM THE EDGES OF BEIJING*
- *PROJECT 35: INTERVIEW SERIES*
- *CONTEMPORARY ART IN TIMES OF SOCIAL CRISIS*
- *THE DOUBTING CITY: ARTISTS AND THEIR SEARCH FOR FORGOTTEN PLACES IN BERLIN*
- *NOTES TOWARDS A LEXICON OF URGENCIES*
- *SPECTERS OF SAN FRANCISCO MAGAZINES*
- *ARTISTS AS ENGINEERS IN VIETNAM*

- *EXPERIMENTAL PEDAGOGY AND ART PRACTICE IN MEXICO*

(3) 미디어룸
- ART ON AIR: TERRY SMITH &PAUL O'NEILL, CURATORIAL THOUGHTS
- ART ON AIR: DANA LEVY WORLD ORDER
- ART ON AIR: CURATING BEYOND EXHIBITION MAKING
- ART ON AIR: TAKE 4: MURTAZA VALI
- ART ON AIR: TERRY SMITH & SOFIA HERNÁNDEZ CHONG CUY
- ART ON AIR: THE REANIMATION LIBRARY
- ART ON AIR: JOHN MENICK AND YUSEF MISDAQ
- ART ON AIR: KARI CONTE AND FLORENCE OSTENDE
- ART ON AIR: THE CURATOR'S PERSPECTIVE: CHUS MARTÍNEZ, SKEPTICISM
- ART ON AIR: THE CURATOR'S PERSPECTIVE: MAMI KATAOKA
- ART ON AIR: TERRY SMITH &CAROLYN CHRISTOV-BAKARGIEV
- ART ON AIR: THE CURATOR'S PERSPECTIVE: KATHRIN RHOMBERG
- ART ON AIR: THE CURATOR'S PERPECTIVE:

MARIA LIND

- ART ON AIR: THE CURATOR'S PERSPECTIVE: ROSINA CAZALI(GUATEMALA)
- ART ON AIR: THE CURATOR'S PERSPECTIVE: RODRIGO MOURA
- ART ON AIR: THE CURATOR'S PERSPECTIVE: JACK PERSEKIAN
- ART ON AIR: THE CURATOR'S PERSPECTIVE: HOU HANRU
- ART ON AIR: MARTHA WILSON, FRANKLIN FURNACE
- ART ON AIR: PAUL CHAN AND PHILIPPE VERGNE, EXHIBITION MACHINES
- ART ON AIR: ZDENKA BADOVINAC, MODERNA GALERIJA LJUBLJANA
- ART ON AIR: WENG CHOY LEE
- ART ON AIR: THE CURATOR'S PERSPECTIVE: A CONVERSATION WITH BISI SILVA

ICOGRADA

International Council of Graphic Design Association

국제그래픽디자인협의회

☐ 기구

1) 소재지

소재국가   캐나다

주   소   455 Saint Antoine Ouest, Suite SS 10 Montréal,
Québec
H2Z 1J1 Canada

전   화   +1 514 448 4949 ext. 221

팩   스   +1 514 448 4948

전자우편   info@icograda.org

홈페이지   http://www.icograda.org

2) 성격

국제그래픽디자인협의회(International Council of Graphic Design Association, ICOGRADA)는 International Council of Design(ico‐D)라고도 하며 비영리 민간 국제조직으로서 전 세계 67개국에서 200개 이상의 단체들을 대표하는 세계 최대 규모의 디자인 협회이다.

3) 설립목적

ICOGRADA는 1963년 세계 각국 그래픽디자이너 및 관련 단체들의 교류와 협력, 권익 신장 등을 위해 영국 런던에서 설립되었다.

4) 비전 및 가치

국제그래픽디자인협의회는 전 세계 도처의 제도적, 문화적 그리고 사회적 차이들을 고려하면서, 다음과 같은 목적들을 가지고 있다.

- 커뮤니케이션 디자인을 위한 초당파적 및 비정부 대표체 그리고 국제적 자문 단체이고자 한다.
- 더욱 광범위한 디자인 공동체 내에서 책임 있는 방식을 통해 커뮤니케이션 전문 디자이너들의 이익을 대표한다.
- 커뮤니케이션 디자인 개업을 관장하는 전문적 기준과 최고의 개업을 명백히 하고 증가시킨다.
- 디자인을 통해 인간애와 생태학의 최고의 이익을 증진시킨다.

- 필수불가결한 직업으로서 개개인, 고객 그리고 사회 전
반에 의한 디자인의 인식과 존중을 촉진한다.
- 지식 경영을 도모한다.
- 특히, 국제디자인연맹의 비전, 사명 그리고 목적들을 주
창하면서 디자이너들의 조직들 및 동맹 단체들 가운데
협력을 조성한다.
- 커뮤니케이션 디자인 교육(이론, 실제 및 연구)의 발전을
지원한다.
이 협의회의 비전, 사명 및 핵심 가치들은 디자인을 혁신
적인 변화를 위한 매개체로서 솔선수범하여 사용하려는
자세를 통해 명백해진다.

5) 관련 분야 정의

2005~2007년까지 국제그래픽디자인협의회 중역회의와 사
무국은 이 단체의 핵심 문서들에 대한 정책 검토 작업에
착수했다. 가장 중요한 결과물들 중 하나는 직종의 정의를
업데이트하는 것이었다. 새로운 정의는 실천의 영역들에
대한 우리의 이해를 넓히는 동시에, 인공물을 생산하는 디
자인에 주력하는 것으로부터 커뮤니케이션을 시각적 형태
에서 가능케 하는 전략적 과정으로서의 디자인까지 전 지
구적 이동을 나타낸다.

(1) 커뮤니케이션 디자인

커뮤니케이션 디자인이란 이미지 생산뿐만 아니라 커뮤니케이션 문제들에 대한 시각적 해결책 제시의 분석·조직·방법과도 관련되어 있는 지적이고 기술적이며 창조적인 활동이다.

(2) 커뮤니케이션 디자이너

커뮤니케이션 디자이너란 감수성, 기술, 경험 또는 시각 커뮤니케이션의 모든 수단을 통한 재생산을 위한 디자인 혹은 이미지를 전문적으로 창조해낼 수 있는 훈련을 받은 사람이다. 그리고 그래픽 디자인, 일러스트레이션, 타이포그라피, 캘리그라피, 포장 디자인, 또는 문양, 서적, 광고 및 홍보물 디자인, 방송, 쌍방향, 환경 디자인, 시각 커뮤니케이션의 모든 형태와 관련되어 있는 사람일 수도 있다.

(3) 그래픽 디자인 프로세스

그래픽 디자인 프로세스는 창의력, 혁신, 기술적 전문 지식을 필요로 하는 문제 해결 과정이다. 고객의 재화 또는 용역 및 목적, 그들의 경쟁 상대, 목표층에 대한 이해는 모양, 색상, 상(像), 타이포그라피, 공간의 조작, 결합, 활용으로부터 만들어지는 시간적 해결책으로 나타난다.

(4) 그래픽 디자인

그래픽 디자인은 커뮤니케이션, 기술, 비즈니스 영역에서 시각적 감수성을 기술 및 지식과 결합시키는 학제적이고 문제 해결적인 활동이다. 그래픽 디자인업 종사자들은 커뮤니케이션과 방향을 원조하기 위해 시각 정보에 대한 구성과 조직화를 전문적으로 다룬다.

6) 국제그래픽디자인협의회 기록관

- 국제그래픽디자인협의회 기록관

국제그래픽디자인협의회 기록관은 영국의 브라이튼 대학교가 보유하고 있다. 이것은 국제그래픽디자인협의회의 포스터 소장품, 도서관 보유자산, 협의회의 관리, 행정, 교육 활동에 관한 중요한 문서들로 구성되어 있다. 포스터 수집물은 1960년대 초반부터 1980년대 후반기까지 33개국 1,500장 이상의 포스터들을 포함하고, 디자인의 주류 역사에서 간과되어 왔던 국가들의 영상 역사물의 측면을 연구할 기회를 제공한다.

국제그래픽디자인협의회 기록관은 FHK Henrion 기록관, James Gardner 기록관, 디자인협의회 기록관, 사진 도서관과 제휴를 맺고, 브라이튼 대학교가 수집하고 관리하는 가상적인 20세기 디자인 기록의 주요 저장소로서 기여한다.

- 디자인역사 연구센터

브라이튼 대학교의 디자인역사 연구센터는 기록 보관소
로서 상당한 명성을 얻었다. 디자인역사 연구센터는 출
판, 전시, 세미나의 형태로 연구를 촉진한다. 이곳은 실
습에 대한 교수 및 학습부터 예술인 연수 교육에 이르기
까지 광범위한 프로젝트를 지원한다. 국제그래픽디자인
협의회와 맺은 협정의 일부로, 디자인역사 연구센터는
역사적 및 전문적 중요성을 지닌 자료를 보관하고 있는
기록 보관소의 체계적 발전을 통해 국제그래픽디자인협
의회에 대한 더욱 방대한 지식과 이해, 그리고 연구를 촉
진시키는 역할을 할 것이다.

7) 국제그래픽디자인협의회 운영위원회

1991년, 국제그래픽디자인협의회 창립의회장 Willy de Majo
는 자신이 사망하기 바로 전, 글래스고 국제 디자인 르네상
스 회의에서 정식으로 착수된 국제 디자인 기록관 및 연구
센터 프로젝트를 위해 국제그래픽디자인협의회 운영위원회
를 설치했다. 1996년에는 디지털 형태로 기획된 기록 보관
소를 발전시키고자 추구한 정책 문건을 발표했다. 이 문건
의 제목은 '디지털 불멸: 20세기 세계 정상 디자이너들의
작품을 캡슐에 넣기'이다.

그들의 주된 목표는 국제그래픽디자인협의회 기록 보관소
네트워크를 설치하고 포괄적인 국제그래픽디자인협의회 기

록 보관소를 설립하여 앞으로 세대들을 위한 교수 도구로
서 기록보관소를 활용할 수 있는 목표를 가지고 현대 그래
픽 디자인의 문화적 역사를 계속 유지하는 것이다.

1993년, 국제그래픽디자인협의회 기록 보관소 위원회는
FHK Henrion에 대한 CD-ROM을 만들어냈다. 또한 위원회
는 기록 보관소 프로젝트의 일환으로 미래의 발전을 위한
수많은 선두적 디자이너들과의 비디오 인터뷰를 만들어내
기도 했다.

8) 국제그래픽디자인협의회 재단

국제그래픽디자인협의회(ICOGRADA) 재단은 그래픽 디자
인의 효과적 활용을 통해 전 세계적인 이해와 교육의 발달
을 위해 1991년에 설립되었다. 국제그래픽디자인협의회 재
단은 등록번호 제100388로, 영국에서 보증된 유한 책임 회
사이다. 그리고 이 재단은 잉글랜드 및 웨일즈 자선사업 감
독위원회에 등록된 자선단체이며, 법인 후원, 개인 기부,
유증 재산, 다양한 모금 활동을 통해 기금을 마련한다. 재
단은 학생들이 국제그래픽디자인협의회 행사에 참여할 수
있도록 적정 수준의 장학금을 수여함과 동시에 세미나와
행사들을 조직해 왔다.

9) 협의회 역사

2년에 한 번씩 개최되는 국제그래픽디자인협의회(ICOGRADA) 세계 디자인 의회는 커뮤니케이션 디자인 직업을 형성하는 현재의 트렌드와 사유를 탐구하기 위한 국제적인 공동체를 모았다. 1981년 이래로 국제그래픽디자인협의회는 공유된 대화 속에서 디자인 분야들을 아우르는 공동 의회를 6년마다 조직하기 위해 Icsid 및 IFI와 협력해 왔다. 2011년 IDA 총회 개회식이 국제그래픽디자인협의회 세계 디자인 의회를 대신하였다.

10) 국제그래픽디자인협의회 중역 회의

국제그래픽디자인협의회 중역 회의는 2년에 한 번씩 개최되는 국제그래픽디자인협의회 총회에서 국제그래픽디자인협의회 회원 단체들이 정히 임명하고 선출한 개인들로 구성된다. 중역 회의의 회원들은 국제그래픽디자인협의회의 임무를 진행시키기 위해 시간과 노력을 기부하면서 자발적인 재능을 통해 봉사한다. 중역회의는 전형적으로 전 세계 서로 다른 지역에서 1년에 4회 개최되는데 지역 회의, 세미나, 또는 계획된 다른 국제그래픽디자인협의회 행사 혹은 회원 행사와 함께 진행된다.

② 정보원

1) 문서 도서관(Document library)

국제그래픽디자인협의회와 전 세계 67개의 국가들과 지역들의 회원들이 정보원 도서관을 만들었으며 아래 자료들은 다운로드하여 열람이 가능하다.

(1) 우수 실행 문서(Best Practice Papers)
- *code of conduct*
- *competition guidelines*
- *conference guidelines*
- *exhibition guidelines*
- *juror guidelines*
- *PROCUREMENT: SOLICITING WORK FROM PROFESSIONAL COMMUNICATION DESIGNERS*
- *SAMPLE CONTRACT*

(2) 디자인 교육선언(Design Education Manifesto)
- *Icograda Design Education Manifesto*
- *Social Animals: Tomorrow's Designers in Today's World*
- *Designing Our Future. A Report on Tertiary Design Eduction in Victoria*

(3) 디자인 정책(Design Policy)

- *[AdA] Launch Report(Australia)*
- *VICTORIAN DESIGN ACTION PLAN 2011~2015 (AUSTRALIA)*
- *Queensland Design Strategy 2020(Australia)*
- *Innovation By Design: The economic drivers of dynamic regions(Australia)*
- *The Vision of the Danish Design 2020 Committee (Denmark)*
- *Danish Design Policy(Denmark)*
- *India Design Policy(India)*
- *Korean Design Policy(South Korea)*
- *Report of the US National Design Summit(United States)*
- *Creativity, Design and Business Performance Report(UK)*
- *The Status of Creative Industries in Japan and Policy Recommendations for Their Promotion(Japan)*
- *Economic Contributions of Singapore's Creative Industries(Singapore)*
- *R&D STRATEGY FOR CREATIVE INDUSTRIES - A DISCUSSION PAPER*
- *Nordic Design for a Global Market*
- *DESIGN SECTOR BOUNCES BACK*
- *DESIGN OPPORTUNITIES OF SWITZERLAND*
- *Country Report: The Swedish Design Industry(Sweden)*

- *DESIGN FOR ALL: EDUCATION AND RESEARCH POLICIES IN EU AND USA*
- *The challenge of assessing the creative economy towards Informed policy making*

(4) 지적재산권(Intellectual Property)
- *Protect Your Creative*
- *Hands off my Design*
- *WIPO Magazine*
- *WIPO GOLD*

(5) 지역 보고서(Regional Reports)
- *Estudio del impacto económico del diseño en España (Spain)*
- *Design in ICT: An explanatory study on the value added of Design in the Dutch ICT Sector (The Netherlands)*
- *Design Diagnosis (Norway)*

(6) 연구 정보원(Research Resources)
- *FIVE YEARS ON. VICTORIA'S DESIGN SECTOR 2003~2008(AUSTRALIA)*
- *THE PLACE OF DESIGN: EXPLORING ONTARIO'S DESIGN ECONOMY(CANADA)*
- *A STUDY ON THE FRAMEWORK OF HONG*

KONG DESIGN INDEX(HONG KONG)

- *DESIGN EFFECTIVENESS(THE NETHERLANDS)*
- *DESIGN DIAGNOSIS(NORWAY)*
- *UK DESIGN INDUSTRY RESEARCH 2010(UNITED KINGDOM)*
- *CREATIVE ECONOMY REPORT 2008: THE CHALLENGE OF ASSESSING THE CREATIVE ECONOMY TOWARDS INFORMED POLICY-MAKING(INTERNATIONAL)*
- *WOMEN IN DESIGN(INTERNATIONAL)*

(7) 지속가능한 실천(Sustainable Practice)

- *ICOGRADA'S RESOLUTION ON SUSTAINABLE COMMUNICATI ON DESIGN*
- *GDC'S WORKING DEFINITION FOR SUSTAINABLE COMMUNI CATION DESIGN*
- *INTEGRATING SUSTAINABILITY INTO DESIGN EDU-CATION: THE DESIGNERS ACCORD TOOLKIT*
- *LIVING PRINCIPLES FOR DESIGN*
- *SEGD'S GREEN RESOURCE GUIDE*
- *RE-NOURISH SUSTAINABLE PRINT PROJECT ST-ANDARDS*
- *RE-NOURISH SUSTAINABLE DIGITAL PROJECT STANDARDS*
- *RE-NOURISH SUSTAINABLE DESIGN STUDIO ST-*

ANDARDS

- *RE-NOURISH SUSTAINABLE PRINTER STANDARDS*

2) IDMN(국제디지털미디어네트워크)

(1) 아프리카

① 남아프리카 공화국

- *DESIGN>MAGAZINE*

(2) 아시아

① 중국

- *360° Concept & Design Magazine*
- *New Graphic Magazine*
- *Package & Design*
- *Visionunion*

② 홍콩

- *IdN Magazine*
- *Newwebpick Magazine*

③ 인도

- *Pool Magazine*

④ 이란

- *Neshan*

⑤ 레바논
- *Arab Ad*

⑥ 싱가포르
- *Design TAXI*

⑦ 터키
- *Grafik Tasarim magazine*

(3) 유럽
① 체코공화국
- *TYPO*

② 프랑스
- *étapes: international*
- *étapes:*

③ 독일
- *novum-World of Graphic Design*

④ 그리스
- *+design*

⑤ 이탈리아
- *ARTLAB*

⑥ 네덜란드
- *Arabic Typography*
- *Information Design Journal*
- *Output:*

⑦ 폴란드
  - *2+3D grafika plus produkt*
⑧ 러시아
  - *Identity*
⑨ 슬로베니아
  - *Emzin Institute of Creative Production/Emzin zavod za kreativno produkcijo*
  - *KLIK Creativity and innovations magazine*
⑩ 스페인
  - *étapes:*
  - *d[x]i Magazine*
⑪ 스위스
  - *form*

(4) 남미
  ① 아르헨티나
    - *90+10 Magazine*
  ② 브라질
    - *Evista abcDesign/abcDesign Magazine*
    - *Zupi*

(5) 북미
  ① 캐나다
    - *Ego Design*

- *Applied Arts magazine*
- *Grafika*
- *Netdiver*
- *Urbania*

② 미국

- *3x3*
- *Aperture Magazine*
- *Behance Network*
- *Communication Arts*
- *Creative Quarterly, The Journal of Art & Design*

(6) 오세아니아

① 호주

- *Curve*

3) 미디어 목록

국제그래픽디자인협의회는 IDMN(국제디지털미디어네트워크)에 참여하고 있지 않은 단체들의 목록도 아래와 같이 제공하고 있다. 링크를 통해 해당 단체에서 발행하고 있는 출판물뿐만 아니라 활동 현황도 파악할 수 있다.

(1) 아프리카

① 남아프리카 공화국

- *Design Indaba Magazine*
- *Drop2wo*
- *I-Jusi*
- *Swikiri*

(2) 아시아

① 인도

- *exchange4media*

② 일본

- *Axis Magazine*
- *Human Ad*
- *Idea Magazine*
- *Nikkei Design*
- *Ningen.com*
- *NOC*

③ 태국

- *Art4d*

④ 터키

- *Yapi Malzeme*

(3) 유럽

① 체코공화국

- *Czechdesign.cz*
- *Design Trends*

- *Grafika*
- *Strategie*
- *The Font*
- *TYPO*

② 덴마크

- *Kunstuff*

③ 프랑스

- *Pyramyd*
- *Tribu-design*

④ 독일

- *AGD Quarterly*
- *Castle*
- *novum - World of Graphic Design*
- *+design*

⑤ 헝가리

- *Hungary-Epitesz Forum*

⑥ 아일랜드

- *Image*

⑦ 이탈리아

- *Abitare*
- *ARTLAB*
- *Auto & Design*
- *Colors Magazine*
- *Design Village*

- *Domus*
- *Ottagono*
- *Sugo Magazine*
- *Vogue Italia*
- *yo-yoll.net/magazine*

⑧ 네덜란드

- *Arabic Typography*
- *Archis*
- *dot dot dot*
- *Graphic*
- *Information Design Journal*
- *Items*
- *Output:*
- *Vormberichten*

⑨ 폴란드

- *form*

⑩ 러시아

- *Identity*

⑪ 폴란드

- *Poland-2+3D grafika plus produkt*

⑫ 루마니아

- *Experimental Magazine*

⑬ 러시아

- *Designer*

- *Greatis*
- *Identity*
- *KAK*
- *Shrab-Kvartira*

⑭ 슬로바키아 공화국

- *Designum*

⑮ 슬로베니아

- *New Moment Ideas Campus*

⑯ 스페인

- *d[x]i Magazine*
- *NoMagazine*
- *Premsa Codig*
- *Rojo Magazine*
- *visual*

⑰ 스웨덴

- *Disajn*
- *Scandinavian Design*
- *Stockholm New*
- *Tecknaren*

⑱ 영국

- *Baseline Magazine*
- *Blueprint*
- *Computer Arts Magazine*
- *Creative Review*

- *Design Studies*
- *Design Week*
- *Eye*
- *grafik*
- *Icon*
- *New Design Magazine*
- *New Media Age*
- *Pixel Pilot*
- *Precision Marketing*
- *The Architectural Review*
- *TypoGraphic*
- *United Business Media*
- *Wallpaper*
- *World Architecture*

⑲ 유고슬라비아

- *Art Magazin*
- *Yugoslavia-Digital Arts*

(4) 북미

① 캐나다

- *Adbusters*
- *AdNews*
- *Applied Arts Magazine*
- *Artfocus*

- Blitz
- Border Crossings
- C Magazine
- *Coupe Magazine*
- *Design Edge Canada*
- *Design Exchange*
- *Grafika*
- *Graphic Design Journal*
- *Graphic Exchange*
- *Joe Friday*
- *LIFTbook*
- *Maisonneuve*
- *Netdiver*
- *Zed*

② 미국

- *3x3*
- *A List Apart*
- *Advertising Age*
- *American Illustration*
- *Animation World Magazine*
- *Aperture Magazine*
- *Architectural Digest*
- *Art of the West*
- *Art on Paper*

- *artbyte*
- *Artistica*
- *ARTnews*
- *Before And After Magazine*
- *Big Picture Magazine*
- *Bomb*
- *Brandweek*
- *CMYK Magazine*
- *Communication Arts*
- *Computer Graphics World*
- *Converting Magazine*
- *Core 77*
- *Creative Business*
- *Design Engine*
- *Design Issues*
- *Design News*
- *Design, Typography & Graphics*
- *Design360*
- *dialogue*
- *Digital Imaging Magazine*
- *eDesign*
- *Emigre*
- *Esopus*
- *Exhibit Builder*

- *Graphic Arts Monthly*
- *Graphis*
- *How*
- *I.D. Magazine*
- *Interior Design*
- *Juxtapoz*
- *Packaging Digest*
- *PhireBrush*
- *Print*
- *Reservocation*
- *Screen Printing*
- *Serif*
- *Signs of the Times*
- *Smithsonian Magazine*
- *The Artist's Magazine*
- *The Font Site*
- *The Rendering Times*
- *Theme Magazine*
- *TIEMdesign-The Internet EYE Graphic Design Magazine*
- *Videography*
- *Visible Language*
- *Visual Magic Magazine*
- *Visual Merchandising and Store Design*

- *Wired Australia-Carter Magazine*

③ 쿠바

- *ARTECUBANO*
- *Memoria*
- *Noticias del Desino Grafico Cubano*
- *Programa Cultural*

④ 도미니카 공화국

- *Tipo Magazine*

⑤ 멕시코

- *Dediseno*
- *DX*

⑥ 파나마

- *ZooMag*

(5) 오세아니아

① 호주

- *Design Philosophy Papers*
- *Desktop*
- *DG magazine*
- *Indesign Magazine*
- *Oz Graphix*

② 뉴질랜드

- *Architecture New Zealand*
- *Prodesign*

- *Urbis Design Annual*

(6) 남미

① 아르헨티나

- *Revista Summa+*
- *TipoGráfica*

② 브라질

- *ADG*
- *ARC DESIGN*
- *Design Gráfico*
- *MACMANIA*
- *Projeto Design*
- *Revista da ADG*
- *Revista da Criação*
- *tupigrafia*
- *Zupi*

③ 콜롬비아

- *Revista proyectodiseño*

④ 에콰도르

- *Trama*

⑤ 파라과이

- *Redisino*

⑥ 베네수엘라

- *Deco News*

4) 언론 보도자료

- 21 February 2012

  INTERNATIONAL DESIGN ALLIANCE UNVEILS NEW
  VISUAL IDENTITY FOR THE IDA CONGRESS

- 23 November 2011

  TEAL TRIGGS APPOINTED AS NEW SUPERVISING
  EDITOR OF IRIDESCENT

- 2 November 2011

  ICOGRADA GENERAL ASSEMBLY 24 ELECTS HISTORIC
  BOARD AND ADOPTS NEW NAME

- 1 November 2011

  IRIDESCENT, VOLUME 1 RELEASED AT ICOGRADA
  GENERAL ASSEMBLY 24

- 1 November 2011

  ICOGRADA DESIGN EDUCATION MANIFESTO 2011
  BOOK LAUNCHED

- 8 September 2011

  INTERNATIONAL DESIGN ALLIANCE OPENS CALL
  FOR INTEREST FOR 2015 IDA CONGRESS

- 24 February 2011

  ISTANBUL ANNOUNCED AS HOST CITY OF 2013
  IDA CONGRESS

- 17 February 2011

2011 IDA CONGRESS EXPLORES THE INTERSECTION
OF DESIGN AND ISSUES OF GLOBAL RELEVANCE

* 16 February 2011

ICOGRADA PRESIDENT JOINS FACULTY OF DESIGN
AT SWINBURNE UNIVERSITY OF TECHNOLOGY

* 7 February 2011

EARLY BIRD SAVINGS OF 60% ON INTERNATIONAL
DESIGN ALLIANCE(IDA) CONGRESS REGISTRATION
UNTIL 31 MARCH 2011

* 12 November 2010

FOUR NEW MEMBERS JOIN THE ICOGRADA NETWORK

* 2 November 2010

ICOGRADA DESIGN EDUCATION MANIFESTO 10-YEAR
ANNIVERSARY CELEBRATIONS

* 25 October 2010

ADOBE CELEBRATES WINNERS OF 10TH ANNUAL
DESIGN ACHIEVEMENT AWARDS

* 13 October 2010

OPTIMISM: ICOGRADA DESIGN WEEK IN BRISBANE
2010 INTERNATIONAL CONFERENCE OPENS TODAY

* 19 August 2010

ICOGRADA SIGNS CO-OPERATION AGREEMENT WITH
SEOUL DESIGN CENTRE TO EXPAND WORLD DESIGN
SURVEYTM

- 7 July 2010

  TWO NEW FRIENDS JOIN THE ICOGRADA NETWORK

- 7 July 2010

  NEW APPOINTMENT AT THE ICOGRADA SECRETARIAT

- 29 June 2010

  THE ICOGRADA EDUCATION NETWORK WELCOMES
  UNIVERSIDAD DON BOSCO

- 24 June 2010

  LIVINGPRINCIPLES.ORG-GLOBAL DESIGN ORGANISATIONS
  PARTNER TO LAUNCH ONLINE COMMUNITY FOR
  SUSTAINABLE DESIGN

- 31 May 2010

  INDIGO LAUNCHES MOTHER TONGUE

- 12 May 2010

  ICOGRADA WELCOMES NEW MEMBERS TO THE
  NETWORK

- 26 April 2010

  INDIGO: THE INTERNATIONAL INDIGENOUS DESIGN
  NETWORK LAUNCHES NEW INTERACTIVE WEBSITE

- 29 March 2010

  IRIDESCENT: ICOGRADA JOURNAL OF DESIGN RESEARCH
  LAUNCHED

- 17 February 2010

  ON WORLD GRAPHICS DAY, ICOGRADA ASKS "WHAT

IS THE VALUE OF DESIGN?"

- 17 February 2010

ICOGRADA ANNOUNCES CO-CHAIRS OF EDUCATION MANIFESTO 2010

- 1 February 2010

THE ICOGRADA EDUCATION NETWORK WELCOMES TWO NEW MEMBERS

- 24 January 2010

ICOGRADA PRESIDENT ENCOURAGES DESIGN COLLABORATION IN HAITIAN RELIEF AND RECONSTRUCTION EFFORTS

- 14 January 2010

INTERNATIONAL DESIGN ALLIANCE OPENS CALL FOR INTEREST FOR 2013 CONGRESS

- 4 November 2009

AHN SANG-SOO HONOURED WITH 2009 ICOGRADA EDUCATION AWARD

- 4 November 2009

ICOGRADA GENERAL ASSEMBLY 23 ELECTS 2009 ~2011 LEADERSHIP TEAM

- 3 November 2009

ICOGRADA HONOURS PAN GONGKAI AND ROBERT L. PETERS WITH THE 2009 PRESIDENT'S AWARD

- 7 October 2009

MR. LONG YONGTU ANNOUNCED AS KEYNOTE SPEAKER FOR XIN: ICOGRADA WORLD DESIGN CONGRESS 2009

- 24 September 2009

ICOGRADA ANNOUNCES 2009~2011 EXECUTIVE BOARD CANDIDATES

- 9 September 2009

THE INTERNATIONAL DESIGN MEDIA NETWORK WELCOMES FOUR NEW PARTICIPANTS

- 27 August 2009

ICOGRADA ANNOUNCES ICOGRADA EDUCATION NETWORK CONFERENCE SPEAKERS

- 26 August 2009

AHN SANG-SOO TO RECEIVE ICOGRADA EDUCATION AWARD

- 12 August 2009

CALL FOR INTEREST: ICOGRADA DESIGN WEEK 2011 ~2012

- 29 July 2009

ICOGRADA WELCOMES FOUR NEW MEMBERS TO THE EDUCATION NETWORK

- 15 July 2009

ICOGRADA ACHIEVEMENT AWARD RECIPIENTS ANNOUNCED

- 8 July 2009

  ANNOUNCING CONGRESS KEYNOTE: PAN GONGKAI

- 10 June 2009

  KOHEI SUGIURA ANNOUNCED AS ICOGRADA WORLD
  DESIGN CONGRESS 2009 KEYNOTE SPEAKER

- 27 May 2009

  ICOGRADA EDUCATION MEMBERS HOLD VOTE AT
  ICOGRADA GENERAL ASSEMBLY 23

- 27 April 2009

  CALL FOR NOMINATIONS: ICOGRADA EXECUTIVE BOARD
  2009~2011

- 12 April 2009

  ICOGRADA PARTNERS WITH STATE OF DESIGN 2009

- 12 March 2009

  MOUSHARAKA: ICOGRADA DESIGN WEEK IN QATAR
  WRAP UP

- 11 March 2009

  ANNOUNCING THE 2010 ICOGRADA DESIGN WEEKS

- 4 February 2009

  ICOGRADA IDA TASKFORCE SEEKS INPUT FROM
  MEMBERSHIP

- 28 January 2009

  SCHOLARSHIP RECIPIENTS ANNOUNCED FOR
  MOUSHARAKA: ICOGRADA DESIGN WEEK IN

QATAR

- 28 January 2009

INTRODUCING IRIDESCENT: ICOGRADA JOURNAL OF DESIGN RESEARCH

- 26 January 2009

MOUSHARAKA LAUNCHES DESIGN DEBATE DOHA

- 21 January 2009

CALL FOR ABSTRACTS: ICOGRADA WORLD DESIGN CONGRESS 2009 EDUCATION CONFERENCE

- 19 January 2009

ICOGRADA APPOINTS DAVID LANCASHIRE AND GRÉGOIRE SERIKOFF TO THE EXECUTIVE BOARD

- 13 January 2009

ICOGRADA WELCOMES DESIGN>TO THE INTERNATIONAL DESIGN MEDIA NETWORK

- 17 December 2008

ICOGRADA SECRETARIAT WELCOMES MEMBERSHIP AND COMMUNICATIONS MANAGER

- 1 December 2008

ICOGRADA ANNOUNCES SCHOLARSHIPS FOR MOUSHARAKA: ICOGRADA DESIGN WEEK IN QATAR

- 26 November 2008

ICOGRADA WELCOMES UNIVERSITY OF PETRA

- 26 November 2008

  ICOGRADA SECRETARIAT WELCOMES NEW TEAM MEMBER

- 24 November 2008

  ADOBE PARTNERS WITH ICOGRADA FOR 2009 DESIGN ACHIEVEMENT AWARDS

- 29 October 2008

  ICOGRADA WELCOMES UNIVERSITY OF NICOSIA

- 28 October 2008

  ICOGRADA WELCOMES SHANDONG UNIVERSITY

- 23 October 2008

  ICOGRADA HONOURS MARIO PIAZZA WITH ACHIEVEMENT AWARD

- 23 September 2008

  INTERNATIONAL DESIGN ALLIANCE WELCOMES INTERNATIONAL FEDERATION OF INTERIOR ARCHITECTS/ DESIGNERS

- 4 August 2008

  ICOGRADA'S + DESIGN FEATURED IN I.D. ANNUAL DESIGN REVIEW 2008

- 30 July 2008

  ICOGRADA WELCOMES NEW MEMBER: RGD ONTARIO

- 30 July 2008

  TORINO WORKSHOP LEADERS ANNOUNCED

- 18 July 2008

  EARLY REGISTRATION ENDS 31 JULY: ICOGRADA
  DESIGN WEEK TORINO

- 16 July 2008

  CALL FOR PAPERS: ICOGRADA DESIGN WEEK IN
  QATAR

- 25 June 2008

  ICOGRADA HONOURS TWO KOREANS WITH
  ACHIEVEMENT AWARDS

- 25 June 2008

  ICOGRADA JOINS CANADA'S CULTURAL TRADE
  ADVISORY TEAM

- 7 May 2008

  SPEAKERS ANNOUNCED FOR ICOGRADA DESIGN
  WEEK IN DAEGU 2008

- 2 April 2008

  CORPORATE MEMBERSHIP CATEGORY BROADENS
  ICOGRADA'S VOICE FOR COMMUNICATION DESIGN

- 12 February 2008

  PAST ICOGRADA VP RECEIVES THE HIGHEST
  HONOUR OF ONTARIO(CANADA)

- 5 February 2008

  NEW LOOK AND NEW TOOLS: ICOGRADA RELAUNCHES
  WEBSITE

- 3 November 2007

PROF. HAZEL GAMEC RECEIVES INAUGURAL ICOGRADA EDUCATION AWARD

- 1 November 2007|

GUY SCHOCKAERT HONOURED WITH 2007 ICOGRADA'S PRESIDENT'S AWARD

- 30 October 2007

2007~2009 ICOGRADA EXECUTIVE BOARD ELECTED IN LA HABANA, CUBA

- 16 September 2007

DESIGN/CULTURE: POSTERS FOR CULTURAL DIVERSITY

- 5 September 2007

ICOGRADA ANNOUNCES CANDIDATES FOR THE 2007~2009 EXECUTIVE BOARD

- 23 June 2007

GWANGJU BIENNALE FOUNDATION JOINS ICOGRADA

- 18 June 2007

JOSE KORN BRUZZONE TO DELIVER EDUCATION KEYNOTE AT ICOGRADA WORLD DESIGN CONGRESS 2007

- 17 June 2007

ICOGRADA COLLABORATES ON DESIGN 21: HEATED ISSUE JURY

- 3 June 2007

WALLY OLINS JOINS DESIGN/CULTURE: ICOGRADA
WORLD DESIGN CONGRESS 2007 LINEUP

- 28 May 2007

RESERVE YOUR SPACE: EXHIBITORS FORUM AT THE
ICOGRADA WORLD DESIGN CONGRESS 2007

- 28 May 2007

ICOGRADA WELCOMES THAI GRAPHIC DESIGN
ASSOCIATION AS PROFESSIONAL MEMBER

- 7 May 2007

EARLY BIRD REGISTRATION: ICOGRADA WORLD
DESIGN CONGRESS 2007

- 6 May 2007

CALL FOR NOMINATIONS: ICOGRADA EXECUTIVE
BOARD 2007~2009

- 6 April 2007

IEN WELCOMES SHANGHAI UNIVERSITY COLLEGE
OF DIGITAL ARTS

- 30 March 2007

DESIGN/CULTURE: CALL FOR ABSTRACTS DEADLINE
EXTENDED TO 13 APRIL 2007

- 22 March 2007

ICOGRADA WELCOMES NEW MEMBER IN GHANA

- 15 March 2007

DESIGN/CULTURE: POSTERS FOR CULTURAL DIVERSITY

- 14 March 2007

BEIJING INDUSTRIAL DESIGN CENTER JOINS ICOGRADA

- 8 March 2007

ICOGRADA EDUCATION NETWORK WELCOMES PHILADELPHIA UNIVERSITY

- 28 February 2007

ICOGRADA COLLABORATES WITH OMNIUM RESEARCH GROUP ON CREATIVE WAVES 2007: VISUALISING ISSUES IN PHARMACY

- 27 February 2007

INDIA'S DESIGN COMMUNITY UNITES TO HONOUR FIVE GRANDMASTERS IN MUMBAI

- 17 February 2007

CALL FOR ABSTRACTS: ICOGRADA WORLD DESIGN CONGRESS 2007

- 30 January 2007

ICOGRADA DESIGN WEEK IN INDIA: MASSIMO VIGNELLI TO DELIVER INAUGURAL KEYNOTE

- 17 January 2007

SPECIAL OFFER FOR ICOGRADA MEMBERS FROM IDN

- 3 January 2007

15 JANUARY: EARLY BIRD DEADLINE FOR ICOGRADA

DESIGN WEEK IN INDIA

- 3 January 2007

REMINDER: ICOGRADA DESIGN WEEK 2008 CALL FOR INTEREST

- 1 December 2006

INTERNATIONAL DESIGN ALLIANCE OPENS CALL FOR INTEREST FOR ITS 2011 CONGRESS

- 15 November 2006

ICOGRADA DESIGN WEEK 2008: CALL FOR PROPOSALS

- 8 November 2006

ICOGRADA DESIGN WEEK IN MUMBAI REGISTRATION OPENS

- 1 November 2006

VULPINARI JOINS ICOGRADA EXECUTIVE BOARD

5) 프레스 키트(Press Kit)

국제그래픽디자인협의회는 언론매체에 보도된 자료들을 열 람할 수 있도록 PDF 파일의 형태로 기사들을 다음과 같이 제공하고 있다.

- "Un Mundo Mejor Es Posible"(*PRINT Magazine*)
- IEN Member School to Host Singapore's New National Design Centre for Ageing(*taxi*)
- La Revolutión Interior-Notes on the Icograda World

Design Congress 2007, La Habana, Cuba(*DT&G Design*)
- Country Makes Icograda History(*allAfrica.com*)
- 2007~2009 Icograda Executive Board Elected in La Habana, Cuba(*Dexigner)*
- Guy Schockaert Honoured with 2007 Icograda's President's Award(*Dexigner*)
- Prof. Hazel Gamec Receives Inaugural Icograda Education Award(*Dexigner*)
- Farshid Mesghali Receives Icograda Achievement Award(*Dexigner*)
- Design/Culture: Posters for Cultural Diversity(*Dexigner*)
- Defining Design on a Changing Planet(*taxi*)
- Icograda Design Week in Seattle(*taxi*)

icsid

The International Council of Societies of Industrial Design

국제산업디자인단체협의회

① 기구

1) 소재지

소재국가 캐나다

주   소 455 St-Antoine Ouest, Suite SS10

Montréal, Québec

Canada H2Z 1J1

전   화 +1 514 448 4949

팩   스 +1 514 448 4948

전자우편 office@icsid.org

홈페이지 http://www.icsid.org

2) 성격

국제산업디자인단체협의회(The International Council of Societies

of Industrial Design, icsid)는 산업디자인 업계 종사자의 이익을 보호하고 증진하는 비영리 단체이다.

1957년 설립된 icsid는 50개국 이상의 회원들이 그들의 견해를 표현할 수 있고 국제무대에서 통일된 목소리로서 기능한다. 처음 설립되었을 당시부터 이 협의회는 산업디자인 공동체의 인식, 성공, 성장에 헌신적인 학생들과 전문가들의 광범위한 네트워크를 계속 발전시켜 왔다.

전문가 협회, 홍보 단체, 교육 기관, 정부 조직, 기업 모두 산업디자인의 교육과 진보의 최전선에서 포괄적이고 다양한 체계를 만들어 낸다.

3) 설립연혁

산업디자이너들의 이익을 대변하는 국제단체를 만들려는 생각은 1953년에 개최된 Institut d'Esthetique Industrielle의 세계대회에서 쟈크 비에노가 처음으로 제시했다. 그리고 1955년에 개최된 국제적인 회의에서 그와 뜻을 같이하는 이들이 모여 더욱 공식적인 준비에 들어갔다. 하지만 1957년 6월 29일 영국 런던에서 특별 회의가 개최되어서야 비로소 ICSID는 국제그래픽디자인협의회(International Council of Societies of Industrial Designers)라는 이름으로 공식적으로 설립되었다. 열두 창립 멤버들이 모두 국립 전문가 디자인 협회들이라는 사실과 연결되어 이 명칭은 Icsid의 설립 정신, 즉 현재 활동하는 디자이너들의 이익을 보호하고 전 지구적인 디자인 표준을 확실하게 한다는 것을 증명한다. 따라서 처음 이사회에 선출된 개개인들은 개인적 신념이 아닌 공동체 회원들과 국립 디자인 공동체의 목소리를 대변하여 활동하였다.

이 회의 직후, 이 단체는 파리에서 공식적으로 등록이 되었고 사무국이 볼테르 부두 17번지에 설치되었다. 이 단체의 초기 목표는 산업디자이너들의 지위를 상승시키고, 훈련 및 교육을 위한 기준을 마련함으로써 산업디자인의 수준을 높이며, 산업디자이너들 사이의 협력을 장려하는 것이었다. 1959년 9월, 최초의 Icsid 회의와 총회가 스웨덴의 스톡홀름에서 개최되었다. 이 회의와 총회는 오로지 Icsid 회원들에게만 제한되었는데, 이미 17개국 23개 공동체로까지 성장한 상태였다. 아래와 같은 산업디자인에 대한 최초의 정의와 더불어, Icsid 구성이 공식적으로 채택되었다. 또한 총회는 전문직(전문가 실무)의 문제를 넘어 조직의 미래 성장을 위해 Icsid의 명칭을 국제산업디자이너협의회에서 국제산업디자인협의회로 바꾸기로 표결했다.

Icsid는 계속해서 급속히 성장하여 1960년대 말엔 30개국 이상에서 40명 이상의 회원을 두게 되었다. Icsid는 관점을 세상 전반으로 옮겼고 초기 10년간은 베니스, 파리, 비엔나, 몬트리올, 런던에서 대회를 개최했었다. 1973년 교토에서 개최된 대회에서는 2,000명의 대표단이 모였다. 이 대회기간 동안, 산업디자인교육의 발전에 있어 실천과 관련해 많은 진전이 있었다. Icsid는 새로운 직업을 위한 학문적 표준을 정의하여 미래를 위한 권고, 성패가 달려 있는 쟁점들을 조사하기 위해 세 개의 세미나를 조직했다. 1968년 네 번째 세미나가 아르헨티나에서 개최되었다. 이 특별한 세미나는 개발도상국 내에서의 산업디자인교육이라는 쟁점을 다루었다. 각각의 세미나들로부터의 작업은 산업디자인 교육 표준에 대해 회원들에게 조언하고 충고할 수 있는 Icsid의 능력에 도움이 되는 것이었다.

1960년대에는, 당대 수많은 비자본주의 국가들이 Icsid의 회원국이 되었다. Icsid의 관점은 다소 배타적인 단체를 탈피하여, 정치적 경계를 초월하며 포괄적이고, 진심에서 우러나 세상을 내다보는 단체로 바꾸었다. 이런 의미에서, Icsid는 다양한 출신 배경의 산업디자이너들이 서로 만날 수 있으며 교류하고 배울 수 있는 두 세계의 가교가 되었다. 또한 Icsid는 이 시기 동안 산업디자인의 정의를 채택하고 개정하면서 전문적 업무의 문제들을 꾸준히 작업하였다.

Icsid의 체계와 초점은 훨씬 더 다양해졌다. 1963년 시작된 Icsid는 유네스코와 함께 특별 자문 지위를 부여받았는데, 유네스코와 함께 나중에 Icsid는 인간의 조건 개선을 위한 디자인을 사용하면서, 개발 중인 많은 프로젝트에 노력을 기울였다. 1969년 토마스 말도나도는 다음과 같이 산업디자인의 세 번째 정의를 내렸다. 산업디자인은 산업에 의해 생산되어 양식을 갖춘 품질을 측정하는 것을 목적으로 하는 창의적인 활동이다. 이런 양식을 갖춘 품질들은 외부적 특징들뿐만 아니라 주로 생산자와 사용자의 관점 모두로부터 일관된 통일성으로 체계를 변환시키는 구조적 및 기능적 관계들이기도 하다.

산업디자인은 인간 환경의 모든 면을 아우르고, 그런 면들
은 공업생산에 의해 조절된다. 하지만 1971년에 이르러,
Icsid는 스페인의 이비자 총회에서 통과된 발의에 포함되었
던 골자들로부터의 모든 정의를 삭제하였다. 그 발의는 조
직의 견해 속의 근본적인 변화를 상징하였다.

4) 비전 및 임무 선포

이 협의회의 주된 목적은 국제적 수준에서 산업디자인의
원칙을 진척시키는 것이다. 이것을 실천하기 위해, Icsid는
세계 국가들의 경제를 개선시키는 데 도움을 줄 뿐만 아니
라 삶의 질을 향상시키기 위해, 전 세계 사람들의 욕구와
열망을 다루기 위한 시도 속에서 산업디자인의 효과를 지
지하기 위한 전 지구적으로 호소하는 목소리를 대변한다.

(1) 비전
Icsid는 디자인이 사회적·문화적·경제적·환경적 삶
의 질을 고양시키는 세상을 만듦을 목표로 한다.

(2) 임무
- Icsid의 membership pillars 간의 협동을 증진시키기 위
  해 산업디자인의 한 가지 측면을 대표하는 많은 국제
  기구들이 있음에도 불구하고, Icsid는 전문적·증진

적・교육적・집합적인 영역으로부터의 회원들을 포함하는 유일한 기구이다. 따라서 Icsid는 직업의 스펙트럼을 가로질러 소통과 연결성을 촉진시키기 위해 유일무이하게 독특한 위치에 놓인다. Icsid는 그 기구의 모든 행사들, 활동들, 출판물들 속에 모든 중진 회원들을 포함하고 그들이 서로 협력할 수 있는 방법들을 장려한다.

- 지역적・국제적 수준에서 산업디자인의 전문적 실천을 지원하고 보전하기 위해 Icsid는 산업디자인의 전문적 실천을 국제적으로 심화시키고 보전하기 위해 설립되었고, 이런 설립 취지는 오늘날까지 본 단체의 정체성의 중심으로 자리매김하고 있다. Icsid는 진보된 테크놀로지에서부터 전통적인 지식과 기술에 이르기까지 디자인 표준, 전문적인 성취의 이해, 공정한 실천, 지적재산권에 대한 지속가능한 개발과 지원 등과 같은 영역에서 전문 디자이너들을 위한 대변자이다.

- 모든 수준의 교육에서 이론・연구 그리고 실천에 있어서의 디자인 연구의 진보에 공헌하기 위해 Icsid는 전 세계 모든 지역에서 산업디자인을 공부할 수 있는 기회의 확립, 실천의 공유, 연구자의 성취의 표창, 교육자와 동업자들의 연결, 그리고 국제적인 교육 네트워크를 발전시키는 것을 통하여 고품질의 디자인 교육과 전문적인 준비를 증진시키는 것에 전념한다.

- 디자인에 대한 전 지구적 이해를 높이기 위한 방법으

로 디자인과 다른 국제기구들의 이해당사자들과 협력
하며 Icsid는 IDA에서의 제휴관계를 통해, 독립적 기
구로서 국제적인 수준에서 디자인의 가치와 혜택을
증진시킬 수 있는 기회와 책임을 가지고 있다. 디자
인에 대한 국제적인 목소리로서, 본 기구의 제휴 단
체들은 지방자치 단체들 및 국가 정부들, 전 세계의
국제적인 매체 그리고 국제 비정부기구들을 포함하고
있다.

5) 디자인의 정의 및 기능

(1) 정의

디자인은 연쇄과정에 의해 생산될 때뿐만 아니라, 산업
화로 인해 도입된 도구, 단체, 논리와 더불어 구상된 제
품, 서비스, 시스템과 관련 된다. 디자인에 붙여진 '산
업'이란 수식어는 산업이란 용어와 관련이 되어 있거나,
생산 부문이라는 의미 속에 있거나 '산업적인 활동'이
라는 고전적 의미 속에 있어야 한다. 디자인은 제품, 서
비스, 그래픽, 인테리어, 건축 등 모든 것이 참여하는
광범위한 스펙트럼의 전문직들을 포함하는 활동이다.

(2) 목적

디자인은 다방면의 생활 주기 전반에서의 목적·과정·
서비스 및 체계의 다방면의 자질들을 확립시키는 것을

목적으로 두고 있는 창의적 활동이다. 따라서 디자인은 테크놀로지의 혁신적인 인간화의 중심 요소이자 문화 및 경제 교류의 중요한 요소이다.

(3) 임무
- 디자인은 다음과 같은 임무들을 수행함으로써 구조적·조직적·기능적·표현적·경제적 관계를 발견하고 평가한다.
- 전 지구적 지속 가능성과 환경 보호를 증진시킨다(전 지구적 윤리).
- 전체 인간 공동체, 개인 및 집단 최종 사용자, 생산자, 시장 참가자들에게 혜택과 자유를 부여한다(사회적 윤리).
- 세계의 전 지구화와 더불어 문화적 다양성을 지지한다(문화적 윤리).
- 제품, 서비스 및 시스템 등의 무언가를 표현하고(기호학적 측면), 그것들 고유의 복잡성과 수미일관된(미학적 측면) 형태들을 제공한다.

6) 산업디자이너의 정의 및 기능

(1) 정의

산업디자이너는 훈련, 전문적 지식, 가공을 통해 대량으로 복제되는 물건의 재료·메커니즘·모양·색상·표면 마감·장식에 대한 경험 및 시각적 감각을 통해 자격을 갖춘 사람이다. 여러 시기에 산업디자이너는 산업적으로 생산된 물건의 이런 면들 중 모두 혹은 단지 일부와 관련되어 있을 수 있다. 산업디자이너는 또한 포장, 광고, 전시, 마케팅 문제들의 해결책이 기술적 지식과 경험에 덧붙여 시각적 이해를 필요로 할 때, 그런 문제들과 관련되어 있을 수도 있다. 스케치 혹은 모델로 만들어진 작업물들이 상업적 성격을 띠고 있거나 그 반대로 대량으로 생산되고 예술 장인의 개인적 작품이 아닐 때, 생산을 위한 수작업이 사용되는 수공업 기반 산업 또는 교역을 위한 디자이너는 산업디자이너로 간주된다. 이것은 산업디자인을 구체화할 때 Icsid가 처음으로 취한 역할이었다. 또한 산업디자이너라는 용어는 사업을 위한 교역 혹은 서비스뿐만 아니라, 지적인 직업을 실천하는 개인을 지칭한다.

(2) 기능

산업디자이너의 기능은 물건과 서비스에 다양한 형태를 부여하여 인간의 삶의 관리를 효율적이고 만족스럽게 만드는 것이다. 오늘날 산업디자이너의 활동 영역은 인간이 만든 모든 유형의 인공 산물을 실질적으로 아우르며, 특히 대량생산되고 기계적으로 작동되는 것들을 포함한다.

② 정보원

1) 지역 보고서(Regional Reports)

(1) 아프리카

- *ICSID REGIONAL REPORT: AFRICA(APR 2010)*
- *WORLD DESIGN SURVEY-SOUTH AFRICAN FINDINGS 2008*
- *ICSID REGIONAL REPORT: AFRICA(FEBRUARY 2008)*

(2) 아시아

- *ICSID REGIONAL REPORT: MIDDLE EAST(APR 2010)*
- *ICSID REGIONAL REPORT: KOREA(APR 2010)*
- *ICSID REGIONAL REPORT: JAPAN(MARCH 2010)*
- *ICSID REGIONAL REPORT: JAPAN(JANUARY 2010)*
- *ICSID REGIONAL REPORT: CHINA(FEBRUARY 2009)*
- *ICSID REGIONAL REPORT: KOREA(FEBRUARY 2009)*

- *ICSID REGIONAL REPORT: JAPAN(FEBRUARY 2009)*
- *ICSID REGIONAL REPORT: HONG KONG AND SOUTH CHINA(FEBRUARY 2009)*
- *ICSID REGIONAL REPORT: CHINA(OCTOBER 2008)*
- *ICSID REGIONAL REPORT: ASIA(OCTOBER 2008)*
- *ICSID REGIONAL REPORT: INDIA(OCTOBER 2008)*
- *ICSID REGIONAL REPORT: TAIWAN(OCTOBER 2008)*
- *ICSID REGIONAL REPORT: KOREA(OCTOBER 2008)*
- *ICSID REGIONAL REPORT: JAPAN(OCTOBER 2008)*
- *ICSID REGIONAL REPORT: SOUTH EAST CHINA(APRIL 2008)*
- *ICSID REGIONAL REPORT: CHINA(APRIL 2008)*
- *ICSID REGIONAL REPORT: INDIA(APRIL 2008)*
- *ICSID REGIONAL REPORT: JAPAN(APRIL 2008)*
- *ICSID REGIONAL REPORT: ASIA(APRIL 2008)*
- *KYOTO DESIGN DECLARATION(MARCH 2008)*
- *ICSID REGIONAL REPORT: GREATER CHINA(FEBRUARY 2008)*
- *ICSID REGIONAL REPORT: GREATER CHINA(FEBRUARY 2008)*
- *ICSID REGIONAL REPORT: SOUTH EAST ASIA(FEBRUARY 2008)*
- *ICSID REGIONAL REPORT: MIDDLE EAST(FEBRUARY 2008)*

- *ICSID REGIONAL REPORT: INDIA(FEBRUARY 2008)*
- *ICSID REGIONAL REPORT: FAR EAST ASIA(FEBRUARY 2008)*
- *REPORT ON THE NATIONAL DESIGN POLICY IN KOREA 2004*
- *STRATEGIC BLUEPRINT OF THE DESIGN SINGAPORE INITIATIVE*

(3) 유럽

- *DESIGN FOR GROWTH AND PROSPERITY*
- *ICSID REGIONAL REPORT: EUROPE(APRIL 2010)*
- *ICSID REGIONAL REPORT: EUROPE(FEBRUARY 2009)*
- *ICSID REGIONAL REPORT: CENTRAL AND EASTERN EUROPE(OCTOBER 2008)*
- *ICSID REGIONAL REPORT: UNITED KINGDOM(APRIL 2008)*
- *ICSID REGIONAL REPORT: CENTRAL AND EASTERN EUROPE(APRIL 2008)*
- *DESIGN IN TODAY'S POLAND*
- *THE INCREASINGLY VITAL ROLE OF DESIGN*
- *ICSID REGIONAL REPORT: CENTRAL EUROPE(FEBRUARY 2008)*
- *ICSID REGIONAL REPORT: UNITED KINGDOM(FEBRUARY*

2008)

- *DANISH DESIGN POLICY*
- *DESIGN ISSUES IN EUROPE TODAY*
- *MAKING THE MOST OF UK DESIGN EXCELLENCE*

(4) 라틴 아메리카

- *ICSID REGIONAL REPORT: LATIN AMERICA(APRIL 2010)*
- *ICSID REGIONAL REPORT: LATIN AMERICA(FEBRUARY 2009)*
- *ICSID REGIONAL REPORT: LATIN AMERICA(OCTOBER 2008)*
- *ICSID REGIONAL REPORT: LATIN AMERICA(APRIL 2008)*
- *ICSID REGIONAL REPORT: CENTRAL AND SOUTH AMERICA(FEBRUARY 2008)*
- *THE IMPACT OF DESIGN IN SOUTH AMERICA: EMERGING VISION WITH GLOBAL PERSPECTIVE*
- *SPECIAL REPORT ON LATIN AMERICA REGIONAL MEETING*

(5) 북아메리카

- *ICSID REGIONAL REPORT: NORTH AMERICAN(APR 2010)*

- *ICSID REGIONAL REPORT: NORTH AMERICA(OCTOBER 2008)*
- *ICSID REGIONAL REPORT: NORTH AMERICA(APRIL 2008)*
- *ICSID REGIONAL REPORT: NORTH AMERICA(FEBRUARY 2008)*
- *REDESIGNING AMERICA'S FUTURE: TEN DESIGN POLICY PROPOSALS FOR THE UNITED STATES OF AMERICA'S ECONOMIC COMPETITIVENESS AND DEMOCRATIC GOVERNANCE*
- *THE REPORT OF THE 2008 U.S. NATIONAL DESIGN SUMMIT*

(6) 오세아니아
- *ICSID REGIONAL REPORT: OCEANIA(APRIL 2010)*
- *ICSID REGIONAL REPORT: OCEANIA(OCTOBER 2008)*
- *ICSID REGIONAL REPORT: OCEANIA(APRIL 2008)*
- *ICSID REGIONAL REPORT: OCEANIA(FEBRUARY 2008)*
- *QUEENSLAND DESIGN STRATEGY 2020*

2) 실무 수행(Professional Practice)

- *DESIGN AND THE PUBLIC GOOD: CREATIVITY VS. THE PROCUREMENT PROCESS?*

- *FREE PITCHING DEVALUES DESIGN WORK*
- *SAY NO TO FREE PITCHING*
- *CODE OF PROFESSIONAL ETHICS*
- *DISCUSSION FOR AN ENVIRONMENTAL DESIGN POLICY*
- *SEE POLICY BOOKLET 3 'EVALUATING DESIGN'*
- *DESIGN FOR SUSTAINABLE DEVELOPMENT*
- *PROTECTION AGAINST BRAND PIRACY*
- *WHY PROTECT YOUR DESIGN*
- *LOOKING GOOD*
- *WHAT IS INTELLECTUAL PROPERTY?*
- *DESIGN FOR FUTURE NEEDS*

3) IDMN(국제디지털미디어네트워크)

(1) 아프리카

① 남아프리카 공화국

- *DESIGN>*

(2) 아시아

① 중국

- *360° Concept & Design Magazine*
- *Package & Design*
- *Visionunion*

② 홍콩

- *IdN Magazine*

③ 인도

- *Pool Magazine*

④ 이란

- *Neshan*

⑤ 레바논

- *Arab Ad*

⑥ 싱가포르

- *TAXI: The Global Creative Network*

⑦ 터키

- *Grafik Tasarim magazine*

(3) 유럽

① 체코공화국

- *TYPO*

② 프랑스

- *étapes: international*

- *étapes:*

③ 독일

- *novum-World of Graphic Design*

④ 그리스

- *+design*

⑤ 이탈리아

- *ARTLAB*

⑥ 네덜란드

- *Arabic Typography*
- *Information Design Journal*
- *Output:*

⑦ 슬로베니아

- *Emzin Institute of Creative Production/Emzin zavod za kreativno produkcijo*

⑧ 스페인

- *étapes:*
- *d[x]i Magazine*

⑨ 스위스

- *form*

⑩ 러시아

- *identity*

(4) 남미

① 아르헨티나

- *90+10 Magazine*

② 브라질

- *Evista abcDesign/abcDesign Magazine*
- *Zupi*

(5) 북미

① 캐나다

- *Applied Arts Magazine*
- *Grafika*
- *Netdiver*

② 미국

- *3x3*
- *Aperture Magazine*
- *Behance Network*
- *Communication Arts*

(6) 오세아니아

① 호주

- *Curve*
- *Lino Magazine*

4) 언론 보도자료

- 3 March 2014

ABC SYRINGE ANNOUNCED AS THE WINNER OF THE WORLD DESIGN IMPACT PRIZE 2013~2014

- 27 January 2014

WORLD DESIGN IMPACT PRIZE 2013~2014 FINALISTS ANNOUNCED

- 22 November 2013

  A NEW ERA FOR THE WORLD ORGANISATION FOR INDUSTRIAL DESIGN FOLLOWING ICSID'S 28TH GENERAL ASSEMBLY IN MONTREAL

- 20 November 2013

  WORLD DESIGN IMPACT PRIZE 2013~2014 SHORTLIST ANNOUNCED

- 18 November 2013

  CITY OF TAIPEI ANNOUNCED AS WORLD DESIGN CAPITAL® 2016

- 10 September 2013

  WORLD DESIGN IMPACT PRIZE 2013~2014 NOMINATED PROJECTS ANNOUNCED

- 6 August 2013

  CITY OF TAIPEI MOVES CLOSER TOWARDS BECOMING THE NEXT WORLD DESIGN CAPITAL® IN 2016

- 6 August 2013

  INTERNATIONAL DESIGN ALLIANCE WITHDRAWS ITS 2017 CONGRESS BID PROCESS

- 15 July 2013

  INTERNATIONAL DESIGN ALLIANCE CANCELS ITS 2013 CONGRESS IN ISTANBUL(TURKEY)

- 8 July 2013

  ICSID SECRETARIAT WELCOMES NEW OFFICE

COORDINATOR

- 10 June 2013

INTERNATIONAL DESIGN ALLIANCE EXTENDS CALL FOR EXPRESSIONS OF INTEREST FOR ITS 2017 CONGRESS

- 14 May 2013

WITH THE SUBMISSION PHASE NOW CLOSED, BIDDING CITIES FOR WORLD DESIGN CAPITAL® MOVE ON TO THE EVALUATION ROUND

- 14 May 2013

ICSID ANNOUNCES WORLD DESIGN IMPACT PRIZE REVIEW PANEL

- 9 April 2013

ICSID LAUNCHES SECOND CYCLE OF WORLD DESIGN IMPACT PRIZE

- 12 March 2013

ICSID SECRETARIAT TEAM WELCOMES 3 NEW EMPLOYEES

- 3 March 2013

INDIA TO HOST NEXT ICSID INTERDESIGN

- 28 February 2013

INTERNATIONAL DESIGN ALLIANCE OPENS CALL FOR EXPRESSIONS OF INTEREST FOR ITS 2017 CONGRESS

- 19 February 2013

REGISTRATION FOR 2013 IDA CONGRESS ISTANBUL NOW OPEN

- 31 January 2013

GWANGJU ANNOUNCED AS HOST CITY OF THE 2015 IDA CONGRESS

- 18 December 2012

CALL TO DESIGN-DRIVEN CITIES FOR WORLD DESIGN CAPITAL 2016 APPLICATIONS

- 6 December 2012

NEW DATES ANNOUNCED FOR 2013 INTERNATIONAL DESIGN ALLIANCE CONGRESS IN ISTANBUL

- 29 November 2012

ICSID HANDS OVER THE WORLD DESIGN CAPITAL TITLE FROM HELSINKI TO CAPE TOWN AND OPENS THE CALL FOR 2016

- 12 November 2012

ICSID MEMBERS CALLED TO PARTICIPATE IN THE WORLD DESIGN IMPACT PRIZE 2013~2014 REVIEW PANEL

- 1 November 2012

ICSID APPOINTS NEW COMMUNITY ENGAGEMENT PROGRAMME OFFICER

- 13 September 2012

CALL FOR APPLICATIONS: WORLD DESIGN CAPITAL 2014 INTERNATIONAL ADVISORY COMMITTEE

- 11 September 2012

ICSID APPOINTS NEW ONLINE COMMUNICATIONS OFFICER

- 30 August 2012

ICSID APPOINTS NEW MEMBERSHIP RELATIONS & OFFICE COORDINATOR

- 10 July 2012

EXECUTIVE BOARD VISITS SEOUL, SOUTH KOREA

- 6 July 2012

ICSID APPOINTS NEW PROJECT MANAGER

- 29 June 2012

CITY OF CAPE TOWN HOSTS OFFICIAL WORLD DESIGN CAPITAL 2014 SIGNING CEREMONY

- 12 June 2012

SEVEN CITIES PROCLAIM 29 JUNE WORLD INDUSTRIAL DESIGN DAY

- 8 June 2012

ICSID APPOINTS NEW PROJECT MANAGER

- 9 May 2012

HOW WILL YOU CELEBRATE WORLD INDUSTRIAL DESIGN DAY THIS 29 JUNE?

- 14 March 2012

ICSID ANNOUNCES THEME FOR WORLD INDUSTRIAL DESIGN DAY 2012

- 13 March 2012

ICSID APPOINTS NEW SPONSORSHIP & PARTNERSHIP DEVELOPMENT OFFICER

- 27 February 2012

NETWORK EXPANDS WITH ADDITION OF NEW MEMBERS

- 21 February 2012

INTERNATIONAL DESIGN ALLIANCE UNVEILS NEW VISUAL IDENTITY FOR THE IDA CONGRESS

- 2 February 2012

COMMUNITY COOKER AWARDED INAUGURAL WORLD DESIGN IMPACT PRIZE BY THE INTERNATIONAL COUNCIL OF SOCIETIES OF INDUSTRIAL DESIGN

- 10 January 2012

WORLD DESIGN IMPACT PRIZE FINALISTS SHARE THE CHALLENGES THAT RESULTED IN STRONGER PROJECTS

- 9 January 2012

NEW MEMBERS JOIN ASSOCIATE AND CORPORATE MEMBERSHIP PILLARS

- 12 December 2011

OPEN HELSINKI - WORLD DESIGN CAPITAL HELSINKI

2012 GEARS UP FOR NEW YEAR'S EVE CELEBRATION AND 366 DAYS OF DESIGN

- 7 December 2011

2015 IDA CONGRESS BIDS CLOSED

- 31 October 2011

2011~2013 ICSID EXECUTIVE BOARD ELECTED AND FINALISTS ANNOUNCED FOR INAUGURAL WORLD DESIGN IMPACT PRIZE

- 26 October 2011

CITY OF CAPE TOWN APPOINTED AS WORLD DESIGN CAPITAL® 2014

- 11 October 2011

ICSID APPOINTS NEW COMMUNICATIONS OFFICER

- 7 October 2011

ADVANCED SLATE OF NOMINEES NOW AVAILABLE

- 15 September 2011

ICSID'S WORLD DESIGN IMPACT PRIZE WINNER TO BE ANNOUNCED AT THE WDC DESIGN GALA IN HELSINKI

- 14 September 2011

EDUCATIONAL PILLAR GROWS WITH THREE NEW MEMBERS FROM INDIA

- 8 September 2011

INTERNATIONAL DESIGN ALLIANCE OPENS CALL

FOR INTEREST FOR 2015 IDA CONGRESS

- 13 July 2011

ICSID WELCOMES TWO NEW MEMBERS TO PROFESSIONAL AND PROMOTIONAL PILLARS

- 29 June 2011

ICSID LAUNCHES PUBLIC ONLINE GALLERY OF NOMINATED PROJECTS FOR WORLD DESIGN IMPACT PRIZE

- 21 June 2011

WORLD DESIGN CAPITAL® 2014 SHORTLISTED CITIES ANNOUNCED

- 21 June 2011

ICSID WELCOMES NEW MEMBER ORGANIZATIONS FROM GERMANY, JAPAN & MALAYSIA

- 2 June 2011

CHILEAN DESIGN STUDENTS WIN 2011 WORLD INDUSTRIAL DESIGN DAY POSTER COMPETITION

- 10 May 2011

ICSID SECRETARIAT CONTINUES TO EVOLVE WITH APPOINTMENT OF NEW TEAM MEMBER

- 21 April 2011

THE INTERNATIONAL DESIGN ALLIANCE PROMOTES THE BENEFITS OF DESIGN TO WORLD BODIES

- 12 April 2011

ANTICIPATION FOR WORLD DESIGN CAPITAL® 2014 BUILDS AS OVER 50 CITIES SHOW INTEREST IN DESIGNATION

- 7 April 2011

ICSID WELCOMES FIVE NEW MEMBER ORGANISATIONS

- 25 February 2011

ISTANBUL ANNOUNCED AS HOST CITY OF 2013 IDA CONGRESS

- 17 February 2011

2011 IDA CONGRESS EXPLORES THE INTERSECTION OF DESIGN AND ISSUES OF GLOBAL RELEVANCE

- 11 February 2011

CORPORATIONS EAGER TO JOIN WORLD DESIGN CAPITAL HELSINKI 2012

- 7 February 2011

EARLY BIRD SAVINGS OF 60% ON INTERNATIONAL DESIGN ALLIANCE(IDA) CONGRESS REGISTRATION UNTIL 31 MARCH 2011

- 2 February 2011

ICSID ANNOUNCES THEME FOR WORLD INDUSTRIAL DESIGN DAY 2011

- 19 January 2011

INTRODUCING THE WORLD DESIGN IMPACT PRIZE

- 11 January 2011

ICSID SECRETARIAT WELCOMES NEW TEAM MEMBER

- 11 January 2011

ICSID WELCOMES FOUR NEW MEMBERS

- 16 December 2010

WDC SEOUL 2010 COMES TO A SUCCESSFUL END

- 4 November 2010

ICSID LAUNCHES CALL FOR APPLICATIONS FOR THE WORLD DESIGN CAPITAL® 2014 DESIGNATION

- 9 August 2010

ICSID WELCOMES TWO NEW MEMBERS

- 8 July 2010

ICSID SENATOR PROF. CARLOS HINRICHSEN HONOURED AS COMMANDER OF THE ORDER OF THE LION OF FINLAND

- 18 June 2010

CITY OF MONTREAL DECLARES 29 JUNE AS WORLD INDUSTRIAL DESIGN DAY

- 14 June 2010

ICSID WELCOMES NEW MEMBERS

- 31 May 2010

PUBLIC VOTING DECIDES WINNING POSTER FOR WORLD INDUSTRIAL DESIGN DAY 2010

- 28 April 2010

COLLABORATIONS, COMPETITIONS AND POSITIVE

THINKING ANTICIPATED FOR WORLD INDUSTRIAL
DESIGN DAY 2010

- 9 February 2010

EXCITING CHANGES AND NEW APPOINTMENTS AT
THE ICSID SECRETARIAT

- 3 February 2010

MONTREAL HOSTS ICSID EXECUTIVE BOARD MEETING,
THEME CHOSEN FOR 3RD ANNUAL WORLD INDUSTRIAL
DESIGN DAY

- 14 January 2010

INTERNATIONAL DESIGN ALLIANCE OPENS CALL
FOR INTEREST FOR 2013 CONGRESS

- 14 January 2010

ICSID WELCOMES NEW PROMOTIONAL MEMBER,
DAEGU GYEONBUK DESIGN CENTER

- 2 December 2009

2009~2011 ICSID EXECUTIVE BOARD ELECTED IN
SINGAPORE

- 8 September 2009

WELCOMING NEW ICSID EDUCATIONAL MEMBER:
INSTITUTE OF APPAREL MANAGEMENT

- 8 September 2009

THE INTERNATIONAL DESIGN MEDIA NETWORK
WELCOMES FOUR NEW PARTICIPANTS

- 31 August 2009

NINE NEW ICSID MEMBERS STRENGTHEN INTERNATIONAL NETWORK

- 21 July 2009

WORLD DESIGN CAPITAL 2012 SHORTLISTED CITIES ANNOUNCED

- 9 June 2009

HUNGARIAN DESIGN COUNCIL HOSTS SUCCESSFUL ICSID EXECUTIVE BOARD MEETING

- 5 June 2009

ICSID WELCOMES NEW ASSOCIATE MEMBER: WELINGKAR INSTITUTE OF MANAGEMENT

- 21 May 2009

WINNING POSTER SELECTED FOR WORLD INDUSTRIAL DESIGN DAY 2009

- 1 May 2009

ICSID WORLD DESIGN CONGRESS 2009 EARLY BIRD REGISTRATION OPENS

- 22 April 2009

THE 26TH ICSID WORLD DESIGN CONGRESS SETS TO MAKE A "DESIGN DIFFERENCE" IN THE FUTURE

- 25 March 2009

CALL FOR PAPERS: ICSID DESIGN EDUCATION CONFERENCE 2009

- 16 March 2009

  ICSID LAUNCHES 2009 WORLD INDUSTRIAL DESIGN
  DAY STUDENT POSTER COMPETITION

- 6 November 2008

  WORLD DESIGN CAPITAL 2012 BID LAUNCHED

- 30 October 2008

  INTERNATIONAL DESIGN ALLIANCE (IDA) ANNOUNCES
  PROF. CARLOS HINRICHSEN AS LEAD CHAIR

- 23 September 2008

  INTERNATIONAL DESIGN ALLIANCE WELCOMES
  INTERNATIONAL FEDERATION OF INTERIOR
  ARCHITECTS/DESIGNERS

- 30 April 2008

  GLOBAL ACTIVITIES PLANNED FOR INAUGURAL
  WORLD INDUSTRIAL DESIGN DAY

- 18 March 2008

  SEOUL CITY GOVERNMENT HOST OFFICIAL WORLD
  DESIGN CAPITALTM 2010 CEREMONY IN SEOUL

- 7 March 2008

  SWEDEN TO HOST NEXT INTERDESIGN WORKSHOP

- 12 February 2008

  ICSID UNVEILS SECOND PHASE OF ITS ONLINE
  DESIGN NETWORK

- 5 November 2007

ICSID APPOINTS NEW EXECUTIVE BOARD

- 22 October 2007

ZEC TURNS OVER OFFICE AS ICSID PRESIDENT TO SUCCESSOR

- 20 October 2007

SEOUL APPOINTED WORLD DESIGN CAPITAL 2010

- 28 June 2007

ICSID ANNOUNCES FIRST "WORLD INDUSTRIAL DESIGN DAY"

- 13 March 2007

ICSID BOARD MEETS IN SINGAPORE

- 17 January 2007

ICSID'S FIFTIETH ANNIVERSARY YEAR LAUNCHED IN PARIS

- 27 November 2006

THE NEW FACE OF ICSID

- 3 October 2006

INTERNATIONAL DESIGN ALLIANCE APPOINTS NEW LEAD CHAIR

- 10 October 2005

ICSID 2005 GENERAL ASSEMBLY

- 3 June 2005

OFFICIAL OPENING OF THE ICSID AND ICOGRADA HEADQUARTERS

5) 프레스 키트(Press kit)

국제그래픽디자인협의회는 언론매체에 보도된 자료들을 열 람할 수 있도록 PDF 파일의 형태로 다음과 같이 제공하고 있다.

- UK GROUPS SLOW TO BACK WORLD INDUSTRIAL DESIGN DAY(*Design Week*)
- THE BEST DESIGN POLICIES ARE LOCAL: A REVIEW OF THE SHAPING THE GLOBAL DESIGN AGENDA CONFERENCE(*Core77*)
- CURVE: INTERVIEW WITH CARLOS HINRICHSEN(*Curve*)
- FEATURED EVENT: CARLOS HINRICHSEN IN TP(Temasek Design School)
- AUSTRALIANS ELECTED TO ISO AND ICSID(*Up*)
- ICSID ON DESIGN(AustralianDesign.org)

이 밖에도 프레스 키트에서 Icsid에 관한 정보를 담고 있는 브 로슈어와 50주년을 기념한 영상 자료를 다운로드할 수 있다.

IDA

International Design Alliance

국제디자인연맹

① 기구

1) 소재지

소재국가 캐나다

주   소   Allison DaCosta Icsid Project Manager IDA
Congress 455 Saint Antoine Ouest
Montreal, Quebec H2Z 1J1 Canada

전   화   +1 514 448 4949 ext. 235

팩   스   +1 514 448 4948

전자우편   info@idacongress.com

홈페이지   http://www.idacongress.com

2) 성격

국제디자인연맹(International Design Alliance, IDA)은 디자인을 대표하는 국제기구이다. 이 연맹은 여러 전문 분야에 걸친 협조에 기반을 두고 있으며, '그들이 홀로 할 수 없는 것을 함께 하자'는 연맹 제휴 협의회들의 요구를 해결하고자 노력한다.

3) 설립연혁

이 연맹은 국제디자인단체협의회(Icsid)와 국제그래픽디자인협의회(Icograda)를 설립함으로써 발족되었고, 2003년 9월 각 협의회 총회의 승인을 받았다. 2008년 9월, 국제디자인연맹은 세 번째 제휴 협의회로 세계실내건축가연맹(IFI)을 받아들임으로써 오늘날의 연맹의 모습을 갖추게 되었다.

4) 설립목적

① 디자인의 집단적 목소리로서 기능한다.
② 전 세계 디자인에 대한 지식을 발전시키고 공유한다.
③ 여러 학문 분야에 걸친 디자인 협력을 통한 혁신을 고무시킨다.
④ 모든 디자인 관련자들의 상호 이익을 증진시킨다.
⑤ 세계 단체들과 관계를 맺음으로써 디자인의 효용과 가치를 장려한다.

5) 비전 및 임무

- 균형 있고 포괄적이며 오랫동안 지속 가능한 세계를 위
  해 함께 일하는 디자인 공동체를 지향한다.
- 디자인의 혜택을 세계 단체들, 정부, 기업, 사회로 가져오
  는 사명을 품고 있다.

6) 제휴 협의회

- 국제디자인단체협의회(The International Council of
  Societies of Industrial Design, ICSID)
  http://www.icsid.org
  ICSID는 산업디자인관련 종사자들의 이익을 보호하고 증
  진시키는 비영리단체이다. 1957년에 창설된 이 단체는
  50개국 이상의 통일된 의견을 통해 회원들은 그들의 견
  해를 표현할 기회를 얻을 수 있으며, 국제적 연단위에서
  자신들의 목소리를 낼 수 있다. 초창기부터 이 단체는 산
  업디자인공동체가 인정받고, 성공하며 성장하는데 헌신
  적이었던 학생들과 전문가들의 폭넓은 네트워크를 발전
  시켜 왔다.
- 국제그래픽디자인협의회(International Council of Graphic
  Design Association)
  http://www.icograda.org
  ICOGRADA는 전문적 커뮤니케이션 디자인 분야의 세계
  단체이다. 이 단체는 커뮤니케이션 디자인 및 프린트 미

디어, 소닉/비디오 아트, 디지털 디자인과 같은 확장 미디어의 종합적인 범위 안에서 일하는 독립된 단체들과 관계자들로 구성된 비영리 단체로서 초당파적이며 회원을 기반으로 하고 있는 네트워크이다.

1963년에 창설된 이 단체는 전 세계적으로 67개국에 있는 200개 이상의 단체들을 대표하며 디자인 실습, 사유, 교육, 연구 및 정책의 가치를 신장시키기 위해 노력하고 있다. 또한 국제디자인연맹의 제휴 단체로서, 국제그래픽디자인협의회의 회원들은 학제 간 공동 연구 및 디자인 산업을 대변할 수 있는 집단적 목소리의 유효성을 지지한다.

• 세계실내건축가연맹(The International Federation of Interior Architects/Designers, IFI)

http://www.ifiworld.org

IFI는 실내건축 전문가들을 위한 전 세계적 권위를 가진 기구이다. 세계실내건축 단체들을 위한 유일한 국제 연맹체인 IFI는 전 세계적인 교육·연구 그리고 실천에 있어 지식과 경험의 교류와 발전을 위한 국제적 공개를 위해 활동한다.

이 단체는 실내 디자인의 효과, 영향력, 그리고 응용을 촉진하고, 전 지구적인 사회적 책임을 증진시키며, 전 세계적으로 종사자들 신분의 위상을 높이기 위해 국제적 공동체를 연결한다.

전문적인 실내건축디자이너들의 국제적인 네트워크를 확

장하기 위한 비영리, 유한 책임 회사로서 1963년 설립된 IFI는 전 세계적으로 종사하고 있는 실내건축디자이너들을 대표하며, 모든 대륙의 110개국에서 국제 디자인 공동체에 속한 27,000명 이상의 디자이너들, 교육자들, 그리고 산업 관계자들 대표한다.

7) 관리

국제디자인연맹(IDA)은 집행위원회가 운영하는데, 이 위원회는 각 제휴 단체가 추천한 세 대표자들이 모여 총 9명의 위원으로 구성되어 있다. 이 위원들은 각 제휴 단체의 총회 직후에 이뤄지는 첫 번째 이사회에서 중역 이사를 임명하고 다음 총회까지 봉사하도록 한다.

8) 국제디자인연맹 대회

매 2년마다 개최되는 국제디자인연맹(IDA) 대회는 정상 회담 형식으로 디자이너들과 디자인 관계자들 간의 대화를 위한 행사이다. 이 대회의 목적은 정부(통상, 무역, 문화 등), 비정부 간 국제 조직들(INGOs), 상업, 학문과 기술, 교육 또는 사회과학(민족지학, 사회학 등)과 같이 디자인과 이해 관계를 맺고 있는 다양한 분야에서 디자인의 혜택을 탐구하고 인식하고 국제디자인연맹의 비전과 사명을 진일보시킬 수 있는 테마화한 환경에서 전 세계 디자이너들의 통일된 목소리를 모으는 데 있다. 이 대회의 목적은 다음과 같다.

- 국제디자인연맹 제휴단체들의 독특한 속성뿐만 아니라 유사점을 강조하기 위해, 단체들 간의 디자인 기반 공동연구의 가치를 증진시킨다.
- 디자인에서 이해관계를 맺고 있는 다른 분야들과의 디자인 기반 공동연구의 가치를 강조한다.
- 국제디자인연맹 회원들과 전 세계적인 대회의 청중을 위해 즐겁고 교육적인 경험을 제공한다.
- 국제디자인연맹의 회원들과 대회 관계자들 사이의 상호작용을 증진한다.
- 국제디자인연맹을 디자인의 전 지구적 목소리 및 혁신을 가능하게 하는 도구로서 자리매김시킨다.
- 전 지구적으로 디자인에 대한 헌신과 기여를 위해 개최 도시, 국가 및 지역을 선정한다.
- 정부 활동을 유치하고 그것에 영향을 주어 디자인의 중요성을 일깨우게 한다.

iDMAa

International Digital Media and Arts Association

국제디지털미디어 · 예술협회

① 기구

1) 소재지

소재국가   미국

주   소   International Digital Media and Arts Association

PO Box 622

Agoura Hills, CA 91376-0622

전   화   +1 818-564-7898

홈페이지   http://idmaa.org

전자우편   joseph@idmaa.org

2) 성격

국제디지털미디어·예술협회(International Digital Media and Arts Association, iDMAa)는 2004년 초기 15개 대학들이 모여 설립된 단체로서 디지털 미디어에 관심을 두고 있는 교육자, 현직 종사자, 학자 및 기관들에 봉사하고 있는 단체이다.

3) 사명

(1) 리더십(Leadership): 디지털 미디어와 예술의 다양한 영역으로 국내적·국제적 리더십을 제공한다.

(2) 고취(Advocacy): 디지털 미디어 및 관련 학계 프로그램의 개발과 사용을 지지하고 촉진시킨다.

(3) 정보원(Source of information): 디지털 미디어와 예술의 개발에 대한 주도적인 정보원이 된다.

(4) 네트워킹(Networking): 교수진과 학생들 간의 아이디어를 공유하기 위한 학문적 네트워킹의 원천을 제공하는 것과 동료들, 전문가들 그리고 기관들이 더욱 쉽게 협업하고 협동할 수 있도록 한다.

(5) 인정(Recognition): 시상 프로그램을 통해 디지털 미디어 및 예술에서의 눈부신 성과를 인정해 준다.

(6) 파트너링(Partnering): 교육과 사업 간의 파트너십의 형성을 위한 촉매제 역할을 한다.

4) 조직

(1) 이사회(Board of Directors)

협회의 업무는 15~21인으로 구성된 이사회를 통해 진행되며 이사회는 회원들의 공식적 모임 간의 연합과 관계된 모든 사업을 실행할 권한을 지닌다.

(2) 자문위원회(Advisory Board)

자문위원들은 2년간 봉사하도록 이사회에 의해 임명된다. 현재 자문위원들은 전 세계 진보적인 학술기관 및 산업계 리더들을 대표한다.

(3) 선임연구원(Senior Fellows)

iDMAa 선임연구원들은 중요한 학술적 및 산업 기반의 현장 경험을 소유하고 있는 교수들 혹은 관련 종사자들의 재원을 대표한다. 역량 있는 선별 그룹은 프로그램 평가, 초청 강연, 특별 프로그램 상담, 기타 프로그램 개발 지원 등에 도움을 주고 있다.

5) 주요 활동

전 세계의 디지털 미디어 및 아트 프로그램들은 모바일 컴퓨팅(GPS, 개인 정보 단말기, 스마트폰), 유비쿼터스 컴퓨팅(자동화된 집, 정보가전), 대화형 텔레비전, 온라인 롤플레잉 게임, 가상현실 등을 위해서뿐만 아니라 인터넷, 라디오, TV, 디지털 영화 및 비디오, 컴퓨터 게임, 영화 특수 효과 그리고 애니메이션과 같은 기존 미디어를 위한 콘텐츠 생산을 다루고 있다.

② 정보원

1) *The Journal of The International Digital Media and Arts Association*

『국제디지털미디어 · 예술협회 저널(*The Journal of The International Digital Media and Arts Association*)』은 2003년 창간되었고 학문적, 교육적, 예술적, 정치적, 사회적 환경들 속에서 급속히 발전하고 있는 디지털 미디어 및 예술분야에 신속히 응답하고 있다. 이 저널의 목적은 성장하고 있는 분야에 대한 인식을 재고시키는 것과 점점 디지털화되고 있는 세계의 일부인 쟁점들에 대한 논의를 확대시키는 것이다. 다음은 각 저널에 수록된 콘텐츠들이다.

- VOL. 1 NO. 1 SPRING 2004-*V1N1: Middletown Media Studies*

- VOL. 1 NO. 2 FALL 2004
  - *V1N2: DESIGN AND IMPLEMENTATION OF ACCESSIBLE DIGITAL MEDIA CLASSROOMS AND STUDIOS: Facilitating both Interpersonal and Intercontinental Collaborations*
  - *V1N2: @WAKE: INTERFACE AND METAPHOR IN DIGITAL INSTALLATION ART*
  - *V1N2: THE CENTER FOR MULTIMEDIA ARTS*
  - *V1N2: THE CENTER FOR MEDIA DESIGN*
  - *V1N2: Case Study: Digital Media Studies*
  - *V1N2: Interactive and New Communication Technologies(INCT) Program*
  - *V1N2:Thoughts on the Launch of a Digital Media BFA Program*
  - *V1N2: QUEST FOR FIREWIRE: Securing Funding for Digital Projects*
  - *V1N2: PROFESSIONAL DEVELOPMENT: Fitting Digital Media Arts into the Academy*
  - *V1N2: DIGITAL MEDIA AND ARTS EDUCATION: A First Look*

- VOL. 2 NO. 1 SPRING 2005
  - V2N1: Game Studies: What is it Good For?
  - V2N1: The Two Faces of Reality
  - V2N1: Real-Time Performance: Machinima and Game Studies
  - V2N1: Discovering a Lexicon for Video Games: New Research on Structured Vocabularies
  - V2N1: Gaming's Non-Digital Predecessors
  - V2N1: Poised to Play: the Evolution of Games on DVD Releases
  - V2N1: Video Games, Mind, and Learning
  - V2N1: Games for the Thinking Person: Teaching Computer Game Development in an Academic Environment
  - V2N1: The Generation Gap: Bridging Learners and Educators
  - V2N1: Teaching Media Culture with Computer Games
  - V2N1: Asking What Is Possible: The Georgia Tech Approach to Game Research and Education
  - V2N1: 'Modding' Education: Engaging Today's Learners
  - V2N1: Preventing Piracy within the Video Game Industry
  - V2N1: Preface

- VOL. 2 NO. 2 SUMMER 2005
  - *V2N2: The State of Game Studies Programs: The Muddle of Design and Analysis*
  - *V2N2: The Generative Game Engine*
  - *V2N2: Held Together by Thin Air: Pedagogy, Technology and New Media*
  - *V2N2: Growing Up Digital: Implications for Teaching and Learning*
  - *V2N2: The Changing Narrative Paradigm Analog to digital and what that means*
  - *V2N2: Digital Deontology*
  - *V2N2: Toward a Definition of Collaboration*
  - *V2N2: Visualization*
  - *V2N2: Digital Media and Arts Curriculum Development: Defining Digital*
  - *V2N2: Digital Asset Management and Academia*
  - *V2N2: VIBE Summer 05: Grabbing attention-the function of public video art*
  - *V2N2: Dear Iddy*

- VOL. 3 NO. 1 SUMMER 2006
  - *V3N1: A Media in its Infancy and "Plaintext" in the Ivory Tower*
  - *V3N1: An Evaluation of Identity-Sharing Behavior in*

Social Network Communities
- *V3N1: Bit by Bit by Bit: Hypercomplexity, Digital Media Studies and Higher Education*
- *V3N1: Bit by Bit by Bit: Hypercomplexity, Digital Media Studies and Higher Education*
- *V3N1: Mobile Media and Digital Way-finding: Strategies for Implementation*
- *V3N1: Integrating Typography and Motion in Visual Communication*
- *V3N1: Developing a digital media curriculum at a regional liberal arts university: a case study*
- *V3N1: The Alchemical Body: Descriptions of the Body as the Body*
- *V3N1: The Continuum of Audience Interactivity from Narrative Dramatic Cinema to Computed Interactive Narrative Drama(CIND): Focusing on the Writer*
- *V3N1: Video Games as Learning Tools for Project Management*
- *V3N1: A Case for a Formal Design Paradigm for Serious Games*
- *V3N1: Learning from Human Support: Informing the Design of Personal Digital Story-Authoring Tools*
- *V3N1: colophon*

- VOL. 4 NO. 1 SPRING 2007
  - *V4N1: Seneca's Internet: A Preliminary Review of YouTube and its Implications for Digital Media*
  - *V4N1: Fragging History: Why Gamers Don't Learn It the Old Fashioned Way*
  - *V4N1: It's Not About the Technology: Shifting Perceptions of History and Technology in the BBC's Digital Storytelling Project*
  - *V4N1: LANDeSCAPES*

- VOL. 4 NO. 2 FALL 2007
  - *V4N2: Digital Media and Change: A Literary/Historical Perspective*
  - *V4N2: Split Narrative Films and the Problem of Attention Engagement*
  - *V4N2: Web Journalism: From the Inverted Pyramid to the Tumbled Pyramid*
  - *V4N2: Teaching Creative Collaboration through Teams: Concept, Communication, and Conflict in Team Instruction*
  - *V4N2: The State of the Arts of Digital*
  - *V4N2: Visual Literacy in the Vertical Age: The semiotic implications of nonlinear and vertical structures in contemporary narratives*
  - *V4N2: Exembellishment: Using the eXtensible*

Markup Language as a Tool for Storytelling

- *V4N2: The Core Principles of Digital Media*
- *V4N2: Mix/Remix as Epistemology: The Implications of the Metamedium, Digital Media*
- *V4N2: New Grotesques: New-Media Process in Old-Media Product*
- *V4N2:Humanizing the Machine: Women Artists and the Shifting Praxis and Criticism in Computer Art*

- VOL. 5 NO. 1 FALL 2008
  - *V5N1: Crossing a virtual boundary: Trends and issues confronting print journalism in the digital era*
  - *V5N1: Data as Art Text and Color as Message*
  - *V5N1: Teaching Programming to Students of Digital Media and Arts*
  - *V5N1: Review: iDEAs 07: Beyond Boundaries*
  - *V5N1: Lost Cause: An Interactive Film Project*
  - *V5N1: From Unreal Tournament to High Rise Evacuation: Using Game Engines as a Serious Game Development Tool*

- VOL. 6 NO. 1 SPRING 2009
  - *V6N1: Killer7 Punk[ed]: Authorship in commercial video games*
  - *V6N1: Artistic Exploration in Game Development*

Education

- *V6N1: Navigation the Gap: The Rhetoric of Digital Space and Interactive Narratives*
- *V6N1: Categories of Machinima*

• VOL. 6 NO. 2 FALL 2009
  - *V6N2: What might yet?*
  - *V6N2: Integrating Sound into a Digital Media Course*
  - *V6N2: Performing the Interface*
  - *V6N2: Remix Identity: Cultural Mash-Ups and Aesthetic Violence in Digital Media*
  - *V6N2: Research Informed Design: Process, Experience & Results from Students & Their Audiences: A Case Study*
  - *V6N2: Towards a Transmedia Search Engine: A User Study on Perceiving Analogies in Multimedia Data*
  - *V6N2: datatainment*

• VOL. 7 NO. 1 FALL 2010
  - *V7N1: Adapting Craft, Adopting Technology, Expressing Nature*
  - *V7N1: The O Mission*
  - *V7N1: Designing a proactive multi-touch display to support professional networking and planning at an*

interdisciplinary conference

- *V7N1: Smart Montage: The New Mobile Dialectic*
- *V7N1: Locus Communis: Twitter as Digital Commonplace*
- *V7N1: Creating Smartphone Interactive News and Advertising Content: A Study Testing A Graphically Enhanced Multimedia Application for the iPhone*
- *V7N1: Browsing the Data Narrative: Affective Association and Visualization*

- VOL. 8 NO. 1 2011
  - *V8N1: Thoughts on the Launch of a Digital Media BFA Program*
  - *V8N1: Asking What Is Possible: The Georgia Tech Approach to Game Research and Education*
  - *V8N1: Digital Deontology*
  - *V8N1: LandeScapes: The Photography of Ellen Jantzen*
  - *V8N1: Facebook and Social Capital: An Exploratory Study*

- VOL. 8 NO. 2 FALL 2011
  - *V8N2: Journeys in Travel: A Recombinant, Computer-controlled Cinematic Essay*
  - *Computercontrolled Cinematic Essay*
  - *V8N2: Processing: Understanding Art as Encountering*

Ongoing Narratives

- *V8N2: From Site-specific Comics to Location-based Comics: Ordinary Things, Planting Comics, and GPS Comics*
- *V8N2: Digital Narratology: Rethinking Narrative Competence in Interactive Media*
- *V8N2: Getting Your Hands on Electronic Literature: Exploring Tactile Fictions with the Reading Glove*
- *V8N2: Conventions and Innovations: Narrative Structure and Technique in Heavy Rain*

- VOL. 8 NO. 3 SPRING/SUMMER 2012
  - *V8N3: Fans, Followers, Friends, and Subscribers: Effective Use of Social Media for Nonprofit Organizations*
  - *V8N3: Teaching Digital Media: A Hybrid Approach*
  - *V8N3: Tinkering with the iPhone: Subversion and Re-Appropriation of Power in Apple's World*

- VOL. 8 NO. 4 WINTER 2012
  - *V8N4: A Future with Embedded Intelligence*
  - *V8N4: Blue Ocean Opportunity*
  - *V8N4: Connecting People through a Shared Interest*
  - *V8N4: Creating Standards for Digital Media Conservation*

- *V8N4: Mucking Around Goes Mainstream*
- *V8N4: Myth of the Long Tail*
- *V8N4: Power Sharing + Creative Freedom*
- *V8N4: Social Media + Arts Criticism*

- VOL. 9 NO. 1 SPRING 2013
  - *V9N1: Responses and Thoughts*
  - *V9N1: Debate 2012*
  - *V9N1: Gaming Art*
  - *V9N1: Embedding Faculty into Industry*
  - *V9N1: Teaching Mobile App Design + Development*

2) 뉴스 속 회원(Members in the News)

학계 또는 업계에 종사하고 있는 **iDMAa** 회원들은 혁신적인 콘텐츠, 연구 및 교육 프로그램들을 생산함으로써 디지털 미디어 분야에 많은 영향을 끼치고 있다. 다음은 언론에 소개된 **iDMAa**에 대한 기사 헤드라인이다.

- *Korsakow System Workshop Offered at Fast Forward 2013(October 11, 2013)*
- *University Marketing & Communications(June 26, 2013)*
- *Peter Weishar Appointed Dean of CVATD(May 29, 2013)*
- *Illustration Alumnae Win Awards(April 16, 2013)*

- *Games Program Ranked in Top 30(March 26, 2013)*

3) 관심글 등록(Posts of Interest)

iDMAa 이사회 및 회원들은 정기적으로 'Posts of Interest' 에 기고를 하는데, 디지털 미디어와 관련된 산업, 교육, 사회 등에 대한 새로운 트렌드 및 사유들을 공유할 수 있는 정보 교환의 장으로서 역할을 하고 있다.

- *Korsakow System Workshop Offered at Fast Forward 2013*
- *Scott Ross: iDMAa 2013 Lifetime Achievement Award Recipient*
- *Creating New Audiences for Student Work*
- *Moviestorm: Virtual Movie Studio Provides Simple Animation Tools for Education*
- *EA's Richard Hilleman Receives Lifetime Achievement Award*
- *Fast Forward 2012: Frederick & Laurie Samitaur Smith*
- *iDMAa names Olin new Executive Director*
- *Big Data and My Big Gut*
- *The Digital Future of Magazines?*
- *"Where do you stay?": Making sense of a new sense of place*

IEATA

International Expressive Arts Therapy Association

국제표현예술치료협회

1 기구

1) 소재지

소재국가　미국

주　　소　International Expressive Arts Therapy Association
　　　　　PO Box 320399
　　　　　San Francisco, CA 94132

전　　화　+1 415-522-8959

전자우편　info@ieata.org

홈페이지　http://www.ieata.org

2) 성격

국제표현예술치료협회(International Expressive Arts Therapy Association, IEATA)는 비영리 단체로 1994년도에 창조적 정신을 장려하기 위해 설립되었다. IEATA는 문화적으로 폭이 넓은 다양한 조직으로 표현예술치료사, 예술가, 교육자, 상담가, 그리고 개인 및 사회적으로 성장하고 변화하기 위해 통합적이며 다양한 예술을 사용하는 사람들을 위해 만들어졌다.

3) 비전 및 임무

IEATA의 가장 큰 임무는 표현예술이 전문적인 우수성을 띠고 도덕적 기준을 고취할 수 있게 하는 것이다. 지금까지 IEATA는 Registered Expressive Arts Therapists(REATs9)) and Registered Expressive Arts Consultant/Educators(REACEs10))를 위해 가입절차와 승인절차를 만들었다. 이 전문가들이 도덕적 코드와 그리고 전문적인 커뮤니티로서의 가치와 목적 표현을 할 수 있도록 도와준다.

---

9) 표현예술을 심리요법에 사용하는 사람들의 그룹을 말한다.
10) 표현예술 자문위원, 표현예술을 교육의 여러 방면으로 사용하는 교육자들, 기업의 성장, 건강, 그리고 많은 분야의 사람들의 그룹을 말한다.

4) 조직

(1) 이사회(Executive Board)

이사회 부의장들은 모든 조직을 인도하고 지지한다. 그들은 위원회 부의장과 의사회에서 결정된 의안을 명확하고 간결하게 만들어 연결하고 이사회를 주도한다. 분기별로 부의장들의 미팅과 자선모금을 주선하고 다른 단체 및 전문가들과 상의할 수 있는 네트워크를 구성하는 역할을 한다.

(2) 위원회(Committees)

① 행정위원회(Administrative Committees)

행정위원회는 기관 내 소통이 잘 이루어지고 기관의 틀을 잘 유지하고 있는지 관리한다. 위원회 멤버들을 법에서 보호하고, 중립을 지키며 규칙을 준수하고, 기관이 잘 운영되도록 돕는다. 또한 멤버들의 재가입과 정보 관리 등 행정적인 일을 수행한다.

② 교육 및 네트워크 위원회(Education and Networking Committees)

교육 위원회는 전 세계적인 범위로 훈련 프로그램에 관한 정보를 모으고 정확한 정보가 제공되고 있는지, 학교와 프로그램들이 잘 맞게 나와 있는지를 관리한다.

국제위원회는 IEATA의 목적인 세계적인 커뮤니티를 아우르는 일을 한다. 또한 표현예술가들과 학생들이 세계 어디서나 연결될 수 있도록 다리 역할을 하며 이 위원회는 교육기관과 전문협회들을 연결해서 다른 나라와 연계된 기관을 만들기도 한다.

지역위원회는 IEATA 멤버들이 지역단체를 통해 연결되고, 도와주고, 발전할 수 있도록 도와준다. 지역 멤버들이 자신의 삶뿐만 아니라 세상에서도 표현예술을 강하게 만드는 노력을 할 수 있도록 장려한다.

학생위원회는 IEATA의 학생들이나, 인턴멤버들의 염려나 관점을 지지하고 학생 커뮤니티와 종합통신망을 사용해 표현예술을 알리는 데 중점을 두고 있다.

③ 전문가위원회(Professional Committees)

전문가 위원회는 예술가, 표현예술가, 치료사, 그리고 조력자가 함께 서로 연결되어 새로운 것을 창조하도록 조력하고 있다.

등록된 표현예술 치료사[Registered Expressive Arts Therapist(REAT) Committee]는 치료에 표현예술을 쓰는 사람들에게 네트워크를 제공하고 또한 등록하지 않은 사람들을 등록하도록 장려한다. REAT는 지원자들이 자격을 갖추고 있는지, 가치 있는 도덕관을 가지고 있는지를 살핀다.

등록된 표현예술 상담가/교육재[The Professional Standards‐Registered Expressive Arts Consultant/Educator (REACE) Committee]는 표현예술상담가와 표현예술교육의 발전에 힘쓴다. 또한 이 위원회는 REACE에 들어오고 싶어

하는 지원자들을 확인한다. 등록자들은 2년마다 갱신된다.

④ 메스컴, 지역봉사 위원회(Publicity and Outreach Committees)

홍보위원회는 미디어를 통해 IEATA가 발전할 수 있도록 돕는다. 또한 다른 예술기관과 연락을 하거나 전문가 기관과 연락을 하여 관계를 맺고 IEATA가 발전할 수 있도록 기여한다.

출판위원회는 IEATA 신문과 기관의 안내책자, 저널 등의 출판물을 관리한다. 또한 인터넷 위원회와 협력하여 발행물을 발행한다.

웹사이트 인터넷 위원회는 IEATA의 웹사이트 관리와 인터넷 디자인 등을 관리한다. 온라인상의 모든 거래나 소통을 관리하고 또한 이사회에 전달하는 역할을 한다.

5) 주요 서비스

(1) 세계적인 커뮤니티를 만들어 공개토론회 개최

IEATA는 전문협회를 제공해 예술을 세상으로 가지고 나와 발전하고, 치료하고 대화하고, 교육에 협력할 수 있도록 국제적인 네트워크를 구성·제공하고 있다. 일 년에 두 번 국제컨퍼런스를 후원하고 웹사이트는 협회에 관한 정보나 활동, 그리고 회원가입정보를 제공하고 있다. 또한 회원 안내책자와 지역 커뮤니티를 통해 회원들이 서로를 연결하고, 정보를 공유할 수 있도록 도와준

다. 또한 1년에 2번 회원들을 위한 신문을 발행하고 또
한 1년에 4번 이메일을 통해 IEATA 뉴스를 전한다.

(2) 전문적으로 우수성을 가지며 표현예술의 품질기준 선정

IEATA의 인식이 높아져가면서 표현예술은 심리학이나
정신학에 영향력 있는 도구로 쓰이고 있다. 또한
IEATA는 국제 컨퍼런스를 통해 300명 이상의 지원자와
발표자가 전 세계에서 모일 수 있도록 돕고 전문기관과
학문적 기관과의 관계를 통해 표현예술의 발전과 관심
을 높이려고 노력하고 있다.

② 정보원

IEATA는 표현예술치료와 관련된 여러 정보원들, 특히 관련
기관들을 프로그램 성격에 따라 분류하여 제공하고 있다.

1) 표현예술치료 프로그램(Programs in Expressive Arts Therapies)

(1) 표현예술치료 박사 과정(PhD in Expressive Arts Therapy)
- 미국 인증
  - Lesley University
  - Sofia University(formerly Institute of Transpersonal Psychology)

- 유럽 인증
  - European Graduate School
- 주(州) 승인
  - San Diego University for Integrative Studies
- 기타
  - International University of Professional Studies

(2) 표현예술치료 석사 과정(Master's Degree in Expressive Arts Therapy)

- 미국 인증
  - Appalachian State University
  - California Institute for Integral Studies
  - John F Kennedy Graduate School of Professional Psychology
  - Lesley University
  - Massachusetts School of Professional Psychology(MSPP)
  - Ottawa University
  - Salve Regina University
  - Sofia University(formerly Institute of Transpersonal Psychology)
  - Prescott College

- 유럽 인증
  - European Graduate School
- 주(州) 승인(비인증)
  - San Diego University for Integrative Studies
- 기타
  - International University of Professional Studies
  - University of Haifa Graduate School of Creative Arts Therapies
  - The University of Hong Kong

(3) 학사 과정(Bachelor Degree Programs)

- 인증
  - Lesley University

(4) 자격증 과정(Certificate Programs)

  - Appalachian State University
  - European Graduate School
  - Expressive Arts Florida Institute
  - Five Branches University
  - Lesley University
  - Fleming College
  - San Diego University for Integrative Studies
  - Saybrook Graduate School and Research Center
  - Wisdom University

(5) 기관 훈련 과정(Institute Training Programs)
- Continuing Education Program of Expressive Arts Therapy
- for Psychologists and Psychotherapists
- Expressive Arts Florida Institute
- Expressive Art Therapy Summer Institute-Prescott College
- Expressive Arts Training Institute
- Expressive Arts Institute, San Diego
- Focusing and Expressive Arts Institute
- Sofia University(formerly Institute of Transpersonal Psychology)
- Institute Training Programs Prairie Institute of Expressive Arts Therapy
- Langara College
- ISIS Canada(International School for Interdisciplinary Studies)
- ISPA Institute
- New York Expressive Arts
- PCETI Argentina
- Sky Mountain Institute
- Tamalpa Institute
- Terapia de Artes Expresivas Perú
- The Expressive Arts Institute at Salve Regina
- The Imaginal Trackers Institute
- World Arts Organization-International Outreach and Training

2) 창의예술치료 프로그램(Programs in Creative Expressive Arts Therapies)

   (1) 창의예술치료 석사 과정(Master's Degrees in Creative Arts Therapy)
- 인증
  - Naropa University
  - Pratt Institute

   (2) 학사 과정(Bachelor Degree Programs)
- 인증
  - Endicott College
  - Russell Sage College

3) 지역별 국제 정보원(International Resources by Location)

   (1) 아시아
- 일본
  - Expressive Arts Therapy Institute(Hyogen-art Therapy Institute)

   (2) 유럽
- 핀란드
  - Inartes Institute

- 독일
  - Langen Institut
- 노르웨이
  - The Norwegian Institute for Expressive Arts & Communication Norsk Institutt for Kunstuttrykk-& Kommunikasjon
- 러시아
  - Continuing Education Program of Expressive Arts Therapy for Psychologists and Psychotherapists
- 스페인
  - ISPA Institute
  - Metáfora, Centre d'Estudis d'Artteràpia Universitat de Barcelona
- 스웨덴
  - Expressive Arts, Svenska Institutet for Uttryckande Konstterapi
- 스위스
  - European Graduate School
  - ISIS Switzerland

(3) 중동
- ISIS Israel
- University of Haifa Graduate School of Creative Arts Therapies

(4) 남아메리카

- PCETI Argentina

(5) 영국 및 아일랜드

- 북아일랜드
  - Centre for Psychotherapy
- 아일랜드 공화국
  - Cork Institute of Technology
  - University of Limerick

IETM
international network for contemporary performing arts
유럽현대공연예술회의

1 기구

1) 소재사항

소재국가   벨기에

주   소   19 Square Sainctelette

　　　　 1000 Brussels-Belgium

전   화   +32 2 201 09 15

팩   스   +32 2 203 02 26

홈페이지   http://www.ietm.org

전자우편   ietm@ietm.org

2) 성격

연결·학습·참여·소통·공유를 기본 원리로 삼고 있는

유럽현대공연예술회의(international network for contemporary performing arts, IETM)는 혁신적인 현대 예술을 위한 원천과 기준뿐만 아니라 공연예술 부문을 위한 역동적이고 참여적이며 미래지향적인 국제네트워크이자 플랫폼이다. IETM은 회원들의 다양성을 자랑스러워하며 그들의 다양한 커뮤니티 내에서의 발전에 대해 항상 관심을 기울이고 있다. 동시에 일반예술부문을 위해 더욱 영향력을 끼치며, 입지를 다지기 위해 활발하게 노력하고 있다.

3) 설립연혁

IETM은 1981년 여름 이탈리아 폴버리지 페스티벌 중 공연예술 전문가들이 모인 자리에서 '자연발생적으로 선언'되었다. 이러한 새로운 '비공식적 회합'은 유럽 전역에서 자신들이 더욱 많은 관객을 합당하게 유치할 수 있다고 여긴다. 또한, 공동 제작하는 젊은 예술가들에게 필요한 상호 간의 지식과 신뢰를 서로 알아가며 구축하기 위해 현대공연예술 제작물을 생산하거나 제작한 기관들을 위한 선구적인 길이라고 여겨진다. 이 회합은 또한 문화계에 거의 열려 있지 않았던 유럽연합을 향해 공연예술 부문 성장에 대한 목소리를 대변한다. 전문가들이 만나 최고의 국제적 제작물을 보며 식사를 할 수 있었던 폴버리지에서의 모임을 기점으로, 이 네트워크는 공식적인 협회, 체계 혹은 지위 없이 논의와 공연 프로그램들과 더불어 연 2회의 '회합들'을 조직하며 발전했다. 1989년 이 네트워크는 더욱 규모가 커지고 중요하게 되었으며, 사무국과 회비를 포함하여 규정과 더욱 공식적인 체계가 수립되게 되었다.

4) 설립목적

IETM의 목적은 다음과 같다.

① 전문가들에게 기술, 능력, 노하우를 습득하게 한다.

- 전 지구화, 인구학의 변화, 그리고 디지털 혁명으로 인한 그들의 사회적 및 정치적 맥락 속에서의 변화에 적응하고 그런 변화를 이용할 수 있다.
- 감소하는 공공 지원금과 문화적 참여를 극복할 수 있다.

② IETM 회원들과 다른 직접적인 참여자들의 유일한 관심사를 뛰어넘을 장기적 결과물을 생산하여, 유럽과 그 밖의 지역에서의 문화적 지형 상에 장기적 유산을 남기는 것이다.

③ 네트워크의 영향력을 강화시키고 네트워크의 지속적인 개선을 보장한다.

5) 비전 및 임무

IETM은 다음 영역들을 기획하고 용이하게 함으로써 전 지구적 환경 속에서 현대공연예술의 질적 향상과 발전을 촉진시키는 것이다.

- 전문적인 네트워킹과 커뮤니케이션

- 정보의 활발한 교류
- 노하우 전수 및 훌륭한 실천의 본보기 제시

6) 조직

① IETM 회원

IETM 멤버십은 현대공연예술을 다루고 있고 국제적인 협력에 관심이 있는 전문 기관이라면 어느 곳에라도 개방되어 있다. 회원들은 시작하기를 원하는 기관들뿐만 아니라 국제적으로 다년간의 활동 경험이 있는 기관들이다.

② IETM 관리

- **IETM 이사회**

  이사회는 재정 및 경영 결정을 하기 위해 총회가 선임하지만, 감사를 승인하거나 이사회를 선출하는 등의 주된 사안들은 총회에서 결정된다.

- **IETM 자문위원회**

  자문위원회는 중기·장기 전략과 관련하여 네트워크의 방향을 결정하는 싱크탱크로서 운영된다.

7) 주요 활동

- IETM은 다양한 국제 행사들을 통해 공연예술 전문가들을 한데 모은다.
- IETM은 의미 있고 창의적인 방식으로 회원들이 사회에

참여하도록 영감을 불어넣어줌으로써 문화적 영역에서 정책 입안자들과 전문가들 사이의 가교역할을 통해 공연 예술 부문과 회원들의 이익을 위하여 활동한다.

- IETM은 우리 사회 속에서의 예술의 관련성, 지위, 미래에 대한 논의의 플랫폼을 제공한다.
- IETM은 IETM 회합들의 '개최' 국가들로부터 새롭고 흥미로운 작업에 대한 공연 플랫폼을 조직한다.
- IETM은 현대공연예술의 영역 속에서 국제적인 공동 작업에 대한 정보의 유통과 소통을 촉진시킨다.
- IETM은 주목받는 트렌드를 발표하고, 사례 연구를 분석하며 전문가 연락처를 제공하고 현대공연예술 부문에 영향을 주는 정책 혹은 사회적 동향을 확인하는 출판물들과 연구 프로젝트를 기획한다.

② 정보원

1) IETM 출판물

IETM 출판물은 네트워크 회원들의 전문 기술, 지식 그리고 경험을 내세우고 현대공연예술 부문의 전역에서 광범위하게 그것들을 공유한다. 출판물은 무료이며 대부분 온라인상에서 다운로드할 수 있다.

- *FRESH PERSPECTIVES 1: The Invisible Hand, Art in the transition to another economy*
- *Everyday Innovators-Innovative Work Practices in the Cultural Sector*
- *International Co-Production Manual: The Journey which is full of surprises*
- *Liberté en Répétition/Rehearsing Freedom*
- *Study on Impediments to Mobility in the EU Live Performance Sector and Possible Solutions*
- *An Introduction to Theatre in Central Asia and Afghanistan*
- *From Pillar to Post, A Comparative analysis of frameworks for independent workers in the contemporary performing arts scene in Europe*
- *International Co-Production & Touring*
- *Global Roaming: Mobility beyond Europe for professional artists and arts managers*
- *Tax and Social Security, A Basic guide for artists and cultural operators in Europe*
- *Artistic Activism: Towards evaluation of the use of cultural activities in situations of conflict*
- *I Showed Her My Work and So She Started to Know Me*
- *Every Step Has An Echo - Jumping to conclusions*
- *Crossing the Rainbow-National differences and international convergences in multicultural performing arts in Europe*

- *Crossroads*
- *How Networking Works - Study on the effects of networking*
- *Shifting Gears*
- *Theatre and the Public Space*
- *IETM Profiles*
- *More Bread and Circuses-Who does what for the arts in Europe?*
- *Bread and Circuses, EC Programmes and schemes open to the performing arts*
- *Theatre and Dance in the 1990's, a Programme for Europe*
- *Information Box I*
- *Palestine Notebook book, an exhibition*
- *Circles in the Water - A Workshop with Andrei Serban*

2) 뉴스 배포자료(2014.9.11 기준)

IETM의 뉴스 배포자료는 IETM 홈페이지의 News 메뉴에서 볼 수 있으며, 2011년 1월부터 꾸준히 갱신되고 있다.

- Open Position: Administrative General Manager at Dash Arts(London)
- The Nordic-Baltic keðja dance activities will continue
- X PLATFORM/EXHIBITION OPENING

- Vacancy: Chief Executive, National Dance Company Wales
- Position Vacant: Artistic Director & CEO of Force Majeure
- Vacancy: Het Veem Theater is seeking an inspiring artistic director
- Job opportunity: Programme Officer at Freemuse, Copenhagen
- Festival Prisma: open call for volunteers
- Recruitment: Director of Create, Ireland
- Call for Residencies for 2015 and Spring 2016
- Job Opportunity: Project Manager at Fèis Rois, Scotland
- Mobile Academy Workshops on Contemporary Performing Arts for Italian, Polish, German and Latvian participants
- Asian Intercultural Conference(AIC) 2014: "New Intercultural Theatre: Methods, Techniques and Strategies of Making Contemporary Theatre"
- 2015 ISPA's Fellowship Program for emerging and mid-career performing arts professionals
- Second round for TANDEM Community & Participation
- International Conference "New Voices, Current Perspectives: Arts Management, Policy and Development in Asia", Singapore, 13~15 November 2014
- Job Opportunity: Head of Contemporary Dance Education at the Danish National School of Performing Arts
- Job Opportunity: Volunteer Coordinator for SPILL Festival of Performance

- Atelier for Young Festival Managers in Beirut, 21~27 March 2015: deadline approaching!
- Job Opportunity: Artistic Director for the Siena 2019 Committee
- Conference 'Who do we Work for? Community, Participation and New Audiences'
- Open Call: Articles for the Australian Dance Publication Dancehouse
- Open Call: Scholarships for Professional Choreographers
- Statement on Gaza by Palestinian performing art organizations
- Call for Papers: FIELD, Journal of Socially Engaged Arts Criticism
- Artists' mobility and Administrative Practices related to Social Security and Taxation in the European Union
- Workshop 2014: TANZWERKSTATT EUROPA-Judson and Beyond
- Open call: Park in Progress 11, Nicosia(Cyprus)-Deadline 15 August
- Job Opportunities: Trans Europe Halles is hiring a Development & General Manager and a Network Manager
- International Theatre Workshops 2014, 6~12 October 2014, Sofia, Bulgaria
- The Osthang Project: Thinking Together, 31 July-9 August 2014, Darmstadt, Germany
- Open call for young interactive and new media artists: X

Platform in Bucharest, Romania

- Open Call: Applications Now Open for Sustaining Creativity Data Lab
- European Campus of Local and Regional Authorities for Culture 2014
- Truth is concrete: A Handbook for Artistic Strategies in Real Politics
- The 2nd International Meeting on Research and Public Decision-Making in Cultural Policies
- SPILL New Producers: Call for Applicants 2014
- Visiting Arts Producers Breakfast, 21 August 2014, Edinburgh, United Kingdom
- THEATRE IS AN ENCOUNTER: Belgrade, August 4~16, 2014
- Appel à candidature: le Centre chorégraphique national de Montpellier Languedoc-Roussillon recrute son directeur
- Res Artis Regional Meeting Vilnius and Nida, Lithuania: October 2~5, 2014
- INTEATROFestival 2014, 3~5 July, Polverigi
- EFFE Festival Label 2015~2016 Applications are open!
- Atelier for Young Festival Managers in Beirut, 21~27 March 2015: apply now!
- International ChoreoLab 2014
- ENCATC Policy Debate 2014
- herbst Academy 2014

- Preparatory Action "Culture in EU External Relations"
- INTERNATIONAL CONFERENCE: Creative Europe? What Should we Expect from EU Cultural Policy.
- Call for papers: 5the th Annual ENCATC Research Session
- The 8th International Conference on Cultural Policy Research
- ARTIST-IN-RESIDENCE 2015: Open Call
- Open Position: Trainee Associate Director
- Franco Jesurun Award 2014 and Online Squeeze it Award 2014
- Nordic Performing Arts Days
- PAC 3 Landscape Environment Creativity: call for projects
- Open Call: Park in Progress 10
- Call for Project Nominations: ELIA NEU/NOW Festival 2014
- Iceland Dance Company Job Offer: Artistic Director
- Innovate Heritage: Conversations between Arts and Heritage
- Internship opportunity at Hotel Pro Forma
- Trans Europe Halle Publication "Leaders Stories"
- Biennale College-Theatre 2014
- Atelier for Young Festival Managers POZNAN(20~27 October 2014): Deadline extended until 30 May
- Go vote! Bring a friend
- INITIATIVE FOR INTERNATIONALIZATION IN DANCE
- Workshop "Audience not Allowed"
- ILDANCE WORKSHOP

- Atelier for Young Festival Managers POZNAN(20~27 October 2014): Apply until 15 April
- Without Walls Research & Development(R&D) investment
- Robert Wilson's Watermill Center 2015 Residency Program
- Study on projects using cultural expressions as a lever for employment, human rights, democracy and other human development areas
- Job opportunity(Artistic Director) at the School for New Dance Development
- Call for performers: "Fragile" - a dance piece by Cosmin Manolescu
- "From Brussels with love": Open call to companies and artists
- Nordland Visual Theatre welcomes applications for co-productions
- Barcelona International Site Specific Workshop
- Scholarship opportunities for choreographers
- Para Site International Conference 2014 in Hong Kong(live stream is available)
- Singapore Repertory Theatre's Residency Programme
- Dutch Culture is looking for a Communications Officer
- Call for residency: PRINT ART ON STAGE!
- CALL FOR PROPOSALS to theatre companies and artists-Moving Meetings Theatre 2014
- Call for entries: The 6th InShadow-International Festival of Video, Performance and Technologies

- CALL FOR PARTICIPATION: Meeting of festivals directors
- New York Residency: Open Call for Middle East and North Africa
- Move On! Cultural mobility for beginners
- Programme for international artists-ARTIST-IN-RESIDENCE 2014~2015
- Residencies for young and emerging contemporary dance artists
- Job Opportunity
- Opportunities for choreographers and dancers
- Stockholm Fringe Festival(Stoff): call for artists
- Fresh Perspectives-Call for Contribution
- Open position of Project Officer at European Cultural Foundation
- keðjaMariehamn 2014 dance Encounter
- Call for residency
- Open positions at Fonds Podiumkunsten
- Dublin Dance Festival
- Conference "The Future Is Not What It Used To Be"
- InteatroFestival Academy Scholarship: Deadline extended to February 25
- Call for Applications: NPN Coproduction Fund for Dance and NPN International Guest Performance Fund for Dance
- Call for applications: Change of Scene project promoting

interantional exchange in performing arts

- Call for applications: Spoffin OFF 2014
- Call for applications: Creation Residences
- Sustainable Models for Shared Culture: a set of policy recommendations
- Symposium at Odin Teatret: Theatre as a Laboratory for community interaction
- Offre d'emploi: un Chargé de projets et de communication
- Artist Residency Grant. Worldwide emerging artists-All disciplines
- New Eurobarometer survey on cultural access and participation
- CALL FOR APPLICATIONS 2014~2015: Critical Practice(Made in Yugoslavia)
- The Work Group invites you to NEXUS
- Culture Action Europe's Manifesto for the European Elections 2014
- Call for Applications: Culture in Defiance
- Administrative Assistant - Internship at the IETM Secretariat in Brussels
- 18th International Conference on Cultural Economics in Montreal, Canada: Call for papers
- Job opening at HIVOS(The Hague, The Netherlands): Junior Programme Officer
- A European Resolution on Culture: For Values, Democracy and Citizenship

- IETM Asian Satellite Meeting Melbourne
- Master Programme in Choreography and Bachelor Programme in Dance Performance
- Culture as Goal in the Post-2015 Development Agenda
- Job opportunities at Attakkalari Centre for Movement Arts
- Open Call: Residency program "theYard.Residency.14"
- IFA InteatroFestival Academy 2014: Call for Proposals: workshop-selection-creation-festival
- Between the Seas Festival of Mediterranean Performing Arts: call for submissions
- CALL FOR PAPERS: Pushing Form: Innovation and Interconnection in Contemporary European Performance
- Funding opportunities for the cultural and creative sectors in Erasmus+
- Festival Spoffin opens call for 2014 residency
- Call for application-residency program in Budapest
- european training project erasmus + "Quêteurs de gestes/Passeurs de corps"
- Theatre of the Oppressed: An introductory training weekend by Tim Wheeler
- Between the Seas Festival of Mediterranean Performing Arts in NYC is accepting submissions for 2014
- Balkan Express & the Romanian platform: The Temps d'Images Festival Cluj(Romania)

- Call for Applications: Artistic Research Grant Awarded, Contemporary Stage Writing and Transmedia
- ATHENS UPDATE: Two actors arrested and put on trial(sign petition here)
- On the Move: Opportunities/Funding/Advocacy
- THE JUDGEMENT | a workshop at Odin Teatret-Nordisk Teaterlaboratorium (Denmark)
- Online survey: Intra-EU cultural mobility and Issues of Social Security and Taxation(20 November Deadline)
- Call for partners from France, Austria and Germany
- JOB. Cairo Contemporary Dance Center seeks new Executive Producer(Egypt)
- Symposium on State of the Arts(6 November, 2013, Brussels)
- Encounters: Ville artistes, jeux et enjeux
- Registration open for TEH Conference on The Power of Culture in Social Change with Middle East and Northern Africa
- Call for Applications: Music Weather Politics and Space(Prague)
- Actors of Urban Change call for applicants(Europe)
- ilDance(Sweden) Call for Australian Partners
- Announcing eXplore dance festival #8 | September 28-November 10, 2013
- Registration now open: MEET THE NEXT GENERATION
- 6th World Summit on Arts and Culture 13~16 January(Santiago

de Chile)

- European Collaboration Opportunitities for Greek Cultural Professionals and Organisations
- Théâtre Paul Eluard(Choisy-le-Roi/France) is seeking partners to build a European platform
- Young Europe 2: Multilingual Creation and Education in Theatre 2011~2013
- l'Arabe de service/Do Your Arab Thing(Event in Brussels)
- The Art of Life: how arts and culture affect our values
- Performance Workshop at City of Women Festival(Ljubljana)
- Balkan Express: New Webspace
- JOB. Cultural Resource is searching for new Director(Cairo)
- Call for Artists: Circus Residencies and Performances
- Connected Walls Project call for creative collaborators across borders
- Scholarship for MA in Cultural Policy and Management(University of Arts, Belgrade)
- "Invisible Walls": A European Forum, 3-4 October 2013(Marseilles, France)
- Creative Europe Programme: renewing support to the cultural and creative sectors
- Mid Atlantic Arts Foundation: US Artists International Fund
- JOB. Pacitti Company is hiring an Administrator & Think Tank Assistant(UK)

- Let's put a spotlight on disability arts
- JOB. Carte Blanche has a vacancy for: ARTISTIC DIRECTOR
- UN Report: The right to freedom of artistic expression and creativity
- New ENCATC Publication: Culture is good for your health!!
- Pushing Form: Innovation and Interconnection in Contemporary European Performance.
- Call for Proposal Submissions: Western Balkans Collaboration Projects in Arts and Culture
- Funding opportunities for international cultural exchange in Asia
- Asian Cultural Council Fellowship Program(Asia and the United States)
- Mark Ravenhill's Edinburgh festival speech: 'We need to have a plan B'
- Flexible working: why the arts and culture sector doesn't get it yet
- "Aesthetics of the Oppressed as emancipatory process" workshop(Italy)
- CircusNext is searching for new project applicants
- How technology is transforming the theatre box office
- Balkan Express Summer Seminar in Kotor, Montenegro(10 ~15 September 2013)
- Berlin Diagonale at Tanz im August-28~29.8, 2013
- Call for nominations for Euromed Award 2013(FR/EN)

- 'It's not just a crisis, it is a transition!' Culture Action Europe Public Conference
- Japan Foundation Europe Performing Arts Grant Programme 2014~2015
- Arts Industry Office Amsterdam Fringe Festival now open for accreditation
- Lithuanian professional theatre for children seeks parnters for "iPhone to Stone"
- JOB. SEE Foundation(Cairo, Egypt) is hiring a Marketing Manager and Web Developer
- JOB. University of Warwick(UK) hiring Cultural Policy Studies Teaching Fellow
- JOB. The British Council(Lebanon) is hiring a new Project Manager
- @diversity-European Idea Competition is open until 19th August
- Stories of crowdfunding for performing arts in Edinburgh
- European Video Dance Heritage Conference(Düsseldorf, 13~15 November 2013)
- Only the artists can save the arts critics
- Political change and the performing arts: The case of central and eastern Europe
- JOB. The British Council in Paris(France) looks for a Project coordinator
- NID PLATFORM New Italian Dance Platform II edition/

Pisa_Italy/22>25 May 2014

- Auditions for Last-Minute-Participants: Tanz Atelier Wien
- Open call for artists to participate in the art project of Magdalena Jetelová
- 2013 MADE IN SCOTLAND PROGRAMME IS UNVEILED-CELEBRATING 5 YEARS OF WORLD CLASS PERFOR-MANCE FROM SCOTLAND.
- Urgent! Call for volunteers for 'Dominoes' by Station House Opera for the opening of KIT Metropolis Festival on Thursday 1st August
- The DeVos Institute of Arts Management at the Kennedy Center Invites You to Register for the Annual: Board Development Intensive for Not-for-Profit Arts Organisations
- JOB. Pacitti Company and SPILL Festival of Performance: General Manager
- Application for the 18th International Solo-Dance-Theatre Festival Stuttgart 2014
- Be part of a new resource for international dance!
- JOB. International Society for the Performing Arts: Communications and Events Coordinator
- Programme for the Internationalization of Spanish Culture: new call for applications
- The Visiting Arts Producers Breakfast will be held in Edinburgh on 22nd August.

- Mladi Levi International Festival 2013
- The Working group on Arts Rights and Justice of the EU Access to Culture Civil Society Platform calls for 2 minute videos on the right to freedom of artistic expression and creation
- Calls for women Theatre directors
- Theatre for children is waiting for your ideas
- Residency opportunity in Budapest
- Prague Quadrennial of Performance Design and Space: call for participants to symposium
- New "Fresh Perspectives" publication: The Invisible Hand
- Tandem Cultural Managers Exchange Programme
- Performing Arts Fund grant scheme, Dutch presentations of performances and concerts abroad
- Perypezye Urbane invites Educators and Artists to take part to the Grundtvig training course in Milan, Italy, from 06/04/2014 to 12/04/2014: "How video can empower our training skills"
- Apply for ASEF Creative Encounters and ASEF Creative Networks!
- Producer Required
- Balkan Express goes to Mostar and Sarajevo
- Open call for young choreographers: New Europe Festival 2013
- International theatre workshop series 2013 'Players by the Sea'

- Inteatro Festival 2013: on June 27, 28 and 29 in Polverigi(An-Italy), the 35° edition
- New issue of FRAKCIJA 66/67- 'THE IMMUNITY OF ART'
- BERLIN DIAGONALE AT FOREIGN AFFAIRS | 27. JUNI-14. JULI 2013
- Attakkalari Diploma School: Residencies in Bangalore
- NYC Artists: Apply For Free 5 Day Professional Development Intensive
- Special Newsflash of ECA-EC/Deadline for applications for Mediterranean Voices Conference extended to June 30th 2013
- News from Egypt
- RCF/FRC-Call for travel grants. Deadline: 30/06/2013
- Call for Action from ITI Centre, EGYPT
- Crowdfunding action for dance scholarships for contemporary dancers from Syria, Iran and Egypt
- Culture Action Europe's Statement on budget for Heading 3
- Atelier for Young Festival Managers EDINBURGH 2014: one more month to apply
- ENCATC launches Call for Papers for its 4th Annual Research Session
- Open Calls-Creative Encounters and ASEF Creative Networks
- EUROPE REFRESH/CALL FOR PARTICIPATIONS 15>17/11/2013 BU(D)G(G)ING EUROPE? TOGETHER, LET'S CHANGE ITS SOFTWARE

- 30 Dance Week Festival-Croatia www.danceweekfestival.com May 26 to June 8, 2013
- Theater in Lithuania invites touring performances
- BERLIN DIAGONALE offers guided tours through independent performing arts community
- Open consultation-Improving procedures for obtaining short-stay 'Schengen' visas will run until 17 June 2013 online
- European Festivals Association launches 'The Festival Academy'
- Take part in the development of Hotel Pro Forma's productions as an intern
- Job: Programme Director for Aarhus 2017
- EENC Report on Export and Internationalisation Strategies for the Cultural and Creative Industries
- Art + Mobility: Call for papers and art projects
- Theater for childrens is looking for partners
- The Russian Theatre Union launches an open call for travel grants
- 2013 EFA General Assembly: new members, Darko Brlek re-elected President
- LOD seeks collaborator for national & international distribution & promotion
- Call for contribution-IETM is looking for artistic projects and programmes concerned with territoriality
- IETM's new Secretary General

- 7th OVERFLIGHT THEATRE FESTIVAL
- Atelier for Young Festival Managers BEIRUT 2013: EFA extends application deadline until 1 May 2013
- Urgent action in support of EU Culture Budget!
- Call for Applications: 2nd Round Grant of Funds, INTER-NATIONALIZATION IN DANCE 2013
- Petition: against the forced closure of Athens theatres
- The registration for participants of International theatre summer workshop "Act'as" has begun! Vilnius, Lithuania 2013
- How to measure cultural participation?-New Unesco Handbook
- 11. Internationale Tanztage/International Festival for Contemporary Dance
- Open Call: Explore Dance Festival #8
- FEEDBACK[2nd edition] at Tanzquartier Wien. WED 24-SAT 27 APRIL 2013
- Lithuanian Theater for Children is looking for partners
- Workshop directed by Kama GINKAS(Moscow, Russia)-open call for Female Theatre Directors
- Submissions are now open for the next Cryptic Night
- Jardin d'Europe residency opportunity in Bucharest
- Support CENTRO DE ARTES DA MARÉ-Rio de Janeiro, Brasil
- Open Call: International Physical Theatre Festival-Physical Fest in Liverpool is accepting submissions for extracts of

new physical work for Fest Live-25th May 2013

- Circus Arts Laboratory 6-Open call for professional contemporary circus artists
- Atelier for Young Festival Managers BEIRUT 2013: application deadline approaching, first presenters confirmed
- TANDEM Cultural Managers Exchange
- EU for creativity-survey online now
- End of an Era for Judith Malina's Living Theatre
- Programme for the Internationalisation of Spanish Culture
- keðjaKlaipeda Encounter-Registration is Now Open
- Aristophanes Now-The duty of comedy, a European Programme of "Speira-Speira" & Stamatis Kraounakis
- Advocacy documents from past IETM meetings
- Repeated subsidy cuts in Czech Republic: sign the petition!
- EU Culture Programme-cooperation with third countries: deadline extended
- Job opportunities at Arterial Network
- Bloggers wanted: Spread your story around the whole Baltic Sea Region!
- Europe of Theatres Festival 2013-call for applications
- Collaboration Grants by European Cultural Foundation-call 2013
- IFA InteatroFestival Academy 2013: Call for proposals[deadline: February 28th]

- 22nd FETEN. The European Fair of Scenic Arts for Children, 24 February-1 March, Gijón, Spain.
- Call for submissions: Between the Seas Festival
- EFA calls for applications for two Ateliers for Young Festival Managers
- Call for application-residency programme in Budapest
- Lithuanian professional theatre for children is looking for partners
- South East Dance is recruiting for a Programme Director and a Producer ‑ Artist Development
- Artists-in-Residence at Atelier Hotel Pro Forma
- ART, MOVEMENT, VIDEO AND THEATRE WORKSHOPS IN MALTA
- Call for Applications: NPN International Guest Performance Fund for Dance + NPN Coproduction Fund for Dance
- Robert Bosch Stiftung's grant programme for international co-operations in the performing arts
- Artists as collateral damage
- IRAN REPORT | Tehran gears up for annual Fajr International Theater Festival
- Creative Careers in Ireland
- Exploring cultural mobility
- Orbán influences National Theatre appointment | Népszava-Hungary

- Curtain Up! Learning on European Stages
- Call for artists-Mirabilia Fringe 2013(Fossano, Italy)
- EFA announces Ateliers for Young Festival Managers 2013/2014: express your interest!
- News: NTS wins at Creative Scotland Awards
- Movin'up 2012-mobility grants for young artists based in Italy!
- Call for texts and artistic projects on "Arts and Copyrights"
- FiraTàrrega(Spain)-international street arts fair-open calls(official programme, creation labs, residencies)
- The cultural component of citizenship-An inventory of challenges
- French-American Fund for Contemporary Theater
- Resó-call for artists in residence!
- Change of scene-grant program for the support of international co-operations in the performing arts
- Call for Proposals: ECLAP 2013 Conference on Information Technologies for Performing Arts, Media Access and Entertainment
- Do theatres have to close down before the government acts on the arts?
- Exchange grants between Japan and Nordic European countries
- Roberto Cimetta Fund-Travel grants for artists and cultural operators in the Euro-Arab-Med region. Calls 2013
- New Start International Promotion
- Apply now to participate in the Anna Lindh Mediterranean

Forum 2013

- Commission agrees way forward for modernising copyright in the digital economy
- Women missing out at top theatres
- YATF-Young Arab Theatre Fund calls
- Chamber Made Opera(Australia) is recruiting a new Artistic Director
- Mais Crítica-meeting on performing arts critics. Lisbon(Portugal), 15 December
- Launch of Glasgow 2014 Cultural Programme Open Fund
- L'Entorse-Call for Projects(deadline January 14th 2013)
- Mobility grants in the cultural sector in Europe-for French residents only
- The Arab Fund for Arts and Culture-Call for Proposals 2013
- AFRICA REPORT | Censorship in Zimbabwe causes chilling effect on a spate of protest plays
- Andrew Dixon resigns as head of Creative Scotland
- Child's play: why you're never too young for the theatre
- State shouldn't fleece the creative | De Morgen-Belgium
- Spoffin opens call for 2013 residency-deadline: 31 January 2013
- Report on Crowdfunding Schemes in Europe and their Legal Implications
- Art Moves Africa
- Call for performance submission-Between the Seas Festival-New

York City

- Questionnaire on artistic freedom Deadline 7 January 2013
- Listen. Breathe. Bring sweets
- Performing Arts Yearbook 2013
- Why theatre awards are the hardest to give
- Sondheim speaks
- Shakespeare's indoor Globe to glow
- Balkan Express upcoming events
- Arts and Human Rights Workshop held in the Kaaitheater
- "Carton" at Clownin 2012
- Newcastle: slashing your arts funding would be a shortcut to disaster
- ENCATC Academy "Cultural Relations and Diplomacy" 5~7 Dec 2012
- Open Call-Proposals for the Spring Plenary Meeting in Dublin 11~14 April 2013
- Network for young artists ULYSSES
- Art is a pleasure technology
- The Today programme is wrong: great art happens beyond theatres
- Was Will Gompertz right when he said the arts had been subsidised to 'no great effect'?

IFACCA

International Federation of Arts Councils and Culture Agencies

국제예술문화협회연맹

① 기구

1) 소재지

소재국가 호주

주   소 International Federation of Arts Couneils and Culture
Agencies

372 Elizabeth St Surry Hills Sydney PO Box 788
Strawberry Hills 2012 NSW Australia

전   화 +61 2 9215 9018

팩   스 +61 2 9215 9111

홈페이지 http://www.ifacca.org

2) 설립연혁

국제예술문화협회연맹(International Federation of Arts Councils and Culture Agencies, IFACCA)은 2000년 12월 문화와 예술의 세계적인 교류와 발전을 위해 캐나다예술협회, 영국예술협회, 그리고 유네스코의 합작으로 발족되었다.

3) 설립목적 및 기능

IFACCA는 예술가와 세계 예술협회의 이익과 교류를 도모하기 위해 설립되었다. 활발한 네트워크와 지식교류는 예술을 발전시키고 예술의 다양성을 더욱더 풍부하게 만들어준다. 국제적인 예술 교류와 발전을 위해 연구, 회의, 행사 등의 개최를 주관하고 있다.

4) 회원국

현재(2015년) 세계 77개국이 회원이다.

5) 한국과의 관계

한국은 2000년도부터 회원국으로 활동 중이며, 한국문화예술위원회 회장이 위원으로 활동하고 있다.

② 정보원

1) 정보배포정책

정기간행물이나 회의 기록물은 무료로 열람할 수 있으며 영어, 스페인어, 프랑스어를 지원한다. 단행본은 PDF 파일로 볼 수 있으며, 여러 회원국의 출판국에서 출판한 출판물의 일부는 무료로 다운로드할 수 있으나, 일부는 유료로 판매되고 있고, 모든 출판물이 스페인어나 프랑스어를 지원하지는 않는다.

2) 정기간행물

• ACORNS(the Arts and Culture Online Readers News Service)
  세계의 문화 관련 뉴스나 행사에 관한 내용을 웹상에서 볼 수 있도록 지원하고 있으며, 2002년도 자료에서부터 검색이 가능하다. 인터넷으로 이메일 회원 가입을 한 사람들에게는 무료 이메일 서비스도 하고 있다.

3) 회의기록문

홈페이지의 'SUMMIT' 섹션에서 PDF 파일로 볼 수 있으며, 스페인어, 프랑스어 지원이 가능하다.

4) 단행본

- *French Cultural Policy Debates: A Reader*(2001)
- *Las Memorias del Encuentro Nacional de Educacion Artistica*(2007)
- *Report of the National Meeting on Arts and Education*(2007)
- *Staying Ahead: The Economic Performance of the Uk's Creative Industries*(2007)
- *Publicly Funded Culture and the Creative Industries*(2007)
- *Journal of Cultural Economy*(2007)
- *Cultural of Cultural Economy*(2007)
- *Local Policies for Cultural Diversity*(2006)
- *Working Together: Local Authorities and DCMS: A Guide for Councillors*(2006)
- *A Change in the Cultural Climate*(2006)
- *Culture on Demand: Ways to Engage a Broader Audience*(2007)
- *Value of the Arts*(2007)
- *Volunteers With Arts or Cultural Organizations: A 2005 Profile*(2007)
- *Measures of Success: Arts Marketing Metrics*(2007)
- *Innovate, Participate: A Cultural Policy Agenda for the Netherlands*(2007)
- *Observatorio Itau Cultural, New Research Publication*(2007)
- *Indigenous Art-Securing the Future*(2007)

- *Arts and Culture in Australia: A Statistical Overview, 2007*(2007)
- *The Complete Guide to Nonprofit Management*(2003)
- *A Critique of Creative Industries/Creativity Hypes*(2007)
- *Events And Festivals: Current Trends and Issues*
- *Artists in Figures*
- *Federal Commissioner for Cultural and Media Affairs*(2007)
- *Involving Youth in Nonprofit Arts organizations*(2007)
- *Towards a Healthy Ecology of Arts & Culture*(2007)
- *European Cultural Policy-Which Means What, Exactly?*(2007)
- *Mapping Cultural Participation*(2007)
- *Journal of Cultural Economics, Vol. 31 No. 2*(2007)
- *International Journal of Cultural Policy, Vol. 13 No. 2*(2007)
- *Arts & Economic Prosperity Ⅲ*
- *Americans for the Arts*(2007)
- *Final Report on the Take-up of Cultural Opportunities by Priority Groups*(2007)
- *Arts and Culture in the Metropolis: Strategies for Sustainability*
- *Rand Corporation*(2007)
- *Creating the Change-Women's Study*
- *IG Kultur Vorarlbergr*(2006)
- *Urban Cultural Programme-Full Evaluation Report*(2007)

- *Building Creative Partnerships: A Handbook for Schools(2007)*
- *The Future of Private Sector Givinf to the Arts in America*
- *Americans for the Arts*(2007)
- *Individual Choices, Permanency of Cultures*
- *Changes in Leisure 1981~2002*(2007)
- *Grant Making With a Racial Equity Lens*(2007)
- *Resale Royalty Right for Visual Artists: Discussion Paper*
- *Ministry for Culture and Heritage*(2007)
- *Compendium Newsletter,* No. 8/May 2007
- *Ericarts*(2007)
- *Culture 2007, Ministry of Education Science and Culture* (2007)

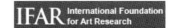

IFAR

International Foundation for Art Research

국제예술연구재단

① 기구

1) 소재지

주   소   International Foundation for Art Research(IFAR),
             500 Fifth Avenue, Suite 935,
             New York, NY 10110.

전   화   (212) 391-6234

전자우편   kferg@ifar.org

홈페이지   http://www.ifar.org

2) 성격

국제예술연구재단(International Foundation for Art Research, IFAR)은 비영리 교육 및 연구 단체로서 시각예술의 진정성을 알리는 데 전념한다. IFAR은 예술 연구에 관한 공정하고 권위 있는 정보와 예술의 진실성, 소유, 절도 그리고 법률, 도덕적인 이슈들에 관한 정보를 제공하고 있다. IFAR은 예술과 대중을 연결하는 다리역할을 하며, 상업예술과 학문 예술 간의 연결에 중점을 두고 있다. 4분기마다 IFAR 저널을 발행하고 있으며 컨퍼런스, 패널, 강의와 함께 예술 인증 연구서비스도 제공하며, 다양한 예술관련 정보 제공을 위해 노력하고 있다.

3) 설립연혁

IFAR은 1969년에 대중에게 예술의 공정성과 학문 단체, 예술세계의 문제점, 예술작품의 귀속과 진위성을 연구하여 대중에게 알리기 위해 설립되었다. 1970년대 IFAR은 그 범위를 예술작품 절도와 약탈, 예술문화재산법과 도덕론으로 확대시켰다. IFAR은 예술법에 관심 있는 사람들, 예술품 수집가들, 박물관 및 갤러리 관계자들, 학자들과 대중이 만날 수 있는 교차로의 역할을 하고 있다. 다른 목표들 중 특히 위조 작품과 도난 작품의 유통을 방지하는 데 목적을 두고 있다. IFAR은 그 객관성과 독립성으로 명성을 얻었고, 세계적으로 법률 집행부나 정부관계기관, 수집가, 교육기관, 연구자, 저널리스트, 그리고 시각예술을 좋아하나 어디로 가야 할지 갈피를 잡지 못하는 대중들이 IFAR의 도움을 받고 있다. 본사는 뉴욕에 위치하며 대중을 위한 프로그램들도 제공하고 있다.

- IFAR의 30년간의 주요 활동

30년 동안 IFAR은 꾸준히 원래의 목적을 잊지 않고 달려왔다. 예술세계의 더 많은 이슈들을 다루기 위해 꾸준히 범위를 넓히고 있으며, 예술계에 많은 영향을 끼치고 있다.

① 인증서, 위조와 사기(Authentications, Forgery & Fraud)

IFAR은 수년간 공식적인 작품 인증서를 찾기 위해 노력했고 600개 작품의 인증서를 찾았으며 몇 천 개의 인증서들을 검토했다.

② 예술품 절도(Art Theft)

1973년 예술품 절도와 약탈문제가 증가하자 IFAR은 세계의 박물관과 갤러리 커뮤니티들을 3년간 조사해 예술절도의 범위를 정하고 이를 막기 위한 방법을 연구했다. 그 결과 최초로 도난예술품의 목록을 공개적으로 볼 수 있는 아카이브를 만들었다.

③ IFAR과 법(IFAR & The Law)

IFAR이 설립된 후, 지속적으로 예술 학문과 법에 관여하고 있다. 1987년 IFAR은 발행물 예술법에 관한 섹션을 만들고, 법자문위원회를 조직하였다. IFAR은 예술과 법의 폭넓은 이슈를 지속적으로 다루는 유일한 단체이다.

④ IFAR과 정부(IFAR & The Government)

IFAR은 정부기관(U.S. 관세청, FBI, 마약단속단체,

지역 경찰청)과 함께 일하고 있으며, FBI와 U.S. 관
세청의 표창을 받았다.

⑤ 제2차 세계대전 예술품 반환(World War II
Art Restitution)

1979년 Weimar State Picture Gallery와 Edward Eliçofon
의 유명한 민사소송을 다룬 이후 IFAR 회원은 제2
차 세계대전 시대와 관련된 예술품 반환에 관한 문
제에 관여해 왔다.

⑥ 문화적 재산(Cultural Property)

비영리 단체로서 다양한 사람들을 위해 봉사하면서
IFAR은 문화적 재산에 관한 어려운 문제를 공정하
게 해결할 수 있도록 도와주고 있다.

4) 주요 활동(IFAR Activities)

(1) 예술품 인증연구서비스(Art Authentication Research Service)

미국에서 유일한 예술품 인증서비스로, IFAR 설립 이래
작품의 진위나 저자가 불분명한 작품들을 객관적으로
연구해 왔다. IFAR의 전문가와 연구자들은 법적인 부분
에서 자유롭고 연구비나 보상과 무관하기에 객관적인
의견을 제시할 수 있다. 또한 연구를 IFAR 저널에 자유
롭게 개재할 수 있기 때문에 IFAR은 대중과 학자들에
게 작품의 진위를 가리는 데 도움을 주며 도난 작품의
밀매를 방지하는 데 큰 역할을 한다.

(2) IFAR 저널(IFAR Journal)

1998년 IFAR 리포트 신문을 계간지 저널로 바꾸어 19 개국의 대중과 회원을 대상으로 예술세계에 관한 소식을 전하고 있다. 저널은 포럼과 토론, 학문, 서평, 그리고 IFAR의 임무와 연관된 뉴스나 주제들을 다루고 있다. 주요섹션은 'Stolen Art Alert(TM/도난예술품경계)'이다. 이는 Art Loss Register(ALR)와 인터폴(Interpol)의 도움으로 전 세계적으로 ALR과 인터폴, 경찰서, 보험회사, 박물관, 갤러리, 개인들의 도난신고 된 예술품 목록을 알려주고 있다.

(3) 도난 예술품 데이터베이스(Art Theft Database)

1970년대 중반 예술세계에 도난이 무분별하게 발생하자 IFAR은 처음으로 세계의 도난 예술품 아카이브를 대중들에게 제공하여 이 분야에서 최고가 되었다. 1991년 Art Los Register(ALR)를 설립하였으며 데이터베이스를 확장하는 데 기여했다. 1997년까지 IFAR이 ALR의 미국 사업을 관리했으며 1998년부터 ALR이 모든 데이터베이스의 책임을 맡게 되었으나, 소유권은 IFAR이 가지고 있다. IFAR은 예술품 도난과 소유에 관한 법적·도덕적·교육적 방면에서 활발히 활동하고 있다.

(4) 프로그램들과 이벤트(Programs & Events)

강의, 패널, 국제학술대회, 여행, 그리고 비공식 'IFAR

Evenings'를 통해 IFAR은 서포터들과 대중들에게 학문과 예술세계에 관해 교육하고 정보를 제공하고 있다.

(5) 국제학술대회 참여, 토론(Participation in International Symposia/Discussions)

세계적인 인지도 때문에 IFAR은 자주 참여정책분석이나 대중프로그램에 참여요청을 받는다. 이를 통해 IFAR의 뚜렷한 정체성을 알리고 예술분야에서 리더 역할을 하고 있다. IFAR은 미 국무부에서 진행한 '홀로코스트 시대에 약탈된 예술품 반환에 관한 미국의 정책에 관한 원탁회담'에 참여하여 이 분야에서 선구적 역할을 했다. 또한 이라크 박물관 약탈 문제 등에 대하여 많은 단체들과 협력하여 도움을 주었다.

② 정보원

1) 출판물(Publications)

출판은 IFAR이 교육적 단체로의 목적을 달성하기 위한 필수적인 방법이다. IFAR의 출판물은 세계적인 예술품 도난이나 사기, 진위, 감정 등에 관한 연구를 하는 데 도움을 주었다.

1970년대 만연했던 예술품 도난은 IFAR의 지속적인 출판을 자극했다. 첫 출판은 예술품 도난에 관한 두 권의 책과 도난, 약탈을 다룬 월간신문이었다. 또한 IFAR은 계간지를 발행하며 지속적인 출판을 이어왔다.

① IFAR 저널(*IFAR Journal*)

1998년부터 IFAR 저널이 IFAR 리포트를 대체하게 되었다. IFAR의 새로운 웹사이트와 저널은 도난작품 등록과 검색 위주에서 도덕적·법적·학문적·교육적 지식에 중점을 두는 것으로 바뀠다. 또한 서평과 뉴스, 예술품 진위, 사기, 절도, 법, 예술품 되찾기 등 여러 분야에 관한 지식을 다룬다.

② IFAR 저널: 스페셜 이슈(*IFAR Journal: Special Issues*)

IFAR은 정기적으로 중요한 주제나 뉴스에 관해 저널 전체를 다루거나 스페셜 이슈를 발행한다. 9·11 테러사건 때나 2003년 이라크 침범 때에도 예술품 파괴나 소멸에 관해 다뤘다. 첫 이슈는 9·11 사고에 관해 열렸던 심포지엄에서 발췌한 8개의 기사로 발간된 저널(온라인으로 발행됨)과 이라크에서 사라진 예술품에 관한 저널을 2003년 발행했다. IFAR은 지속적으로 이러한 주요한 사건이 발생할 때마다 스페셜 이슈들을 발행할 것이다.

③ IFAR 리포트(*IFA Rreports*)

1985년부터 1998년까지 1년에 10회 발행되었다. IFAR 리포트에는 '도난 예술품 주의'에 대한 내용이

포함되어 있고 베스트셀링(Bestselling) 이슈는 1990
년도에 일어난 '이사벨라 스튜어트 가드너 박물관
도난사건'에 관한 이슈와 살바도르 달리의 사기 스
캔들에 관한 이슈였다.

④ 도난 예술품 주의(Stolen Art Alert)

1980년부터 1984년까지 1년에 10회 발행되었다. 도
난 예술품 주의는 도난당한 예술품과 예술품 사기에
관한 정보, FBI가 압수한 600개 이상의 요셉 하터트
컬렉션(Joseph Hartert Collection)과 제롤드 슈스터 아
트갤러리(Jerrold Schuster Art Gallery)에서 압수한 80
개의 작품 등에 관해 다뤘다.

⑤ 예술품 도난 아카이브 신문(Art Theft Archive Newsletter)

예술품 도난 주의의 선도자로 볼 수 있다. 1979년에
10회 발행된 이 신문은 도난, 제2차 세계대전 때 약
탈된 예술품, 사기범들에 관해 다뤘다. 또한 1970년
유네스코 컨벤션 때 미국의 비준에 관한 토론을 다
뤘다.

⑥ 책(Books)

IFAR의 처음 발행된 책들은 도난당한 예술품에 관
한 것으로 예술품 도난 아카이브 인덱스와 예술품
도난 통계자료에 관한 연구이다.

2) 교육적 자원(Educational Resources)

교육적 연구조직인 IFAR은 많은 양의 정보자원을 축적했다. 이를 토대로 대중들을 위해 전자식으로도 정보자원을 제공하고 있다. 또한 사람들에게 예술품을 수집하거나 전시하는 것에 관해 법적·도덕적·학문적 정보를 제공하고 주기적으로 새로운 정보를 업데이트하고 있다. 또한 다른 정보와의 링크도 제공하고 있다.

(1) 예술법과 문화적 재산(Art Law & Cultural Property)

예술법과 문화적 재산은 ICPOEL(International Cultural Property Ownership and Export Legislation) 및 CLS(U.S. Case Law and Statutes) 같은 예술품을 습득하거나 소유하는 데 필요한 새로운 정보들을 제공하고 외국 문화업무부 연락처와 법적용어사전 역시 제공한다.

(2) 목록정보원(Catalogues Raisonnés)

목록정보원은 예술작품의 진위를 가리기 위해 필요한 출처, 역사적 연구에 관한 정보를 제공한다. IFAR은 2개의 새로운 도서목록 데이터베이스를 가지고 있는데, 하나는 이미 발행된 카탈로그이며 또 하나는 작업 중에 있다.

(3) 유래 가이드(Provenance Guide)

1933~1945년에 나타난 작품들의 출처와 유래를 알려주는 가이드 역할을 한다.

(4) 수집가의 코너(Collectors' Corner)

진위평가, 문서작성, 예술품 관리 등 새롭고 실질적이고 중요한 정보들을 수집가들에게 제공하고 있다.

IFI

The International Federation of Interior Architects/Designers

세계실내건축가연맹

1 기구

1) 소재지

소재국가 캐나다

주   소 465 Rue St. Jean

Bureau 101

Montreal Quebec

Canada H2Y 2R6

전   화 +1 514. 286. 0122

팩   스 +1 514. 286. 1440

전자우편 info@ifiworld.org

홈페이지 http://www.ifiworld.org

2) 성격

세계실내건축가연맹(The International Federation of Interior Architects/Designers, IFI)은 관련 업계 종사자들을 연합시키고 실내디자인과 관련된 사안을 위한 토론의 장으로서 역할을 수행하기 위한 비영리 유한회사이며 1963년 덴마크에서 설립되었다. IFI는 교육, 실천 그리고 관련된 산업에 있어서 디자인과 관련된 회원들과 독립체들의 모임들을 대표하는 단체들이 모인 협회라고 할 수 있다.

IFI는 전문실내건축가를 위한 전 지구적 목소리를 내는 권위 있는 기구이다. IFI는 실내건축 기구들의 유일한 국제연합체이고, 세계적 차원의 교육, 연구 및 실천에 있어서의 지식과 경험의 교류와 발전을 위한 전 지구적 토론의 장으로서 역할을 수행한다.

실내건축 영역의 '국제연합'으로서 평가되고 있는 IFI는 실내디자인의 파급, 영향 그리고 응용을 더욱 진전시키고 전 지구적인 사회적 책임감을 고취시키며 전 세계적으로 관련 종사자들의 지위를 향상시키기 위해 국제적인 공동체를 연결한다.

110여 개국의 국제 디자인 공동체에 속한 27만 명의 디자이너들, 교육자들 그리고 산업 이해당사자들을 대표하면서, IFI는 교육, 연구 및 실천에 있어서의 지식과 경험에 대한 의견 교류와 발전을 배가시킨다. 또한 IFI는 실내디자인과 실내건축의 응용에 영향을 준다.

3) 사명과 핵심 가치들

(1) 사명

IFI는 교육, 실천 그리고 연대감 속에서의 지식과 경험의 교류와 발전을 통해 사회적·국제적 수준으로 실내건축 종사자들의 기여를 확장하기 위해 존재한다.

(2) 핵심 가치

IFI는 다섯 가지 핵심 가치들을 기반으로 설립하여 미래의 모습을 형성하였다.

① 실내디자인 분야를 미래로 이끈다.

② 실내디자인의 영향력과 효과에 대한 대중의 인식을 향상시킨다.

③ 전 지구적 프로그램들에 대한 디자인 솔루션들을 확인하고 제공하기 위해 전 세계적으로 실내건축디자인 관련 종사자들을 연결한다.

④ 최고의 실천 덕목을 세우고 채택함으로써 관련 종사자들, 교육 그리고 연구를 위한 세계 기준과 가이드라인을 세우고 이행한다.

⑤ 실행에 옮길 수 있는 프로그램, 행사, 출판물을 통해 관련 종사자들을 교육한다.

4) 전략적 목표들

• 전문적 지식과 교육적 지식의 교류를 통해 원조하고 촉

진한다.

- 교육, 사업, 디자인 그리고 사회적 인식에 있어 국제적 협력을 권장한다.
- 실내디자인을 위한 경제적, 정치적, 기술적 발전에 대한 정보를 제공한다.
- 산업계 및 정부의 참여를 가능케 함으로써 실내건축디자 인 종사자들에게 전 세계적으로 봉사할 수 있는 기구를 만들어낸다.
- 공동체들의 지위를 향상시키고 사회적 책임을 준수하기 위해 실내건축가들의 전문적 기술을 활용한다.
- 디자인 관련 국제기구들과 연락을 취한다.
- 세계 전역의 사회 속에서 실내디자인의 기여를 증진시키 고 디자인정책 옹호활동의 플랫폼을 발전시킨다.

5) 전문 실내건축가의 정의

교육, 경험 및 응용 기술의 자격을 갖춘 전문 실내건축가들 은 다음과 같은 책임사항들을 수용한다.

- 실내 환경의 기능과 성질에 속하는 문제점들을 확인하고, 연구하여 창의적으로 해결한다.
- 실내 건축, 빌딩 시스템 및 요소, 건축 규제, 장비, 자재 및 비품에 대한 전문적 지식을 활용하여 프로그래밍, 디 자인 분석, 공간 계획, 현장 작업의 미학 및 정밀 조사를

포함하는 실내 공간과 관련된 봉사를 수행한다.
- 삶의 질을 향상시키고, 공공의 건강, 안전, 복지 및 환경
  을 보호하기 위해 실내공간 디자인과 관련된 조직도, 도
  안, 문서를 준비한다.

6) 세계실내건축가연맹 IFI '인테리어디자인 선언'

인간은 본능적으로 공간을 이용하는데 기능적인 충족을 넘
어서 심미적인 욕구를 채우려고 한다. 이는 공간에 담긴 심
오한 의미를 느끼게 해 준다.

사려 깊게 디자인된 공간에서 우리는 배우고, 되돌아보고,
상상하고, 발견하고, 창조한다. 훌륭한 공간은 위대한 창조
문화에 필수불가결한 요소로서 인간과 아이디어, 그리고
모든 사고의 영역들을 연결해 준다. 우리는 인테리어디자
인 전문지식을 가지고 사람들의 필요에 부응하는 공간을
만든다. 이러한 인간 중심의 공간이 우리의 능력·열정과
작업에 의한 전문적 영역인 것이다. 우리는 책임감을 가지
고 공간을 다루며, 세계의 경제자원과 자연자원을 지속가
능한 방법으로 사용하기 위해 전문성을 발휘하여 건강, 안
전, 웰빙, 그리고 모든 필요한 것들을 위해 디자인한다.

디자인은 결국 인류를 위한 것이며, 우리가 만들어내는 것
은 인간의 경험을 형성하는 바로 그 공간인 것이다. 이것이
일하고 창조하고, 제공하는, 중요한 이유이고, 디자인이 클
라이언트와 사회뿐 아니라 자신에게도 중요한 이유이자 차

별성을 보여주는 요소이다.

(1) 가치성(Value)

인테리어디자이너는 실내공간과 그 공간을 사용하는 사
람들의 삶의 질을 개선시키면서 새로운 것들을 발견하
고, 이를 현실에 맞게 적용시키며, 여기서 발생된 변수
의 타당성을 타진하는 반복적이고 상호적인 과정을 활
용함과 동시에 이러한 작업을 이끌어가는 리더십을 갖
추고 있다.

이러한 과정은 경제적·기능적·미학적·사회적인 유
익을 제공하는데, 이는 클라이언트로 하여금 그들이 내
린 결정이 사회에 미치는 가치를 이해하고 사용자들과
사회에 더 많은 이익이 될 수 있는 결정을 내릴 수 있
도록 돕는다. 따라서 인테리어 디자이너는 신뢰성을 기
반으로, 사용자들의 신체적·정서적·행동적 패턴에 관
련된 다각적인 연구모델을 개발해야 한다.

(2) 관련성(Relevance)

인테리어디자이너는 프로젝트의 착수에서부터 공간 및
디자인에 대한 정의를 명확히 내리고, 모든 진행 과정
에서 인간의 경험에 대한 고려를 우선시해야 한다. 이
를 위해 환경생태를 종합하고, 모든 감각을 다루는 아
름다움으로 과학을 표현한다. 디자이너는 가치를 내재
한 독창적인 아이디어와 상상력이 필요하며 공간들을 듣

고, 관찰하고, 분석하고, 개선하고, 창조할 수 있어야 한다.

(3) 책임성(Responsibility)

인테리어디자이너의 책임은 실무와 이에 요구되는 전문
지식 및 기술을 규정하고 자신과 일반 대중을 교육시켜
질적 삶의 공간전문가로서 자리매김하는 것은 물론, 전
문성을 발전시키고 사회적 웰빙을 추구하는 것이다.

(4) 문화성(Culture)

창조적 산업으로서의 인테리어디자인은 문화적 산물을
생산해내는 하나의 모델이다. 인테리어디자이너는 문화
적 자산을 이해하고, 해석하며, 재구축하여 새로운 장소
성을 만들어내는 전문가들이므로 문화적 다양성을 보존
하게 하는 역할을 해야 한다.

(5) 사업성(Business)

인테리어디자인은 이해당사자들에게 가치를 제공하며
경제발전의 한 요소로 웰빙을 향상시킨다. 인테리어디
자이너는 투자에 대해 다각적인 수익을 내는 전략적 사
고의 리더십을 제공하고, 교육을 통해 이 직업의 지속
적인 이익과 사회적인 인식을 지원한다.

(6) 지식성(Knowledge)

이론적·응용적·감각적인 지식은 인테리어디자인 실

행의 근간이 된다. 환경 심리학과 인체공학을 신중하게
융합하는 것은 인테리어디자이너가 실무를 진행하는 데
있어 양적으로나 질적으로 매우 중요한 지식이다.

(7) 독자성(Identity)
인테리어디자이너는 삶의 질을 개선하기 위해 심리적
요인과 물리적 요인을 바탕으로 공간과 사람의 관계를
결정한다.

② 정보원

1) 출판물

세계실내건축가연맹은 실내 건축 및 디자인계에 대한 전
지구적 시각을 제공하는 출판물들을 보유하고 있다. 주제
들은 랜드마크디자인 프로젝트들의 역사적 기록물들에서부
터 디자인업과 관련된 지적 탐구 기록물에까지 이른다.

- *A GLOBAL ASSESSMENT OF THE INTERIORS DISCIPLINE*
- *EXPLORATION OF INTERIORS EDUCATIONAL STRATEGIES IN NORTH AMERICA*
- *IFI PRESIDENT'S UPDATES ARCHIVE*
- *INTERNATIONAL INTERIORS ANNUAL*

- *INTERIOR DESIGN; THE STATE OF THE ART*
- *THINKING INTO THE FUTURE*
- *International Handbook*
- *Green Design Checklist*
- *Directory of Schools Ⅲ*
- *IFI Amsterdam,* 1993. 117pp. Reissue 1995.
- *IFI Position Papers*
- *Lexicon. Interior Design Glossary*
- *Please be seated*
- *IFI 1963~1993 a personal view.* Liesbeth Hardenberg
- *Rooms for care-Interior Design for Healthcare.* Olle Anderson
- *International Guidelines to Conditions for Contracts for Interior Design*
- *Organising International Design Competitions & Award Schemes*
- *IFI Yearbook-International Interiors Annual,* Volume Ⅰ, Ⅱ & Ⅲ

2) 필독서(IFI 'Must Read Must Have' Books)

세계실내건축가연맹은 2013년 설립 50주년을 기념하여 반드시 읽어야 하는 디자인 관련 서적을 선정하였는데, 총 50권으로서 다음과 같다.

- *Interaction of Color*
- *Experiencing Architecture*
- *Philosophy of Interior Design*
- *The Economy of Cities*
- *Design and Form: The Basic Course at the Bauhaus and Later*
- *Beyond Culture*
- *A Pattern Language*
- *Design in Architecture: Architecture and the Human Science*
- *Design - the problem comes first*
- *Towards a New Architecture*
- *Form and Purpose*
- *20th Century Decoration*
- *Objects of Desire*
- *Arne Jacobsen - Architect & Designer*
- *Public Interiors: Architecture and Public Life Inside Amsterdam*
- *The Eyes of the Skin: Architecture and the Senses*
- *Making Light*
- *Marks of Excellence*
- *The Art of Looking Sideways*
- *The Art of Innovation: Lessons in Creativity from IDEO, America's Leading Design Firm*

- *The Lost Treasures of Louis Comfort Tiffany*
- *Nature in Design*
- *Elements of Design: Rowena Reed Kostellow and the Structure of Visual Relationship*
- *The Metapolis Dictionary of Advanced Architecture*
- *Making and Breaking the Grid: A Graphic Design Layout Workshop*
- *Sensory Design*
- *Alvar Aalto Villa Mairea*
- *Understanding Design: 175 reflections on being a designer*
- *Scandinavian Modern Houses*
- *Picturing and Poeting*
- *INTIMUS: Interior Design Theory Reader*
- *Designing Design*
- *Patterns in Design, Art and architecture*
- *The Architecture of Happiness*
- *Signs & Symbols*
- *The Brand Handbook*
- *Especes D'espaces(The Species of Spaces)*
- *On Altering Architecture*
- *The Craftsman and The Critic: Defining Usefulness and Beauty in Arts and Crafts-Era Boston*
- *Yes Is More: An Archicomic on Architectural Evolution*
- *Space, Time and Architecture*

- *The State of the Interior Design Profession*
- *Rethinking Design and Interiors*
- *Islamic Art and Architecture*
- *Architecture and Interior Design: An Integrated History*
- *Marc Newson - Works*
- *Grand Design*
- *Inside Prefab: The Ready-Made Interior*
- *Creative Intelligence: Harnessing the Power to Create, Connect, and Inspire*
- *Designing Interior Architecture: Concept, Typology, Material, Construction*

3) 세계실내건축가연맹 IFI '인테리어디자인 선언'

공간을 미와 의미로 채워져야 할 차원으로 보고, 실내건축 디자인의 가치와 의미를 천명하는 선언문으로서 가치성 (Value) · 관련성(Relevance) · 책임성(Responsibility) · 문화성 (Culture) · 사업성(Business) · 지식성(Knowledge) · 독자성 (Identity) 등의 내용을 담고 있다. 현재 한국어를 비롯하여 영어, 중국어, 프랑스어, 독일어, 스페인어, 일본어, 러시아 어, 터키어 등의 언어로 웹상에서 열람이 가능하며, 더 많 은 언어로 지원할 예정이다.

IMC

International Music Council

국제음악협회

1 기구

1) 소재지

소재국가 프랑스

주　　소 International Music Council

　　　　　1 rue Miollis, 75732 Paris Cedex 15, France

전　　화 +33 1 45 68 48 50

팩　　스 +33 1 45 68 48 66

전자우편 imc@unesco.org

홈페이지 http://www.imc.cim.org

2) 설립연혁

국제음악협회(International Music Council, IMC)는 1949년 유
네스코에서 직접 설립한 단체로, 유네스코에서의 음악 관

련 부분을 담당하고 있다. 파리에 있는 유네스코 본부에 기반을 두고 있으며, 협력관계를 유지하고 있다. 지난 50년간 모든 종류의 음악발전에 기여하고 각국 정부 및 기업지원을 요청하여 다양한 음악 분야의 질을 향상하기 위해 설립되었다.

3) 설립목적 및 기능

IMC는 국제적인 네트워크로써 다양한 음악의 발전에 기여하기 위해 설립되었다. 회원국의 음악 발전을 위해 교육, 의사소통 등의 활동으로 많은 사람들이 문화활동에 원활히 참여할 수 있도록 돕는다. 아시아, 아랍, 미주, 유럽, 아프리카 세계 5개 지역에 지부를 두고 음악활동을 하고 있다.

4) 회원국

76개국이 회원으로 가입되어 있으며, 2년에 한 번 총회를 개최하여 12명의 상임위원을 선정하고 지식과 경험으로 음악발전을 위해 노력한다.

5) 한국과의 관계

우리나라는 1958년에 가입하여 회원으로 활동 중이다.

② 정보원

1) 정보배포정책

연구보고서 및 단행본은 홈페이지상에서 볼 수 없으나, 이
메일을 통해 열람이 가능한 자료인지의 문의는 가능하다.
뉴스만 볼 수 있으며, 정기간행물은 회원에 한해서 우편을
통해 받을 수 있다.

2) 정기간행물

- *IMC News Bulletin*
  일 년에 한 번 간행되는 IMC의 정기간행물로써 각종
  음악 관련 뉴스들을 게재하고 있다. 2003년 자료부터 홈
  페이지상에서 볼 수 있으며, PDF 파일을 무료로 열람할
  수 있다.
- *Resonance*
  일 년에 두 번 간행되는 간행물로써 홈페이지상에서 열
  람할 수는 없으며, 회원이 될 경우 정규 우편으로 받아
  볼 수 있다. 각 국가의 음악 관련 법, 교육에 관한 심도
  있는 사설을 포하고 있다.

3) 단행본

- *International Music Council 1949~1991*(1991)(Spanish

Vion Pblished in 1993 by the Spanish Music Council)

- *Les Très Riches Heures de la Musique en Afrique*
  (By Former IMC President Lupwishi Mbuyamba, Published
  by the Royal Swedish Academy of Music, 1991)
- *La Música en un Mundo en Crisis: Hacia el Siglo XXI*
  Papers Presented at the Symposium of the VIth TRIMALCA
  (Published by the Argentinian Music Council, 1993)
- *Asian and Western Mutual Musical Influence*
  Papers Presented at a Symposium Held in Conjunction With
  the IMC General Assembly in Seoul, Korea 1995(1995)
- *VII TRIMALCA Seminario*
  Papers Presented at the Symposium of the VIIth TRIMALCA,
  Ibagué, Colombia
  (Published by the Colombian Music Council, 1995)
- *Rhythmic Music Education: Jazz, Rock, World Music*
  Papers Presented at an IMC Congress in Copenhagen,
  July 1996
  (Published by the Danish Music Council, 1996)
- *La formación del Músico Profesional en América
  Latina*
  Papers Presented at an IMC-ISME Seminar Held in
  Salvador de Bahia, 1997(1997)
- *Music for the 3rd Millennium*
  Commissioned to Frans Evers by the IMC

Published by the Royal Conservatory The Hague, 1998

• *Young Performers' Careers*

(By Frans Wolfkamp. Summary of a Study Commissioned
to the IMC by UNESCO Bergen, 1998)

• *Creativity and Innovation in Tomorrow's Music*

(A Compendium of Papers Presented at the International
Conference Held in Conjunction With the 28th General
Assembly of the International Music Council, Petra, Jordan,
September 22~25 1999)

(Published With the Financial Support of the Noor Al
Hussein Foundation, The National Music Conservatory. In
English, 1999)

• *Women and Musical Creation*

Papers Presented at a Conference Organised by the
International Music Council and the Documentation Centre for
Contemporary Music

UNESCO, (1996, ISBN: 2-9516443-5 Published With the
Financial Support of UNESCO. In English and French)

• *CALL FOR ACTION: The Role of Community Music
Schools in Promoting Intercultural Music Education*
(Published by the IMC, December 2000)

• *Music and Globalisation: A Guide to the Issues*
(Commissioned to Simon Mundy by the International Music
Council. Paris, 2001 In English, French and Spanish under a

Single Cover)

- *Panamerican Forum on Music Education*
(Papers Presented at the Symposium of the VIIIth TRIMALCA, Mexico City, 2002)
- *Many Musics Conference*
(Papers Presented at the Conference Held in Conjunction With the IMC General Assembly, Montevideo, October 2003)
- *Guide to Pan-African Cultural Markets, Professional Networks, and Resource Institutions*(2002)

IOV

International Organization of Folk Arts

국제민간문화예술교류협회

☐1 기구

1) 소재지

소재국가 오스트리아

주   소 Sportplatzstraße 10, A-4770 Andorf, Austria

전   화 +43-7766-41080

팩   스 +43-7766-41080

전자우편 http://www.iovworld.org/contactus.asp

홈페이지 http://iov-world.com

2) 설립연혁

국제민간문화예술교류협회(International Organization of Folk Arts, IOV)는 1979년 벨기에 우스트로제베크에서 설립되었으며, 현재 기구는 오스트리아의 비엔나에, 사무국은 마리아 엔제르스도프에 위치하고 있다. 1983년 IOV는 UNESCO에 의해 C등급으로 인정되었고, UN 산하기구로 가입되었다. 1990년 134번째 회의에서 UNESCO 이사회에 의해 B등급으로 승격되었다. UNESCO의 새 지침에 따르면, IOV는 1997년 1월에 UN의 공식적인 산하기구가 되었다.

3) 설립목적 및 기능

풍요로운 전통 민족문화는 인류의 행복을 반영한다. 이는 인류가 평화와 안전 속에서 공존할 수 있음을 의미하고, 그것은 창의성, 사회적 책임감과 자선을 양성하며 문화 주체성의 표현을 의미하는 것이다. 타민족의 역사와 문화에 대한 이해는 편견을 줄이고, 이해를 증진시키며 세계평화를 구축하고 유지하는 데 도움을 주기 때문에 IOV는 이러한 목적을 달성하기 위해 설립된 것이다.

4) 회원국

현재, 185개 국가가 회원으로 활동하고 있다. 실제적으로나 조직적으로 또는 과학적으로 전통 민속 문화 예술에 관여하는 개인뿐만 아니라 각 학회, 협회, 박물관, 대학, 재단, 단체, 조합, 사업체들, 다른 사회 기관들, 그리고 민간예술과 관련된 비정부기관 및 공공기관들 등 약 907명으로 이루어져 있다. 국제적 전통 민속 문화 예술제 및 축제 협회들이다.

- 개별적 회원들-전문가, 주최자 그리고 기술 고문들: 1,979명

- 총 회원 수: 3,192명

IOV는 191개국과 187개의 국제적 UNESCO 위원회들과 교류하며, 관련 업무를 충실히 수행하고 있다.

5) 한국과의 관계

한국은 1994년 지부를 설립해 활동하고 있다.

② 정보원

1) 정보배포정책

문화관련 자료들을 파일, 동영상, 오디오 파일로 볼 수 있으며, 일부는 유료이다. 이메일 가입 시 *E-NEWS*를 받아볼 수 있다.

2) 행사 자료

- *2005 IOV World Congress in Andong*(2006/02)
- *The World of IOV 2/2000*(2000/12)
- *2000 International Year for a Culture of Peace*(no. 6~7) (2000/01)
- *International Commission on Traditional Clothing*(no. 5)(1999/08)

3) 단행본

- *Collection of Research Papers of Oksana Mikitenko*(2006/06)
- *Proceedings of the Dance Seminar in Evosmos-Thessalonica, under Auspices of IOV*(2006/03)
- *Faces of the World-Intercultural Learning in Images*(2006/12)
- *Kibris Halkdanslarinin Yakin Gecmisi*(2006/11)
- *Op Roakeldais 40th Anniversary*(2005/04)
- *Proceedings of the 3rd Symposium(Workshop) on Dance Research*(2005/03)
- *2003 Asia-Pacific Traditional Arts Festival Collection Book*(2004/05)
- *Proceedings of the 2nd Symposium on Dance Research*(2004/01)
- *Proceedings of the 3rd Symposium on Dance Research, under Auspices of IOV*(2003/12)
- *International Organization of Folk Art(IOV)*(no. 1~4)

4) 비디오 자료

- *Taiwan World Culture Showcase V-2006 DD World Music Festival*(2007/4)

ISCM

International Society for Contemporary Music

국제현대음악협회

① 기구

1) 소재지

소재국가 네덜란드

주　　소 ISCM Secretariat c/o Gaudeamus Piet Heinkade
　　　　　5 1019 BR
　　　　　Amsterdam The Netherlands

전　　화 +31-20-5191800

팩　　스 +31-20-5191801

전자우편 info@iscm.org

홈페이지 http://www.iscm.org

2) 설립연혁

국제현대음악협회(International Society for Contemporary Music, ISCM)는 1922년 오스트리아 잘츠부르크에서 20개국이 참가하여 설립한 음악협회이다. 영국 음악학자인 E.J.덴트가 회장에 취임하고, 1923년부터 본부를 런던에 두었다.

3) 설립목적 및 기능

국적, 민족, 미학상 주장, 정치적 의견, 종교상 견해 차이를 불문하고 진실한 가치를 지닌 현대 작곡가의 작품을 세계에 알리는 것이 목적이다. 이를 위해 해마다 장소를 바꾸어 국제현대음악제를 개최한다.

여러 참가국에서 제출한 작품 가운데 25~30곡을 선정하여 연주하는데, 유명한 현대 작곡가들의 작품들이 대부분 이 음악제를 통해 소개되었다. 본부는 회장 출신국에 두며 해마다 세계음악제 유치국에서 총회를 연다.

4) 회원국

세계적으로 50여 개국이 회원으로 가입되어 있다.

5) 한국과의 관계

한국은 1971년에 회원으로 가입하였으며 1984년에는 강석희가 협회부위원장으로 선출되었다. 1970년대 이후 김정길,

이만방, 진은숙 등 10여 명이 세계음악제에서 입선한 성과
가 있다. 1997년 9월 26일에는 서울에서 세계음악제를 개
최하기도 했다.

② 정보원

1) 정보배포정책

ISCM은 정기간행물, 연보, 회의자료 등을 제공하고 있으며,
기록물(Archive)과 연보는 무료로 PDF 파일로 온라인상에
서 열람할 수 있다. 다만, *World New Music Magazine*은 문
의가 필요하며, 회원가입 절차를 필요로 하고 있다.

2) 정기간행물

- *World New Music Magazine*
  정식 ISCM 간행물로써 현대 음악에 대한 새로운 경향
  을 볼 수 있으며, 세계 현대 음악의 현 위치를 파악할
  수 있는 간행물이다. 일부 PDF 파일을 무료로 온라인상
  에서 제공하고 있지만, 전체를 보기 위해서는 이메일로
  문의해야 한다.
- *ISCM Newsletter*
  ISCM의 뉴스를 볼 수 있으며, 홈페이지상에서 무료로
  볼 수 있으나, 이메일로 회원가입을 했을 경우에는 개

별적으로 받을 수 있다.

3) General Assembly Minutes

매년 개최되는 정기 총회의 회의 기록문이며, 1995년 자료
부터 PDF 파일로 볼 수 있다.

- *Minutes of the General Assembly of the ISCM Stuttgart*, 2006
- *Minutes of ISCM Executive Committee Meeting in Vienna*, 2006
- *Minutes of ISCM Executive Committee Meeting in Oslo*, 2005
- *Minutes of the General Assembly of the ISCM Zagreb* 2005
- *Minutes of the General Assembly of the ISCM Switzerland*, 2004
- *Minutes of the General Assembly of the ISCM Ljubljana*, 2003
- *Minutes of the General Assembly of the ISCM Hong Kong*, 2002
- *Minutes of the General Assembly of the ISCM Yokohoma*, 2001
- *General Assembly and Report*

4) 연보

2004년도 연보부터 열람할 수 있으며, 각 나라별로 분류해
서 제공하고 있으므로 각국의 활동 및 행사를 볼 수 있다.

ISME

International Society for Music Education

국제음악교육협회

☐ 기구

1) 소재지

소재국가   호주

주   소   Suite 148

45, Glenferrie Road

Malvern, VICTORIA 3144

Australia

전자우편   isme@isme.org

홈페이지   http://www.isme.org

2) 성격

국제음악교육협회(International Society for Music Education, ISME)는 사람들이 음악과 관련을 맺고 그것을 통해 발전하는 다양한 방법들을 추구하는 음악 교육자들을 위한 전 세계적 기구이다. 1953년에 설립된 ISME는 일평생 음악 학습을 이해하고 증진시키고자 노력하는 전문가들의 국제적이고 학제적이며 이문화 간의 네트워크를 표방한다. 이 기구는 문화, 교육, 보존에 대한 헌신, 우리의 문화유산의 지속적인 발전, 그리고 증거에 기초한 정책과 실행을 공유한다.

3) 설립연혁

ISME는 음악교육을 일반교육의 필수적인 부분으로 활성화시키기 위해 1953년 유네스코가 소집했던 회의에서 구성되었다. 이것이 ISME의 과거 수십 년간의 주된 관심사였고, 가장 중요한 동기근원으로 계속 자리 잡고 있다.

4) 비전 및 임무

ISME는 음악에 대한 경험들이 많은 측면에서 삶의 필수적인 부분이라고 믿는다. ISME의 임무는 다음과 같은 사업을 통해 살아 있는 경험들을 증진시키는 것이다.

- 상호 존중과 원조로 특징지어지는 음악 교육자들의 전 세계적 커뮤니티를 구축하고 유지한다.
- 전 세계의 음악 교육자들 간의 전 지구적 이문화간 이해와 협력을 증진시킨다.

• 전 세계 전역의 모든 적절한 상황에 있는 전 연령대의 사람들을 위한 음악 교육을 촉진한다.

5) 조직

(1) 총회

총회는 협회에서 가장 중요하고 강력한 조직이다. 협회의 헌장을 제시하고 조율하며 승인한다. 회장과 이사진을 임명한다. 총회는 2년마다 개최되는 ISME의 세계 대회 기간 동안 모임을 갖는다.

(2) 이사회

이사회는 2년의 임기 동안 그들의 사적인 시간 중 대부분을 협회의 정책을 실행하는 데 보낸다. 그들은 가능한 한 많은 음악의 교육적 측면들을 제시한다.

그들 중 다섯이 협회를 위한 지속성을 창출하기 위해 이사진으로서 특별한 직책을 맡고 있는데, 그들은 회장, 회장 당선자, 전임 회장 그리고 두 명의 이사들이며 음악교육협의회 이사회는 ISME 국제회의가 개최되도록 예정된 곳에서 1년에 한 번 모임을 갖는다.

② 정보원

*The International Journal of Music Education*은 ISME의 공식 학술지이고, ISME 기구 내의 모든 대륙에서, 더욱 일반적으로는 음악 교육이라는 학과목 내에서 대표되는 거의 80개국의 음악 교육자들 간의 대화와 교류를 위한 주된 수단이다.

ISME의 편집국은 전 세계의 가장 저명한 학자들과 전문가들을 대표하고, 학술지는 전 세계인 시각으로 최고의 실천과 연구를 나타내는 유일한 학문적 출판물이다. 1년에 총 4회 발행되는 이 학술지는 각각 학문적 연구와 교수 및 학습에서의 혁신적 실천들을 기록하는 것에 초점을 맞추고 있다. 또한 음악 교육과 관련된 시기적절한 주제들 및 이슈들을 대상으로 하는 특별 공개행사도 포함된다.

이 학술지의 특징은 음악교육계에서 현재 다뤄지고 있는 중요한 이슈들뿐만 아니라 음악 교육 이론과 실제와 관련된 주제들과 방법론을 폭넓게 다룬다는 점이다. 2004년부터 *The International Journal of Music Education*은 Sage Publications이 출간하고 있다. IJME 외에도 국제음악교육협회는 다음과 같은 다양한 기록 출판물들을 발행하고 있다.

1) 출판물

① ISME World Conference Proceedings

② Research Commission Documents and Publications

③ CMA Documents and Publications

④ ECME Documents and Publications

⑤ CEPROM Documents and Publications

⑥ Policy Commission Documents and Publications

⑦ MISTEC Documents and Publications

⑧ SpecialEd Documents and Publications

⑨ Forum Documents and Publications

⑩ Regional Conferences Documents and Publications

⑪ Revista Internacional De Educación Musical

⑫ ISME 역사서

- *Toward a Global Community: The International Society for Music Education 1953~2003*

⑬ 기타 ISME 출판물

- *ISME Fanfares: Dmitri Kabalevsky*
- *Games Children Sing Malaysia*
- *Songs of Latin America: From the Field to the Classroom*
- *Traditional Songs of Singing Cultures A World Sampler*
- *Music Education And Ethnomusicology: A(Usually) Harmonious Relationship*
- *ISME paper submission guidelines*
- *The Four ISME Honorary Presidents*

- *Making the world a better place through music*

2) 기사

① IJME 최다 인용 기사(most cited articles)

- The impact of informal music learning practices in the classroom, or how I learned how to teach from a garage band
- Cosmopolitan musicianship under construction: Digital musicians illuminating emerging values in music education
- Popular music education in and for itself, and for 'other' music: current research in the classroom
- Garage rock bands: a future model for developing musical expertise?
- Effects of Selected Variables on Musicians' Ratings of High-Level Piano Performances
- Documenting praxis shock in early-career Australian music teachers: the impact of pre-service teacher education
- Student-as-master? Reflections on a learning innovation in popular music pedagogy
- 'I am unmusical!': the verdict of self-judgement
- Learning outcomes of two approaches to multicultural music education
- Perceptions of college-level music performance majors

teaching applied music lessons to young students

- Lullaby light shows: everyday musical experience among under-two-year-olds
- Teaching popular music in Finland: what's up, what's ahead?
- Vernacular music-making and education
- Problem-Solving and Creativity: Insights from Students' Individual Composing Pathways
- An exploratory comparison of novice, intermediate, and expert orchestral conductors
- The effects of a music education immersion internship in a culturally diverse setting on the beliefs and attitudes of pre-service music teachers
- The performance teacher as music analyst: a case study
- Can improvisation be 'taught'?: A call for free improvisation in our schools
- Two decades of research on possible selves and the 'missing males' problem in choral music
- Pop and world music in Dutch music education: two cases of authentic learning in music teacher education and secondary music education
- The power of music: Its impact on the intellectual, social and personal development of children and young people

- Popular music in American teacher education: A glimpse into a secondary methods course
- 'We-research': Adopting a wiki to support the processes of collaborative research among a team of international researchers
- Fourth-and Fifth-Grade Students' Affective Response and Ability to Discriminate between Melody and Improvisation after Receiving Instruction in Singing and/or Playing a Piece in the Blues Style
- Teaching the adult beginning instrumentalist: ideas from practitioners

② IJME 최다 구독 기사(most frequently read articles)

- The power of music: Its impact on the intellectual, social and personal development of children and young people
- Creativity in the elementary music classroom: A study of students' perceptions
- Orchestrating life skills: The effect of increased school-based music classes on children's social competence and self-esteem
- Absence of widespread psychosocial and cognitive effects of school-based music instruction in 10-13-year-old students

- Traditional Chinese abstracts
- The impact of informal music learning practices in the classroom or how I learned how to teach from a garage band
- YouTube, fanvids, forums, vlogs and blogs: Informal music learning in a convergent on-and offline music community
- Neuroscience meets music education: Exploring the implications of neural processing models on music education practice
- Piano playing reduces stress more than other creative art activities
- Music technology-mediated teaching and learning approach for music education: A case study from an elementary school in South Korea
- The nine domains of community music: Exploring the crossroads of formal and informal music education
- Rock Music in American Schools: Positions and Practices Since the 1960s
- Effects of a music programme on kindergartners' phonological awareness skills 1
- Gender differences in musical instrument choice
- Singing and cultural understanding: A music education perspective

- Mariachi music as a symbol of Mexican culture in the United States
- Cosmopolitan musicianship under construction: Digital musicians illuminating emerging values in music education
- Popular music education in and for itself, and for 'other' music: current research in the classroom
- A proposal of a color music notation system on a single melody for music beginners
- Advanced youth music ensembles: Experiences of, and reasons for, participation
- Finding balance in a mix of culture: Appreciation of diversity through multicultural music education
- Harmony within the walls: Perceptions of worthiness and competence in a community prison choir
- Inclusive pedagogies in music education: a comparative study of music teachers' perspectives from four countries
- 'I am unmusical!': the verdict of self-judgement
- Praxial music education: A critical analysis of critical commentaries

③ IJME 최신 기사(latest articles)
- Cosmopolitan musicianship under construction: Digital musicians illuminating emerging values in music education

- Two studies of pitch in string instrument vibrato: Perception and pitch matching responses of university and high school string players
- NGOs as a framework for an education in and through music: Is the third sector viable?
- Praxial music education: A critical analysis of critical commentaries
- Assessment for Learning, a decade on: Self-reported assessment practices of secondary school music teachers in Hong Kong
- Partnership working and possible selves in music education
- Music, play and Darwin's children: Pedagogical reflections of and on the ontogeny/phylogeny relationship
- Teachers' transformation as learning: Teaching Cantonese opera in Hong Kong schools with a teacher-artist partnership

3) 기록 보관소

① Newsletters Archive

② Postcards archive

4) 지지 보도 자료(Advocacy articles)

- Webex session-Facilitating learning in small groups: interpersonal dynamics and task dimensions-Wed 13 March at 5.00 pm.
- Gibson guitar becomes ISME 'Olympic Torch'
- Reinvesting in Arts Education: Winning America's Future Through Creative Schools
- IPS: Theatre For Development and Peace
- the House Magazine: Professor Welch on the English Baccalaureate
- EMC Strategy-Music and Politics, music education
- Afghanistan National Institute of Music(ANIM) gala concert
- 3year old Jonathan conducting to the 4th movement of Beethoven's 5th Sy⋯
- Professor Welch on BBC The Other One Show(National Sing Up day)
- School singing 'can boost children's well-being'
- Advocacy: Children's Voices
- SupportMusic Coalition Teleconference and Webcast Recorded "LIVE" from the NAMM Show
- The power of singing
- U2 donates over $6 million to musical education for

kids | Irish Entertainment Around the World | IrishCentral

- 10: Why Study Music?
- ISME advocacy program: a new partnership with Support Music Coalition
- 27. Music Education Around the World: Spotlight on a Global Issue
- 7: Children Need Music(Deutsche)
- Prof. Ligj. Besa Luzha(Albanian), advocacy
- Ett musikpedagogiskt credo(Swedish)
- FUROR EN LA CARRETERA Y LA COMUNIDAD MUSICAL(Spanish)
- ¿Por qué la música es importante?(Spanish)
- O roli i funkcji muzyki i wychowania muzycznego w zyciu czlowieka(Polish)
- Wozu Musik?(German)
- Kultur und schule-Schule und kultur(German)

ISPA

International Society for the Performing Arts

국제공연예술협회

① 기구

1) 소재지

소재국가 미국

주   소 630 9th Avenue, Suite 213

New York, New York 10036-4752

United States

전   화 +1 212 206 8490

팩   스 +1 212 206 8603

전자우편 info@ispa.org

홈페이지 http://www.ispa.org

2) 성격

국제공연예술협회(International Society for the Performing

Arts, ISPA)는 전 세계 185개 이상의 도시들과 모든 지역들을 대표하여 공연예술계에 종사하는 400명 이상의 지도자들로 모인 세계적인 네트워크이다. ISPA 회원들은 공연시설, 공연예술 단체, 아티스트 매니저, 경합, 자금 제공자, 자문 위원 그리고 공연예술계에서 일하는 다른 전문가를 포함한다.

3) 주요 활동

ISPA의 전략적 입장은 5년이라는 시간이 경과하면서 발전해 왔고, 2013년 6월 ISPA 이사회의 승인을 받았다.

- 조사와 환류를 통해 ISPA 멤버십에 의해 표현되는 정체성과 가치에 대한 성명으로서 봉사한다.
- ISPA 위원회의 유용한 체계를 제공한다.
- 미래 ISPA 성장과 발전의 우선 사항들을 안내하기 위한 나침반으로서 활동한다.

국제공연예술협회는 예술을 국제적으로 강화시키고 발전시키고자 하는 공통의 목적을 가지고 함께 활동하는 예술 관리 지도자들의 전 지구적 협회이다. 국제공연예술협회는 리더십 역량을 구축하고, 영역 전반의 경향 및 새로운 발전을 인지하고 논의함으로써, 그리고 예술을 통해 전 지구적 교류를 심화시킴으로써 이러한 목적을 성취한다.

4) 핵심가치

(1) 친밀성(Intimacy)

ISPA는 개인적 접촉을 보상하기 위한 기회들을 극대화 시키기 위해 노력하고, 그런 종류의 개인적 접촉을 위한 최적의 조직 규모를 유지하기 위해 회원 수를 관리한다.

(2) 다양성(Diversity)

국제적 다양성은 공연예술 공동체에 있어서 ISPA가 세계적 리더로서 성공하는 데 필수적이다. ISPA의 다양하고 포괄적인 멤버십은 조직의 다양한 문화, 신념 그리고 공동체의 사명을 효과적으로 달성할 수 있도록 해준다. ISPA는 공연계에서 실질적이거나 성장하고 있는 지도자들이 되는 것을 기반으로 인정된 전 세계 모든 지역 출신의 회원을 환영한다.

(3) 학습(Learning)

ISPA는 모든 회원들이 새로운 아이디어와 신선한 세계적인 시각을 품을 수 있도록 지원한다. 최근 ISPA는 젊은 세대들과 부상하고 있는 리더들을 위해 특별히 전문적 개발 및 학습 프로그램을 발전시켜 왔다. 미래의 리더들을 대상으로 하는 지원책 제공 프로세스는 ISPA의 전문적 개발 기능의 중요한 과정이다. ISPA는 공연 예술을 통해 국제적으로 특출한 리더십의 개발을 지원하는 데 근본적으로 관심을 두고 있다.

(4) 접근성(Accessibility)

ISPA는 지구상 모든 문화와 지역의 작업에 참여하는 것을 소중히 여기며, 세계적인 참여가 계획적·재정적으로 가능할 수 있게 하기 위해 최선의 노력을 기울인다. ISPA의 핵심 운영 언어 및 회의 언어는 영어이지만, 회의 기간 동안 필요하다고 여겨질 시 동시통역이 제공되는 경우도 있다.

5) ISPA 어워즈

리더십 네트워크로서, ISPA는 리더십 개발 기회를 제공할 뿐만 아니라 세계적으로 공연예술에 있어서 탁월함을 인지하는 것에 최선의 노력을 기하고 있다. 매년 여름 수상자 추천을 받고, 추천위원회 회원들은 추천받은 모든 지명자들을 검토한 후 승인을 위해 후보자 명부가 이사회에 제출된다.

(1) 예술 공로상(The Distinguished Artist Award)

예술 공로상은 공연예술계에 재능, 헌신 그리고 봉사 면에서 특출한 공헌을 한 예술가들에게 수여된다.

(2) 국제우수표창장(The International Citation of Merit)

국제우수표창장은 국제공연예술의 질을 높인 특별한 생애 업적을 기리기 위해 수여된다. 이 상은 공연을 위해 서라기보다는 직종에서의 탁월한 봉사 작업을 위한 것이다. 예를 들면 예술가, 회사, 장소 등의 매니저로서의 활동, 교육, 마케팅 및 공적관계, 자문, 축제 기획자, 음향 전문가, 행사 설계자 그리고 다른 관련 활동들이 이에 속한다.

(3) 패트릭 헤이즈 어워드(Patrick Hayes Award)

패트릭 헤이즈는 원래 국립콘서트매니저협회로서 1948년에 설립된 ISPA의 초대 회장이었다. 패트릭 헤이즈 어워드는 ISPA 회원에게 수여되는 유일한 상으로서, 예술 매니지먼트에서의 업적이 특별하고 찬사와 인정을 받을 만하며 오랫동안 지속적으로 참여한 협회원을 표창한다.

(4) 엔젤 어워드(Angel Award)

엔젤 어워드는 국제적 인정을 받을 만하고 하나의 국가 혹은 기관의 경계를 초월하는 공연예술의 후원에 중요하고도 지속적인 공헌을 보여준 개인 혹은 기관에게 수여된다.

6) 프로그램

ISPA 프로그램은 예술 교류 기회 및 리더십 개발 프로그램
을 통하여 국제 공연예술 리더들을 후원한다.

(1) 피치 뉴 웍스(Pitch New Works)

피치 뉴 웍스 프로그램은 새로운 국제 예술 프로젝트들
을 공유하고 발견하기 위해 큐레이터들과 예술 전문가
들을 위한 포럼을 제공한다.

(2) 협력 프로그램(Fellowship Program)

2007년에 도입된 프로그램으로 공연예술분야에서 부상
하고 있는 리더들이 ISPA의 광범한 국제예술전문가들의
네트워크로 용이하게 접근할 수 있도록 해주는 프로그
램이다.

(3) 유산 프로그램(Legacy Programs)

ISPA 유산 프로그램은 공연예술분야에서 활동 중인 신
인 혹은 중간 경력의 리더들을 지원한다. 유산 프로그
램은 특정 지역 출신의 리더들을 대상으로 하며 오랜
기간 동안 ISPA에서의 참여를 가능하게 한다. 대상 지
역들과 프로그램 세부사항은 그 지역에서 가능하게 된
재원으로 인해 결정된다.

(4) 공동체 구축 프로그램(Community Building Program)

공동체 구축 프로그램은 새 회원들이 국제공연예술협회 회의에서 더욱 광범한 네트워크로 쉽게 진입하고 참여할 수 있도록 도와주며, 이를 위해 기존 회원들과 짝을 이루게 된다.

② 정보원

ISPA는 온라인에서뿐만 아니라 ISPA 회의에서 정보원들을 제공함으로써 예술계 리더들의 국제적 네트워크를 뒷받침한다. ISPA의 온라인 정보원은 예술분야에 종사하는 회원이나 비회원들이 구인 및 구직 공고를 올릴 수 있는 커리어 센터(Career Center), 중요한 산업, ISPA 그리고 회원 뉴스에 대한 정보를 볼 수 있는 뉴스(News) 부분, 유용한 링크(Useful Links) 부분으로 이뤄져 있다.

1) 커리어 센터(Career Center)

ISPA의 커리어 센터는 공연예술 전문가들이 예술분야에서 구인 및 구직 활동을 할 수 있도록 돕는다.

2) 뉴스 센터(News Center)

ISPA의 뉴스 센터는 정보를 발견하고 공유하는 허브이다. 이곳을 통해 ISPA 공지, 회원 동정, 그리고 산업계 소식을 최신으로 얻을 수 있다.

(1) ISPA 뉴스(ISPA NEWS)

- Monday, May 19, 2014

  Delegate's Voice | Constructing Memory in Bogota

- Thursday, March 13, 2014

  What is the ISPA Australia Council Legacy Program?

- January 13, 2014

  Celebration of Creativity

- Thursday, November 21, 2013

  Registration Now Open for Bogotá 2014 ISPA Congress

- Wednesday, September 11, 2013(1 Comment-view/add)

  ISPA's CEO Selected to Participate in National Arts Strategies' Chief Executive Program

- Wednesday, August 28, 2013

  ISPA Fellow & Member Bring Entrepreneurship Program to South Africa

- Thursday, May 09, 2013

  ISPA & Acceptd Announce Strategic Partnership to

Enhance Member Benefits & Improve Program Access
- Thursday, October 18, 2012

ISPA Launches a Latin American Legacy Program
- Thursday, October 18, 2012

A New Partnership & Member Benefit
- Tuesday, October 02, 2012(1 Comment-view/add)

Maria Hansen Raises $3,358 for ISPA Fellows
- Monday, July 23, 2012

Cultural Fusion | A Feature on ISPA's CEO as seen in International Arts Manager

(2) 멤버 뉴스(MEMBER NEWS)
- Wednesday, April 30, 2014

Sage Gateshead Leadership To Change
- Tuesday, April 29, 2014

Sydney Opera House launches new scholarship
- Friday, April 25, 2014

ISPA Members team up to present a King's Day Concert in the Netherlands
- Tuesday, April 15, 2014

IMG Artists Appoints Michael Kaiser as Co-Chairman
- Tuesday, April 15, 2014

ISPA Board Member Chris Lorway Recognized as

an Established Mid-career Arts Leader

- Monday, April 14, 2014

The Canada Council for the Arts welcomes New Director and CEO Simon Brault

- Wednesday, April 09, 2014(1 Comment-view/add)

Remembering Tony Field

- Friday, March 21, 2014

Research Report: 'The State of Britian's Orchestras in 2013'

- Sunday, March 16, 2014

Is Hello Stage the LinkedIn of the classical world?

- Saturday, March 15, 2014

Research Report: 'The Value of arts and culture to people and society-an evidence review'

- Monday, March 10, 2014

The Pecha Kucka Factor-Adham Hafez

- Monday, February 10, 2014

ARTS San Antonio honoring Stanley

- Tuesday, January 21, 2014

Canadian Arts Manager Ann Summers Dossena presented with the International Citation of Merit Award

- Thursday, January 09, 2014

Arts head: Graham Sheffield, director of arts,

British Council

- Wednesday, December 11, 2013

Deborah F. Rutter To Become Kennedy Center's Third President

- Wednesday, December 11, 2013

UK Chamber Orchestra Wins People's Funding

- Monday, December 02, 2013

Loco World and Ping Pong Productions Launch a World Premiere of 6, The Sami Chinese project

- Saturday, November 23, 2013

92nd Street Y Presents an Online Archive of Recordings

- Friday, November 15, 2013

Rise of China's avant-garde

- Wednesday, November 13, 2013

Award for The Lowry's late artistic director Robert Robson

- Monday, November 11, 2013

Scotland unveils first national arts strategy for young people

- Tuesday, November 05, 2013

HELLO STAGE Launches an Online Platform for the Classical Music Community

- Tuesday, November 05, 2013

Sadler's Wells plans new dance venue in London

- Wednesday, October 30, 2013

  An orchestra transformed: Peter Oundjian in Toronto

- Saturday, October 19, 2013

  Ann Summers Dossena Retires from Artist Management and Devotes Herself To New Challenges

- Tuesday, October 15, 2013

  Emelie Bergbohm Launches Award Winning App in Sweden

- Saturday, October 05, 2013

  Carnegie Mellon's Master of Arts Management Program Launches New Research Initiative

- Tuesday, October 01, 2013

  Teatro Español & Madrid's Arts Organizations Find New Friends

- Monday, September 09, 2013

  Remembering Robert Robson

- Wednesday, September 04, 2013

  AMS Planning & Research Corp. Celebrates 25 Years in Service to the Arts & Entertainment Sector

- Wednesday, August 28, 2013(1 Comment-view/add)

  Eugene Downes announced as Director of Kilkenny Arts Festival

- Tuesday, July 02, 2013

  Jim Beirne in The Economist

- Tuesday, June 25, 2013

  Görgün Taner new Chair for European Cultural Foundation

- Sunday, June 16, 2013

  ISPA Board Chair Awarded CBE

- Thursday, June 13, 2013

  Queen honours 'Royal' Northern Sinfonia

- Tuesday, June 04, 2013

  Lieven Bertels made Knight in 'Order of the Crown'

- Friday, May 31, 2013

  Remembering Jooho Kim

- Friday, May 17, 2013

  Australia Council welcomes new CEO, Tony Grybowski

- Tuesday, May 07, 2013

  Natasha Mytnowych to become the Inaugural Managing Director of ArtscapeYoungplace

- Tuesday, April 16, 2013

  Ping Pong Productions Acts as Cultural Ambassador to China

- Wednesday, March 20, 2013

  Jacques Marquis Named President and CEO for The Van Cliburn Foundation

- Friday, March 15, 2013

  IAM Feature on the Istanbul Music Festival

- Friday, March 08, 2013

Matthias Naske Named CEO & Artistic Director of the Wiener Konzerthaus

- Friday, March 08, 2013

Arup Integrates Artec Consultants Inc into Global Practice

- Thursday, March 07, 2013

£100 million revamp of Southbank Centre hailed as 'biggest step forward since the '60s'

- Tuesday, March 05, 2013

ISPA Fellow Neil Coppen Brings Archives to Life through the Performing Arts

- Monday, February 25, 2013

IAM Feature on Orchestra of the Swan

- Tuesday, January 29, 2013

John F. Kennedy Center Unveils Expansion Plan

- Tuesday, January 22, 2013

Julia Glawe Named Director of Booking at Pomegranate Arts

- Friday, January 18, 2013

Toronto arts funding: young artists like ISPA Fellow Che Kothari lead the way

- Monday, December 10, 2012

Roy Luxford Joins the Edinburgh International Festival

- Wednesday, December 05, 2012

Spotlight on You | Getting to know Joan Picanyol

- Friday, November 30, 2012
  Piotr Turkiewicz Recognized for Innovative Programming
- Wednesday, November 28, 2012
  Register now for the Artifax Global User Conference 2013
- Wednesday, November 21, 2012
  92nd Street Y Creates Holiday Dedicated to Giving Back(Instead of Shopping)
- Monday, November 19, 2012
  Rising Star in Arts Managment··· Rika Iino
- Thursday, November 15, 2012
  Ping Pong Productions to mark a new chapter in sharing American Culture in China
- Thursday, October 25, 2012
  ISPA Member Kathryn Heidemann Named "40 Under 40" by Pittsburgh Magazine
- Wednesday, October 24, 2012
  ISPA Member Randa Asmar to be Honored by the Arab Theatre Institute
- Wednesday, October 17, 2012
  Max Wagner Named the New Managing Director of the Bavarian National Opera at Gärtnerplatz
- Wednesday, October 03, 2012
  A recent feature in the New York Times highlighted a new exciting program by ISPA member organization Bang on a

Can wh⋯

- Sunday, September 30, 2012

Three ISPA Members Recognized in Auditoria Magazine

- Thursday, September 13, 2012

2012 Kennedy Center Honors Announced

- Monday, August 06, 2012

The Trek From Performer to Producer

- Thursday, August 02, 2012

Korea Arts Management Service Announces Eighth Performing Arts Market in Seoul

- Wednesday, July 25, 2012

The Sage Gateshead 'In Harmony' with Newcastle School

- Friday, July 20, 2012

A new Scottish model for exporting theatre and dance is thriving

- Monday, July 16, 2012

Association of Performing Arts Presenters Announces New Key Staff Appointments

- Tuesday, July 03, 2012

Scotland's Creative Sector Generates £3.2bn for Economy

- Friday, June 29, 2012

Sydney Opera House Appoints New CEO

- Monday, June 18, 2012

The Innovative Partnership between Carnegie Hall and

the Royal Conservatory of Music

(3) 업계 뉴스*(INDUSTRY NEWS)*

- Tuesday, March 11, 2014
  Joint CINARS-MUNDIAL MONTREAL World Music Showcase Now Accepting Applications
- Saturday, February 15, 2014
  Free cultural training program launched by IdeasTap
- Monday, February 03, 2014
  Solving Field-Wide Problems Together
- Wednesday, December 11, 2013
  Creative Europe Funding Guide Published: 170 Million Available in 2014
- Wednesday, December 11, 2013
  WorldCP Profile for South Korea Launched
- Saturday, December 07, 2013
  Arts and Cultural Production Account for $504 Billion of U.S. Gross Domestic Product
- Friday, December 06, 2013
  First Cultural Policy Profile for India Launched
- Monday, April 29, 2013
  Landmark Study Sheds Light on Profound Benefits of the Performing Arts
- Friday, April 05, 2013

Toronto City Council Votes Unanimously in Favour of Arts Funding

- Wednesday, March 13, 2013

Australia's National Cultural Policy Has Arrived

- Tuesday, February 12, 2013

Registration Open for the 2013 East African Performing Arts Market

- Thursday, January 24, 2013

England Gives Millions In Lottery Funds To Refurbish Arts Venues

- Wednesday, August 08, 2012

In the Wake of Austerity, Europe Grapples with Arts Cuts

3) 유용한 링크(Useful Links)

ISPA는 공연예술 전문가들을 위해 유용한 링크 목록을 제공하고 있다.

(1) National Arts Councils and Cultural Agencies

- Australia Council for the Arts
- British Council
- Canada Council for the Arts
- Canadian Heritage
- Creative Scotland

- National Arts Council Singapore
- National Endowment for the Arts

(2) Performing Arts Networks
- Association of Asian Pacific Performing Arts Centres(AAPPAC)
- Association of Performing Arts Presenters(APAP)
- European Expert Network on Culture(EENC)
- European Festivals Association(EFA)
- International Artist Managers' Association(IAMA)
- International Federation of Arts Councils and Culture Agencies(IFACCA)
- International Network for Contemporary Performing Arts (IETM)
- North American Performing Arts Managers and Agents(NAPMA)
- The Canadian Arts Presenting Association/l'Association canadienne des organismes artistiques(CAPACOA)
- Western Arts Alliance(WAA)

ITI

International Theater Institute

국제극예술협회

① 기구

1) 소재지

소재국가 프랑스

주   소 International Theatre Institute

UNESCO, 1rue Miollis

75732 Paris Cedex 15,

France

전   화 +33 1 45 68 48 80

팩   스 +33 1 45 66 50 40

전자우편 info@iti-worldwide.org

홈페이지 http://www.iti-worldwide.org

2) 성격

국제극예술협회(International Theater Institute, ITI)는 1948
년 6월 28일 체코슬로바키아의 프라하에서 연극 및 무용
전문가들과 유네스코에 의해 설립된 세계 최대의 국제연극
기구이다. 제1차 ITI 회의는 미국, 영국, 프랑스, 이탈리아,
중국, 호주, 브라질, 스위스, 폴란드, 칠레, 체코슬로바키아,
벨기에 등 12개 국가들이 참여했다. UNESCO(United
Nations Educational Scientific and Cultural Organization, 국제
연합교육과학문화기구)의 후원으로 만들어졌으며, 연극·
무용·음악극 등 공연예술 전반에 걸쳐 예술가와 예술단체
들이 회원으로 가입되어 있다. ITI는 연극예술에 관한 지식
과 경험의 국제적 교류를 증진시키는 것이 목표이다. 연극
예술계의 결속력과 상호이해를 증진시켜 창조적인 협력을
이끌어내며, 인류의 평화와 우정을 견고히 한다. 조직은 총
회, 상임이사회가 있는 집행위원회, 사무국으로 되어 있으
며, 사무국은 프랑스 파리 유네스코 본부 안에 있다. 총회
는 2년마다 개최되고, 집행위원회를 선출하며, 사무국은 집
행위원회가 임명하는 사무국장과 유급직원으로 구성된다.
1954년부터 세계연극제 및 국제 심포지엄을 개최하고, 매
년 3월 27일 '세계연극의 날'을 기념하며, 매년 3명에게 장
학금을 지급한다. 2년에 한 번씩 홀수 해마다 각 회원국을
돌며 총회를 개최하고 사업방향 및 다른 국제기구와의 협
력방안을 논의한다. 춤, 극음악, 연극교육, 통신, 문화, 발전,

극작가 등의 7개 분과가 있으며 총회에는 17개국으로 구성
된 집행위원회를 비롯하여 각 회원국 대표들이 참석한다.
총회에서는 세계공연예술축제도 함께 열린다. 『ITI 뉴스』와
연극 계간지 『세계연극』을 발행하고, 매년 『세계연극연감』
을 발간한다.
유엔경제사회이사회(ECOSOC) 및 유네스코와 자문관계를
맺고 있으며, 운영경비는 회원의 회비와 유네스코의 찬조
금으로 마련된다. 2011년 현재 108개국이 회원으로 가입해
있다.

3) 한국과의 관계

한국은 1958년에 가입해 이듬해 헬싱키대회에 처음 참가하
였으며, 제5차 제3세계 연극제를 개최한 1981년부터 집행
위원회의 일원이 되었다. 극작가 유치진(柳致眞, 1905~
1974)이 초대 한국본부장으로 활동했으며, 1995년 카라카스
총회에서 김정옥(金正鈺)이 아시아 국가로는 처음으로 세
계본부 회장으로 선출되어 일한 바가 있다. 1997년에는 제
27차 총회와 함께 <세계연극제>가 서울에서 열렸다.

4) 설립연혁

ITI는 유네스코의 주도하에 국제 연극 전문가들 단체를 기
반으로 1948년 체코의 프라하에서 개최된 첫 세계 총회에
서 공식적으로 설립되었다. 교류, 국제협력 그리고 대화를

통해 인간의 정신 속에서 평화가 구축되어야만 한다는 정신이 다양한 UN 기구들의 탄생과 영향력에 추진력을 부여했다.

유네스코는 1946년에 설립되었고, 뛰어난 작가들과 극작가를 포함한 문예 분과위원회가 최초 총회에서 모였다. 오래지 않아 모든 국가의 무대 예술가들과 운영자들이 연극대본, 최근의 연극 정보, 공연 기획사들, 그리고 젊은 예술가들의 교류와 순환을 촉진시킬 수 있는 실용적 프로그램을 실천할 수 있는 무대예술, 비정치적·비상업적 단체를 위한 국제적인 대표 기관이 존재해야 한다는 필요성을 인식하게 되었다.

5) 설립목적

ITI의 목적은 민족들 간의 평화와 우정을 공고히 하고, 상호간의 이해를 깊게 하며, 무대 예술과 관련된 모든 사람들 간의 창조적 협동을 증진시키기 위해 무대예술에서의 지식과 실천의 국제적 교류를 증진시키는 것이다.

이러한 목적을 달성하기 위해, 국제극예술협회는 다음과 같은 실천사항을 두고 있다.

- 연극, 무용, 뮤직 시어터 등과 같은 라이브 공연 예술 영역에서의 활동과 창조를 권장한다.
- 국내 및 국제적 차원 모두에서, 공연 예술분야와 단체들

간의 기존 협력의 확대를 목적으로 한다.

• 국제 사무소들을 설립하고 모든 국가 내에 ITI의 중앙기구의 설립을 조성한다.

• 문서들을 수집하고, 모든 유형의 정보를 제공하며, 공연예술 영역 내에 존재하는 출판물들을 발행한다.

6) 임무 및 사명

(1) 임무

① 공연예술의 힘을 상호 국제적인 이해 및 평화를 위한 필수적인 가교로서 사용한다.

② 연극계에서 발생하고 있는 깊은 담론을 지지하고 강조한다.

③ 작품 활동에 초점을 둠과 동시에 모든 수준에서, 즉 정치적, 문화적, 교육적, 사회적 차원에서 다음과 같은 사항을 강조한다.

• 공연예술에서의 지식증진과 연구활동을 장려한다.

• 공연예술 전문가들이 아이디어를 공유하고 서로 간의 결속력을 다질 수 있도록 도와준다.

• 국제 공연예술 전문가들을 육성하고 성장시키며 연결한다.

• 각 센터 간의 1 대 1 소통을 촉진시키고, 국가들 간의 능동적 프로젝트를 육성한다.

- 전통적인 작업 유형들의 유산을 인정하고 혁신을 포용한다.
- 기관의 네트워크를 통하여 공연예술 내에서의 문화적 다양성과 정체성의 보존과 증진을 지원한다.

(2) 사명

ITI는 공연예술과 그 예술가들이 번성하고 번영하는 사회를 이루려고 노력한다. ITI는 상호 간의 이해와 평화라는 유네스코의 목적을 진척시키고, 나이, 성별, 이념 또는 민족에 상관없이 문화적 표현들의 보존과 증진을 주창한다. ITI는 예술 교육, 국제 교류 및 협력 그리고 청소년 훈련 영역에서 국제적, 국가적 차원에서 다음과 같은 ITI의 핵심 가치를 위해 힘쓰고 있다.

- 영감(Inspiration)
- 포괄성(Inclusiveness)
- 협력(Collaboration)
- 투명성(Transparency)

7) 구조

(1) 조직 구조

ITI의 구조는 총회, 중역회의를 함께하는 최고 집행 위원회, 그리고 사무국으로 이루어져 있다.

(2) 총회

총회는 보통 ITI 세계 대회 기간 동안 개최된다. ITI 회원자격은 센터들과 협조하는 회원들에게 주어진다. 국가별 센터들만이 총회에서 투표를 할 수 있는 권한을 가지고 있다. 총회 기간 동안 참석하는 제휴 센터들과 협조하는 회원들은 발언할 수 있는 권리, 조언을 할 수 있는 권리, 그리고 ITI 국제 위원회에 참석할 수 있는 권리를 가진다.

총회는 집행위원회를 세우고, 사무국의 선출, 최고 집행위원회와 위원회의 보고서와 프로그램을 승인한다. 총회는 기구와 헌장의 모든 변경에 책임이 있다. 총회는 기구의 헌장과 규정에 따라서 민주적 원리에 입각하여 운영된다.

8) ITI 사무국

ITI의 중앙 사무국은 파리에 위치한 유네스코 본부에 기반을 두고 있다. 사무국은 사무국장과 필요에 따른 직원들로 구성되어 있으며 기관의 집행기관으로서 ITI의 프로그램 집행과 국제적 사안 등에 대한 책임을 진다.

9) 집행위원회

집행위원회는 12인의 회원들로 구성되어 있고 총회가 선출한다. 저명한 인사들이 기구와 사무국을 그들이 가진 기술을 가지고 협조한다. 집행위원회는 기구의 전략적 기관이자 통제 기관이며 총회를 대표한다. 집행위원회는 회장, 부회장(들), 이사회를 선출한다. 집행위원회는 총회 사이에 적어도 세 번 모임을 갖는다.

집행위원회는 회장, 두 명의 부회장, 사무국장, 회계 담당자, 그리고 세 명의 다른 집행위원회 회원들로 구성된다. 그들은 사무국과 긴밀히 작업하며, 집행위원회의 각 회원은 구체적인 책임을 지게 된다.

10) 파트너

ITI는 극예술분야에 속한 다수의 다른 국제기구들과 긴밀한 관계를 유지하고 있다. ITI와 연결되어 있는 다른 활동 범위의 기구들 사이의 공동회의라는 전통이 있다. 이런 기구들의 대표자들은 ITI 의회에 항상 초대를 받는다.

(1) 연극 단체들과의 협력

ITI는 다른 국제기관들뿐만 아니라 유엔 또는 유네스코 관련 기구들과 협력하고 있다. 특히 ITI의 네트워크는 ITI 회원들의 창의성과 지식의 협력이 활발하게 이루어지도록 도우며, 이러한 협력을 필요로 하는 기관들은 사무국과 접촉을 해야 한다.

- 국제대학연극협회 *AITU-IUTA*
  http://www.aitu-iuta.org
- 아동 및 청년 국제연극협회/*ASSITEJ*
  http://www.assitej-international.org
- 국제연극비평협회/*AICT-IACT*
  http://www.aict-iatc.org
- 국제아마추어연극협회/*AITA-IATA*
  http://www.aitaiata.org
- 국제배우연맹/*FIA*
  http://www.fia-actors.com
- 국제연극연구연맹/*FIRT-IFTR*
  http://www.firt-iftr.org
- 유럽 연극 총회/*ETC-CTE*
  http://www.etc-cte.org
- 국제 퍼페티어스 조합/*UNIMA*
  http://www.unima.org
- 국제 공연예술 도서관 및 박물관 학회/*SIBMAS*
  http://www.sibmas.org
- 국제 배경화 작가, 무대 건축가 및 기술자 기구/*OISTAT*
  http://www.oistat.org
- 아랍 연극 협회/*ATI*
  http://www.atitheatre.ae
- 국제 드라마/연극 및 교육 협회/*IDEA*
  http://www.idea-org.net

- 국제 피억압자 연극 기구
  http://www.theatreoftheoppressed.org
- *Theatre Without Borders*
  http://www.theatrewithoutborders.com

(2) 무용 단체들과의 협력
  - 세계무용연합
    http://www.worlddancealliance.net
  - 세계무용연맹유럽
    http://www.wda-europe.net

11) ITI 센터

세계 모든 각지에 위치하고 있는 ITI 센터들이 ITI의 중심 회원들이며 그들은 공연예술의 다양한 분야에서 국내외적으로 활발히 활동한다. 1948년 여섯 명의 창립멤버들을 시작으로, ITI는 현재 거의 100여 개의 센터들을 두고 있다.

② 정보원

1) 정보배포정책

정기간행물 중 *World of Theatre*와 *ITI News*(English)는 무료로 홈페이지에서 다운로드하여 워드파일로 볼 수 있다. 다

만, 단행본들은 각 지역별로 구입 가능하나, 웹상의 열람은
불가능하다. 구입을 원할 시에는 각 지역별 ITI 지부에 문
의해야 한다.

2) 정기간행물

- *World of Theatre*
  2년마다 간행되는 정기간행물로써 방글라데시 센터에서
  발행되며 2000년도와 2003년도 책자는 영국 Routledge에
  서 받아볼 수 있다.
- *ITI News(English)*
  2개월마다 발행되는 간행물로 ITI 관련 소식을 볼 수 있
  다. 워드파일로 제공된다.

3) 단행본

- *NEWS from the ITI SECRETARIAT*
- *The World of Theatre(2000)*
- *Le Monde du Théâtre*
- *The World Theatre Directory*
- *Review of Theatre Periodicals*
- *Information on New Plays*
- *World Encyclopaedia of Contemporary Theatre*
- *Korean Performing Arts 1997*
- *Korean ITI 1958~1998*

- *Aids on Stage, ITI Papers One*
- *Theatre Forum Report 2003: New Theatre, New Writing?*
- *Theatre Forum Report 2004: Making Theatre Strategies Work.*
- *NEUE DRAMEN-Osteuropäisches Theater*
- *Le Centre Belge de l'ITI, en la Personne de René Hainaux, a Edité la Revue "Le Théâtre Dans le Monde/World Theatre" de 1950 à 1968*
- *Aujourd'hui, il Est Editeur, en la Personne de Nicole Leclercq de "L'Annuaire Mondial du Théâtre/World Theatre Directory"*
- *Memorias I Foro "Artistas del Mundo por la Paz"*
- *Compendio Coloquio "África en la Memoria de América"*
- *The Series Mansions*
- *Theatre in Cyprus*
- *International Symposium on Ancient Greek*
- *Drama*
- *Czech Theatre*
- *Information Service*
- *"Six Scenographs in Prague"*

4) 세계극예술훈련도서관(World Theatre Training Library)

세계극예술훈련도서관 및 연구소(The World Theatre Training

Library/Laboratory, LOT시)는 극예술에 대한 전 세계적 지식을 수집하고 연구하며 문서화하여 보존함과 동시에 그것을 세계에 다시 환원하는 프로젝트이다. 이 프로젝트의 주요 특징에는 다음과 같은 것들이 있다.

- 이 프로젝트의 강령(mission statement)은 문화적 다양성을 강화시키겠다는 것이다.
- WTTL은 양질의 과학적 수행 규칙을 충족시키는 것을 목적으로 하는 국제적 연구 프로젝트이다.
- WTTL은 예술가들과 학자들 간의 국제적 공조 프로젝트로 국제적 대화를 구축하고 이종문화 간의 교육을 원조한다.
- 이 프로젝트의 창시자이자 운영 기관은 베를린에 위치한 국제극예술센터 AKT-ZENT인데, 국제극예술협회(ITI)와 매우 긴밀히 공조하고 있다.

LAFCA
THE LOS ANGELES FILM CRITICS ASSOCIATION
LA비평가협회

① 기구

1) 소재지

소재국가　미국

주　　소　Lancaster, CA

전자우편　sfarb@stephenfarber.com(Stephen Farber)

홈페이지　http://www.lafca.net

2) 성격

LA비평가협회(The Los Angeles Film Critics Association, LAFCA)
는 1975년 창립된 이래 매년 1월 우수한 작품들을 발표하
고 있으며, 골든글로브상과 더불어 아카데미상의 수상작을
점쳐볼 수 있는 매우 영향력 있는 단체이다. 2010년 12월
한국 배우로는 최초로 봉준호 감독 제작의 영화 <마더>에

서 주연을 맡았던 김혜자가 LA 비평가협회에서 선정한 여
우주연상의 주인공이 되었다.

수상 부문은 작품상, 감독상, 남우주연상, 여우주연상, 남우
조연상, 여우조연상, 각본상, 촬영상, 미술상, 편집상, 음악
상, 외국어 영화상, 다큐멘터리상, 애니메이션상, 신인감독
상, 공로상, 실험/독립영화상으로 총 17개 부문으로 나뉜다.

3) 연혁

1975년 설립된 LAFCA는 LA에 기반을 둔 인쇄 매체 및 전
자 미디어 분야에서 활동하는 전문 영화 비평가들로 구성
되어 있다. 매년 12월, LAFCA는 그해의 공로상에 투표를
하고, 영화 안팎에서의 탁월한 활동을 예우한다. 표창 기념
명판이 1월 중순에 개최되는 LA비평가협회 연례 행사동안
수상자들에게 수여된다. 한 해의 우수한 영화적 성과를 예
우하는 것과는 별도로, LA비평가협회는 참신하고 전도유망
한 인물에게 신인감독상을 수여함은 물론 영화계에서 이름
있는 원로들을 되돌아보고 그들에게 공로상을 수여함으로써
경의를 표한다. 이 상은 10월에 공표된다.

이 협회 구성진의 최선봉에는 LA자유언론의 필자이자 KTTV-TV
의 통신원이었던 故 루스 배철러가 있다. 회원의 범위를 라
디오와 텔레비전뿐만 아니라 신문, 무역 출판물 및 잡지에
정기적으로 리뷰를 투고하는 LA 기반의 영화 비평가들까
지로 넓히면서, LAFCA는 1976년 2월 13일 오래된 콕앤불

레스토랑에서 수상자들에 대한 투표를 위해 첫 번째 회동을 가졌다.

그해에 공식적인 수상발표회가 없었지만, 첫해 수상작에는 최우수 작품상으로 동률을 이루었던 <뜨거운 오후>와 <뻐꾸기 둥지 위로 날아간 새>가 있었다. 알파치노가 남우주연상으로 선정되었고 시드니 루멧이 최우수 감독상을 수상했는데, 두 상 모두 <뜨거운 오후>로 수여한 것이었다. 여우주연상은 비토리오 데 시카가 감독한 <짧은 휴가>의 스타였던 플로리다 볼컨에게로 돌아갔다.

그 다음해, LAFCA는 순위와 영향력 모두에서 성장을 거듭하여, 평가에 대해 신뢰할 만한 안목을 가진 훌륭한 기관이 되었다. 하지만 LAFCA는 상을 나눠주는 것에만 그치지 않았고 지난 30년 동안, LAFCA는 수많은 영화 심사원단과 행사들을 후원하고 주최해 왔으며, 특히 영화 보존에 관여하고 있는 다양한 로스앤젤레스 영화 단체들에게 기부해오고 있다.

LAFCA들은 또한 검열제도에 반대하는 공식 항의서 초안 작성하는 것을 지원한다. 또한, 옛날의 흑백 영화를 컬러로 재생시키는 기술인 전자 채색에서부터 쟁점이 되는 영화들을 돕는 것에 이르기까지 관심 쟁점분야 기관이 목적을 수행·완수하도록 지원한다.

4) 구성

LAFCA의 구성은 회장, 부회장, 총무, 회계 등의 실무진들과 57명의 비평가들로 구성되어 있으며 홈페이지 메뉴상의 'MEET THE CRITICS'를 통해 각 비평가들에 대한 이력과 영화비평과 관련된 설문내용을 살펴볼 수 있다. 2014년 현재 회장에는 스티븐 파버(Stephen Farber), 부회장에는 팀 그리어슨(Tim Grierson)이 직무를 보고 있다.

② 정보원

1) 영화평론 사이트

LA비평가협회 홈페이지에서 링크된 사이트를 통해 LA비평가협회 회원들의 영화평론을 접할 수 있는데, 주로 다음과 같은 사이트로 연결되어 있다.

- MRQE(Movie Review Query Engine)(www.mrqe.com)
- VARIETY(http://variety.com)
- Rotten Tomatoes(www.rottentomatoes.com)
- TYPE Pad(http://flickers.typepad.com)
- Shared Darkness(http://www.shareddarkness.com)

위 사이트들 외에도 비평가들 개인이 운영하는 사이트 혹은 아마존(Amazon.com)으로 연결되어 더욱 폭넓게 비평자료들을 접할 수 있다.

2) 영화평론 사이트

LA비평가협회는 영화 관련 기관들을 링크로 제공하고 있는데 그 목록은 다음과 같다.

- *ACADEMY OF MOTION PICTURE ARTS AND SCIENCES*
  http://www.oscars.org
- *AMERICAN CINEMATHEQUE*
  http://www.americancinematheque.com
- *AMERICAN CINEMATOGRAPHER MAGAZINE*
  http://www.theasc.com
- *AMERICAN FILM INSTITUTE*
  http://www.afionline.org
- *THE AUTEURS*
  http://www.theauteurs.com
- *BOXOFFICE MAGAZINE*
  http://www.boxoffice.com
- *CAHIERS DU CINEMA*
  http://www.e-cahiersducinema.com
- *CINEASTE*
  http://www.cineaste.com

- *CINEFAMILY*

  http://www.cinefamily.org

- *CINEFANTASTIQUE*

  http://www.cfq.com

- *DAILY VARIETY*

  http://www.variety.com

- *FILM COMMENT*

  http://filmcomment.com

- *THE HOLLYWOOD REPORTER*

  http://www.hollywoodreporter.com

- *INDIEWIRE*

  http://www.indiewire.com

- *L.A. WEEKLY*

  http://www.laweekly.com

- *LOS ANGELES COUNTY MUSEUM OF ART*

  http://www.lacma.org/programs/filmlisting.aspx

- *LOS ANGELES FILM FESTIVAL*

  http://www.lafilmfest.com

- *LOS ANGELES TIMES*

  http://www.latimes.com

- *MUSEUM OF THE MOVING IMAGE*

  http://www.movingimage.us/site/site.php

- *NATIONAL FILM PRESERVATION BOARD, LIBRARY OF CONGRESS*

http://www.lcweb.loc.gov/film

- *NEW BEVERLY*

  http://www.newbevcinema.com

- *OUTFEST*

  http://www.outfest.org

- *PREMIERE MAGAZINE*

  http://www.premiere.com

- *REDCAT*

  http://www.redcat.org

- *ROTTEN TOMATOES*

  http://www.rottentomatoes.com

- *SCREEN INTERNATIONAL*

  http://www.screendaily.com

- *SIGHT AND SOUND MAGAZINE*

  http://www.bfi.org.uk/sightandsound

- *UCLA FILM & TELEVISION ARCHIVE*

  http://www.cinema.ucla.edu

Magnum Photos

Magnum Photos

매그넘포토스

① 기구

1) 소재사항

소재국가 미국

주   소 12 West 31st Street, Floor 11
New York, NY 10001 USA

전   화 +1 212 929 6000

팩   스 +1 212 929 9325

전자우편 photography@magnumphotos.com

홈페이지 http://www.magnumphotos.com

2) 성격

매그넘포토스(Magnum Photos)는 사진작가 회원들 소유의
상당한 다양성과 탁월함을 지닌 사진협동조합이다. 강력한

개개인의 비전과 더불어 Magnum Photos 사진작가들은 세계를 연대순으로 기록하고 세상 사람들, 사건들, 쟁점들, 인물들을 해석한다. 뉴욕, 런던, 파리, 도쿄에 위치한 4개의 편집 사무소와 15곳의 하부 사무실 망을 통해, Magnum Photos는 전 세계 언론사, 출판사, 광고, 텔레비전, 화랑 및 박물관에 사진들을 제공한다.

3) 연혁

- Magnum Photos는 제2차 세계대전이라 불린 대재앙이 종식된 지 2년 후 설립되었다. 로버트 카파(Robert Capa), 헨리 카트리에 브레송(Henri Cartier Bresson), 조지 로저(George Rodger) 그리고 데이비드 '침' 세이무어(David 'Chim' Seymour)라는 네 명의 사진작가들에 의해 형성된 세계에서 가장 위신 있는 사진 기구이다. 그리고 이 네 사람은 전쟁으로 인해 매우 깊이 상처를 받았지만, 세계가 어찌됐든 살아남았다는 안도감과 여전히 그곳에 무엇이 있는지 보고자 하는 호기심과 같은 동기가 부여된 사진작가들이었다. 그들은 보이는 것뿐만 아니라 그것을 보는 방식 역시 강조하며, 계속해서 Magnum Photos를 규정짓는 리포터와 예술가의 특유한 혼합체로서, 인간으로서나 사진작가로서 그들 자신의 독립적인 천성을 반영하기 위해 1947년 Magnum Photos를 창립하였다.

- 1950년대와 현재

  설립된 지 5년이 채 안 되어 이브 아놀드(Eve Arnold), 버
  트 글린(Burt Glinn), 에리히 하르트만(Erich Hartmann), 에
  리히 레싱(Erich Lessing), 마크 리부(Marc Riboud), 데니
  스 스톡(Dennis Stock) 그리고 크린 타코니스(Kryn
  Taconis) 등 재능 있는 젊은 사진작가들이 합류하게 되었
  다. 아놀드는 흑인 무슬림의 기념비적인 일련의 사진들과
  마릴린 먼로를 담았다. 타코니스는 알제리아 독립 전쟁을
  다루었다. 곧 르네 뷔리(Rene Burri), 로버트의 동생 코넬 카
  파(Cornell Capa), 엘리어트 어윗(Elliott Erwitt), 잉게 모라스
  (Inge Morath)가 합류하였다.

4) Magnum Photos 멤버십

Magnum Photos는 회원 사진작가들이 소유하고 운영하는 협
동조합이다. 사진작가들은 Magnum Photos의 사안들에 대해
논의하기 위해 일 년에 한 번 뉴욕, 파리 혹은 런던에서 6
월 마지막 주 동안에 모임을 갖는다.

이 모임 중 잠재력 있는 새로운 회원들의 포트폴리오들을
심사숙고하여 투표를 하기 위해 하루가 따로 할애된다. 인
정받은 지원자들은 Magnum Photos의 '지명 회원'이 되도록
권유를 받을 것이다. 이런 자격은 Magnum Photos와 개인이
서로 알아갈 수 있는 기회를 제공하지만 서로에 대한 구속
적인 약속은 없다.

지명회원으로서 2년이 지나, 사진작가들이 '협회 회원'에 지원할 경우 그때 또 다른 포트폴리오를 제출한다. 만약 인정을 받는다면, 그 사진작가는 비로소 기구의 모든 규칙들에 종속된다. 그리고 사무소들의 모든 설비들을 사용할 수 있다.

협회회원과 정회원 간의 유일한 차이는 협회회원은 기관의 이사가 아니며 조합의 의사결정에 참여할 수 없다는 것이다. 마지막으로 또 2년이 지나면, 정회원에 지원하고자 하는 협회회원은 회원들의 심사를 위해 한 번 더 포트폴리오를 제출한다. 일단 정회원으로 선출되면, 평생 동안 혹은 자신이 원하는 동안만큼 회원권을 유지할 수 있다.

5) 현재 활동 중인 Magnum Photos 사진작가들

- Magnum Photographers
- Abbas
- Christopher Anderson
- Eve Arnold
- Olivia Arthur
- Micha Bar Am
- Bruno Barbey
- Jonas Bendiksen
- Ian Berry
- Werner Bischof

- Michael Christopher Brown
- Rene Burri
- Cornell Capa
- Robert Capa
- Henri Cartier-Bresson
- Chien-Chi Chang
- Antoine D'Agata
- Bruce Davidson
- Carl De Keyzer
- Raymond Depardon
- Bieke Depoorter
- Thomas Dworzak
- Nikos Economopoulos
- Elliott Erwitt
- Martine Franck
- Stuart Franklin
- Leonard Freed
- Paul Fusco
- Cristina Garcia Rodero
- Jean Gaumy
- Bruce Gilden
- Burt Glinn
- Jim Goldberg
- Philip Jones Griffiths

- Harry Gruyaert
- Philippe Halsman
- Erich Hartmann
- David Alan Harvey
- Tim Hetherington
- Thomas Hoepker
- David Hurn
- Richard Kalvar
- Josef Koudelka
- Hiroji Kubota
- Sergio Larrain
- Guy Le Querrec
- Erich Lessing
- Herbert List
- Alex Majoli
- Constantine Manos
- Peter Marlow
- Steve McCurry
- Susan Meiselas
- Wayne Miller
- Inge Morath
- Dominic Nahr
- Trent Parke
- Martin Parr

- Paolo Pellegrin
- Gilles Peress
- Gueorgui Pinkhassov
- Mark Power
- Raghu Rai
- Eli Reed
- Miguel Rio Branco
- George Rodger
- Moises Saman
- Alessandra Sanguinetti
- Ferdinando Scianna
- Jerome Sessini
- David Seymour
- Marilyn Silverstone
- W. Eugene Smith
- Jacob Aue Sobol
- Alec Soth
- Chris Steele-Perkins
- Dennis Stock
- Zoe Strauss
- Mikhael Subotzky
- Nicolas Tikhomiroff
- Larry Towell
- Peter van Agtmael

- John Vink
- Alex Webb
- Donovan Wylie
- Patrick Zachmann

② 정보원

1) 매그넘포토스 도서관(Magnum Photos Library)

매그넘포토스 도서관(Magnum Photos Library)은 전 세계 각지로부터 들어오는 새로운 작업물로 매일 업데이트되는 살아 있는 기록관이다. 이 도서관은 Magnum Photos 사진 작가들이 생산한 모든 작품들과 비회원들의 특별 수집물 일부를 보관한다. 실제 도서관에는 인쇄본 및 슬라이드를 모두 합쳐 대략 100만 개의 사진들이 있고, 50만 개 이상의 이미지를 온라인상에서 이용할 수 있다.

이 도서관 내에는, 스페인 내전에서부터 오늘날에 이르기 까지의 주요 세계 사건들과 인물들 중 대다수가 보관되어 있다. 산업, 사회, 인물, 명소, 정치, 뉴스 사건, 재난 그리고 충돌 등을 다루며, 세계의 거의 모든 나라들에 대해 지속적 으로 업데이트되는 사진자료들이 있다.

매그넘포토스 도서관은 전 세계 방방곡곡의 모든 측면의 삶, 다큐멘터리 사진작가들의 가장 위대한 수집물들에 대한 비전, 상상력, 명민성을 지닌 비길 데 없는 감각을 나타낸다.

2) 온라인 검색

온라인 검색을 통해 디지털 스캔되어 데이터베이스에 저장
된 50만 개 이상의 사진들을 검색·이용할 수 있다. 네 곳
의 Magnum Photos 사무소들은 1930년대부터 오늘날에 이
르기까지의 1백만 개 이상의 이미지들을 모아놓은 실제 기
록관을 보유하고 있으며, 이 기록관들은 공식적인 예약을
통해 연구자들이 직접 방문할 수 있다.

기록관을 검색하기 위해, 모든 사용자들은 회사의 세부 정
보를 등록해야만 하고 Magnum Photos 혹은 하부 사무실의
승인을 받아야 한다. 검색 시설은 사진에 대한 라이선스 취
득 혹은 구매 목적으로만 사용된다. Magnum Photos는 거래
가 승인되기 전 방문자 혹은 방문자 회사의 활동들에 관한
추가적인 정보를 요청할 수 있다. 만일 Magnum Photos에
대한 관심이 교육적이거나 직업교육과 관련된 성격이라면,
정보 문서들, 서적들, 인물들, 사진작가 전기 및 포트폴리
오들을 무료로 열람할 수 있다.

'이미지 검색'은 대략 35만 개 정도의 이미지들이 모여 있
는 디지털 데이터베이스 내의 모든 이미지들을 검색한다.

3) 다운로드

이 웹사이트에서 다운로드 된 모든 이미지들은 컬러 혹은 흑백 디지털 파일로 스캔되고 80%로 압축된다. A3 혹은 두 페이지 크기의 지면에 대한 평균 파일 사이즈는 2MB와 4MB 사이이다. 다른 포맷으로 스캔되었거나 저장된 디지털 파일을 받을 때는 추가 서비스 요금이 발생할 수 있다.

4) 출판

Magnum Photos는 총 세 가지 종류의 출판물을 발행하는데, 서적, 인쇄물, 기타 등으로 구성된다. 가장 큰 특징은 이 출판물에 저자의 서명이 들어가 있을 경우 가격이 높게 책정된다는 것이다.

(1) 서적: 현재 110여 권이 등록되어 있고, 대표적으로 다음과 같은 이름의 형태를 취하는 제작물들이 있는데, 각 작가별로 한정판 밀착 인화지(contact sheet), 포트폴리오 등의 사진집이 제공된다.

① 서명본
- *SON*
- *Magnum Contact Sheets: Limited Edition with Bruno Barbey Print*
- *Micha Bar-Am's Israel: Insight*

- *Cornell Capa Limited Edition with signed Print*
- *The Chain*
- *Double Happiness*
- *I do, I do, I do*
- *Circus*
- *East 100th Street*
- *Outside Inside*
- *Bruce Davidson Photographs*
- *Subway-St. Ann's Press 2003*
- *Subway*
- *Time of Change*
- *Beyond Sochi/Signed*
- *M*A*S*H IRAQ*
- *FOTOCEP 3: Nikos Economopoulos*
- *Elliott Erwitt's Dogs*
- *Elliott Erwitt's Kolor*
- *Museum Watching*
- *Elliott Erwitt's New York*
- *Personal Best*
- *Sequentially Yours*
- *Another Life*
- *Black in White America*
- *Made in Germany*
- *Leonard Freed: Photographie 1954～1990-French*

Edition

- *Leonard Freed: Photographs 1954～1990-English Edition*
- *Police Work*
- *Chernobyl Legacy*
- *RFK Funeral Train - Hardcover*
- *RFK Funeral Train - Softcover*
- *Coney Island*
- *Coney Island: Limited Edition Book & Print*
- *Magnum Contact Sheets: Limited Edition with Print*
- *Foreclosures*
- *Go: Limited Edition Book & Print*
- *Go*
- *Bruce Gilden: A Complete Examination of Middlesex*
- *Havana-The Revolutionary Moment*
- *Divided Soul*
- *CHAMP*
- *Thomas Hoepker: DDR Views*
- *Heartland-An American Road Trip in 1963*
- *Return of the Maya*
- *Thomas Hoepker New York*
- *Writing the Picture*
- *Earthlings*

- *American Color 2*
- *American Color*
- *A Greek Portfolio*
- *Magnum Contact Sheets*
- *Magnum Stories*
- *Postcards From America Box Set*
- *Reading Magnum: A Visual Archive of the Modern World*
- *Magnum Revolution: 65 Years of Fighting for Freedom*
- *The English Cathedral collector's edition & Print*
- *Steve McCurry: The Iconic Photographs*
- *Kurdistan: In the Shadow of History*
- *Nicaragua*
- *Portraits*
- *Steve McCurry Untold: The Stories Behind the Photographs*
- *Carnival Strippers*
- *Encounters with the Dani*
- *In History*
- *Pandora's Box*
- *Magnum Contact Sheets: Limited Edition with Print*
- *No Worries: Martin Parr*

- *Parrworld: Objects and Postcards*
- *Martin Parr*
- *Up and Down Peachtree: Photographs of Atlanta by Martin Parr*
- *Small World*
- *Think of England*
- *Superstructure*
- *Alec Soth: Fashion Magazine*
- *Sabine-Greenlandic Edition*
- *England, My England: A Photographer's Portrait*
- *Retinal Shift*
- *El Salvador*
- *The World From My Front Porch*
- *Poids Mouche*
- *Istanbul: City of a Hundred Names*
- *The Suffering of LightAlex Webb*
- *Ma Proche Banlieue*
- *Chili: Les Routes De La Mémoire*

② 비서명본

- *Magnum Contact Sheets: Limited Edition with Print*
- *Elliott Erwitt Snaps*
- *Chernobyl Legacy*

- *In the Camps*
- *Sergio Larrain*
- *Access to Life*
- *Festivals, Rituals, and Celebrations*
- *Georgian Spring: A Magnum Journal*
- *In Our Time*
- *Pop Sixties*
- *New York September 11*
- *The English Cathedral*
- *Iran*
- *The Non-Conformists*
- *Magnum Contact Sheets: Limited Edition with Print*
- *Magnum Contact Sheets: Limited Edition with Print*
- *Humanity and Inhumanity*
- *W. Eugene Smith*

(2) 서적(한정판).

　① 서명본

- *Magnum Contact Sheets: Limited Edition with Bruno Barbey Print*
- *Cornell Capa Limited Edition with signed Print*
- *Coney Island: Limited Edition Book & Print*

- *Magnum Contact Sheets: Limited Edition with Print*
- *Go: Limited Edition Book & Print*
- *Postcards From America Box Set*
- *The English Cathedral collector's edition & Signed Print*
- *Sabine-Greenlandic Edition*
- *Magnum Contact Sheets: Limited Edition with Print*

② 비서명본
- *Magnum Contact Sheets: Limited Edition with Print*
- *Magnum Contact Sheets: Limited Edition with Print*
- *Magnum Contact Sheets: Limited Edition with Print*
- *Festivals, Rituals, and Celebrations*
- *Magnum Contact Sheets: Limited Edition with Print*
- *Magnum Contact Sheets: Limited Edition with Print*

(3) 인쇄물: 현재 62개의 인쇄물이 등록되어 있으며, 인쇄된 포스터 혹은 밀착 인화지가 대부분을 구성하고 있다.

① 서명본
- *Peter van Agtmael Print: Cloud over Afghanistan*
- *Peter van Agtmael Print: Soldier in Iraq*

- *Olivia Arthur Print: Birds over the Bosphorous*
- *Olivia Arthur Print: Girl sunbathing in Durrat-Al-Arous*
- *Bruno Barbey Print: Corsica*
- *Bruno Barbey Print: May 6th 1968*
- *Bruno Barbey Print: Moulay Ismael Mausoleum*
- *Elliott Erwitt Print: Kiss in car*
- *Elliott Erwitt Print: Legs*
- *Elliott Erwitt Print: Castle of Versailles*
- *Stuart Franklin Print: Kapur Tree*
- *Stuart Franklin Print: Kite Festival*
- *Stuart Franklin Print: Lake Natron*
- *Stuart Franklin Print: The Tank Man*
- *Fashion Box*
- *American Color 2 Limited Edition & 4 Prints*
- *Carnival Strippers Limited Edition: Book + Print*

② 비서명본
- *Contact Sheet Print-Eve Arnold*
- *Contact Sheet Print-Bruno Barbey*
- *Contact Sheet Print-Werner Bischof*
- *Contact Sheet Print-Elliott Erwitt*
- *Contact Sheet Print-Burt Glinn*
- *Contact Sheet Print-Guy Le Querrec*
- *Contact Sheet Print-Philippe Halsman*

- *Contact Sheet Print-Thomas Hoepker*
- *Contact Sheet Print-David Hurn*
- *Contact Sheet Print-Hiroji Kubota*
- *Contact Sheet Print-Herbert List*
- *Magnum Founders Platinum Portfolio*
- *Inge Morath Print: Anne Chevalier*
- *Inge Morath Print: Hollywood, California*
- *Inge Morath Print: Llama in Times Square*
- *Inge Morath Print: Eveleigh Nash*
- *Inge Morath Print: Princess Alexandra*
- *Inge Morath Print: Poet Walli*
- *Inge Morath Print: Yves St. Laurent*
- *Contact Sheet Print-Martin Parr*
- *Contact Sheet Print-Trent Parke*
- *David "Chim" Seymour Limited Edition Print: Henri Barbusse*
- *David "Chim" Seymour Limited Edition Print: Bernard Berenson*
- *David "Chim" Seymour Limited Edition Print: Child in orphanage*
- *David "Chim" Seymour Limited Edition Print: Children*
- *David "Chim" Seymour Limited Edition Print: Communion*

- *Contact Sheet Print-David "Chim" Seymour*
- *David "Chim" Seymour Limited Edition Print: Exodus from Spain*
- *David "Chim" Seymour Limited Edition Print: First Born*
- *David "Chim" Seymour Limited Edition Print: Jewish Wedding*
- *David "Chim" Seymour Limited Edition Print: Loyalist rally*
- *David "Chim" Seymour Limited Edition Print: Spanish Civil War*
- *David "Chim" Seymour Limited Edition Print: Arturo Toscanini*
- *Contact Sheet Print-Dennis Stock*

(4) 인쇄물(한정판)
① 서명본
- *Peter van Agtmael Print: Cloud over Afghanistan*
- *Peter van Agtmael Print: Soldier in Iraq*
- *Olivia Arthur Print: Birds over the Bosphorous*
- *Olivia Arthur Print: Girl sunbathing in Durrat-Al-Arous*
- *Fashion Box*
- *American Color 2 Limited Edition & 4 Prints*

② 비서명본

- *Philippe Halsman Print: Aquacade-16x20"*
- *Philippe Halsman Print: Aquacade-20x24"*
- *Philippe Halsman Print: Jean Cocteau-20x24"*
- *Philippe Halsman Print: Dean Martin and Jerry Lewis-16x20"*
- *Philippe Halsman Print: Dean Martin and Jerry Lewis-20x24"*
- *Philippe Halsman Print: Salvador Dali-16x20"*
- *Philippe Halsman Print: Salvador Dali-20x24"*
- *Philippe Halsman Print: Tippi Hedren-16x20"*
- *Philippe Halsman Print: Tippi Hedren-20x24"*
- *Magnum Founders Platinum Portfolio*
- *David "Chim" Seymour Limited Edition Print: Henri Barbusse*
- *David "Chim" Seymour Limited Edition Print: Bernard Berenson*
- *David "Chim" Seymour Limited Edition Print: Child in orphanage*
- *David "Chim" Seymour Limited Edition Print: Children*
- *David "Chim" Seymour Limited Edition Print: Communion*
- *David "Chim" Seymour Limited Edition Print:*

Exodus from Spain

- *David "Chim" Seymour Limited Edition Print: First Born*

- *David "Chim" Seymour Limited Edition Print: Jewish Wedding*

- *David "Chim" Seymour Limited Edition Print: Loyalist rally*

- *David "Chim" Seymour Limited Edition Print: Spanish Civil War*

- *David "Chim" Seymour Limited Edition Print: Arturo Toscanini*

(5) 기타: 잡지, 엽서, 시청각 자료 등으로 구성되어 있으며 현재 14개가 등록되어 있다.

- *Bruce Gilden: Fashion Magazine*

- *THE MAGAZINE(based on a true story)*

- *Conventional Photography Magazine*

- *Fashion Newspaper by Martin Parr*

- *St Mary Redcliffe and Temple School Newspaper*

- *Ohio*

- *Pictures from a Revolution*

- *Pictures from a Revolution(Institutional Copy)*

- *Hot Spots: Martin Parr in the American South DVD*

- *Blood In The Soil DVD and CD*

- *The World From My Front Porch CD*
- *Indecisive Moments(Institutional Copy)*
- *Indecisive Moments DVD*
- *The Mennonites CD*

MPAA

Motion Picture Association of America

미국영화협회

① 기구

1) 소재지

소재국가 미국

주   소 Washington, D.C.

1600 Eye St., NW

Washington, D.C. 20006

전   화 +1 (202) 293-1966

팩   스 +1 (202) 296-7410

홈페이지 http://www.mpaa.org

전자우편 contactus@mpaa.org

2) 성격

미국영화협회(Motion Picture Association of America, MPAA)

는 영화협회(MPA)와 MPAA의 다른 부속 협회·지부들과 더불어 미국과 전 세계의 미국 영화, 홈 비디오 그리고 TV 산업계의 의견과 대변자의 역할을 맡고 있다. MPAA의 회원들은 월트 디즈니 영화사, 파라마운트 영화사, 소니 영화사, 21세기 폭스사, 유니버설 스튜디오 그리고 워너브라더스와 같은 6개의 주요한 미국 영화 스튜디오이다. 협회는 지적 재산권, 자유무역법, 진취적인 소비자 선택, 표현의 자유 및 영화가 사람들의 삶을 풍요롭게 하며, 그 수준을 올리는 영속적인 힘을 지니고 있다는 면에서 진정한 자부심을 갖고 있다.

3) 설립연혁

- 1922년 사무엘 골드윈(Samuel Goldwyn), 루이스 B. 메이어(Louis B. Mayer), 제시 레스키(Jesse Lasky) 그리고 조셉 솅크(Joseph Schenck)를 포함한 주요 영화 스튜디오의 대표들은 미국 영화에 대한 거센 정부 검열 요구에 맞서기 위해 미국 영화 제작자들과 배급 업체 협회를 창설했다. 나아가 협회의 창립자들은 영화 산업을 위해 보다 친근한 대중적 이미지를 촉진하며 미국 주류에서 무성영화의 역할을 보호하고자 하였다. 전 우체국장이자 하딩(Harding) 대통령의 내각 구성원이었던 윌리엄 헤이스(William Hays)는 영화 제작에서 정부 간섭을 방지하기 위해 조직과 제정된 발언권을 이끌었다. 그는 공격적인

소재를 확인하기 위해 모든 영화대본 재검토를 요구하는
제도인 제작 규정 혹은 헤이스 규약[11]으로 알려진 산업
체주도 자기검열 제도 탄생의 기반이 되었다.

- 1945년 헤이스는 전미상공회의소 위원장인 에릭 존스톤
  (Eric Johnston)의 후임이 되었다. 존스톤의 재임 기간 중,
  협회의 명칭은 MPAA로 변경되었다. 존스톤은 헤이스
  규약과 연관된 부담스러운 검열 책임을 맡게 되었고 그
  의 임무에 미국 영화 진흥을 덧붙였으며 이는 2차 세계
  대전 이후 미국영화가 해외에서 인기를 얻게 되는 계기
  가 되었다. 1963년 존스톤 사망 이후, 스튜디오 이사진들
  이 후임자를 찾기 위한 3년 동안 MPAA의 최고직책은
  공석으로 남았다.

- 1960년대 후반, 국가가 변화를 겪으면서 영화산업 역시
  같은 상황이 되었다. 시민권, 여성의 권리와 노동 운동의
  발전과 함께 새로운 종류의 미국 영화가 등장·개봉되었
  다. 사회적으로 팽배한 자유로운 분위기에서, 자기 검열이
  라는 영화 산업의 제한적 제도는 지속될 수 없었다.

- 1966년 린든 존슨(Lyndon Johnson)의 전 대통령 특별 보
  좌관인 잭 발렌티(Jack Valenti)는 MPAA 회장으로 추대
  되었다. 같은 해, 변화하는 사회적 관습들을 반영하기 위

---

11) 1930년 미국 영화제작배급협회(Motion Picture Producers and Distributors of
   America)의 초대 회장이었던 윌 H. 헤이스(Will H. Hays)에 의해 만들
   어진 규약으로서 할리우드 영화에서 표현의 정도 및 한계를 규정한
   것으로 스크린을 통해 보이면 안 될 금기사항들을 명시하고 있는 규
   약이다.

해 헤이스 규약에 광범한 개정이 이뤄졌다.

- 1968년 잭 발렌티는 38년 동안 재임하면서 영화 제작자
  들에게 창의적이고 예술적인 자유를 주는 자발적인 영화
  등급 시스템을 수립하였다. 영화 내용이 아이들에게 적
  절한 것인지를 판별할 수 있도록 영화 내용에 관한 정보
  를 부모들에게 알려주는 중요한 요소로 작용하였다. 이
  후 40년이 넘도록 이 제도는 사회와 더불어 발전하고 있
  으며 미국 표현의 자유를 나타내는 상징이 되어 빛나고
  있다.

- 2004년 잭 발렌티의 은퇴 이후, 전 캔자스 국회의원이자
  농림부 장관인 댄 글릭먼(Dan Glickman)이 MPAA의 회
  장으로 선출되었으며, 최고 경영자 글릭먼은 2010년 봄
  까지 지위를 유지하면서 산업 변혁의 시기 동안 협회를
  이끌었다. 디지털 시대의 도래는 소비자에게 영화를 전
  달하여 놀랍도록 새로운 기회를 만들어냄과 동시에 온라
  인 저작권 절도라는 산업의 영속적인 위협 역시 증대시
  켰다.

- 오늘날 회장 겸 최고 경영자인 크리스 도드(Chris Dodd)
  의 지도로, MPAA는 영화 제작자들의 창조적이며 예술
  적인 자유 수호자로 군림하였다. 지적 재산권을 보호하
  기 위한 전 세계 공공 집회와 민간 기관에서 활동하며,
  기술기반 혁신을 발전시키고 영화라는 독특하고 영향력
  있으며 수요가 증대되는 글로벌 매체에 대한 시장을 개
  방하고 있다. 협회 연혁과 더불어 현대 시대로 진입하면

서, MPAA의 핵심적인 임무는 이전과 동일하게 남아 있다. 바로 영화산업과 영화제작기법, 그리고 영화를 통한 전 세계적인의 즐거움을 더욱더 증진시키고, 영화제작자의 예술표현의 자유 및 창의성을 보호하는 것이다.

• MPAA의 주요 미국 사무소들은 워싱턴 D.C., 로스엔젤레스, 캘리포니아에 있다. 또한 콘텐츠 보호팀은 시카고, 댈러스 그리고 뉴욕에 있다. MPAA와 그 밖의 보조 기관과 지부는 브뤼셀, 싱가포르, 상파울로, 멕시코시티 그리고 토론토에 상업 및 지역 사무소를 갖고 있다. 보조 기관과 지부에 덧붙여 협회는 전 세계 30개국 이상에서 콘텐츠 보호 그룹들과 그 밖의 다른 협회들과 활동한다.

4) 설립목적 및 임무

협회는 국제적인 부속 기관들과 지부를 통해서 미국 영화, 가정용 비디오와 TV 산업의 목소리이자 대변자이다. 또한 건강하게 번영하는 영화 산업은 다양한 입법, 정책, 교육, 기술 그리고 법률 강화 발안권 등 다양한 면에서 부각되고 있다. 이러한 노력의 범위는 지적 재산권 보호에서 소비자의 연애, 오락 선택의 확대와 공정 거래 합의, 예술적 표현에 대한 자유의 보장까지 이른다.

5) 주요 서비스

효율성을 위해 협회는 두 가지 활동을 중점적으로 수행하고 있다. 첫째, 협회는 창조적인 작품들과 지적 재산권의 보호를 끊임없이 노력해야 한다. 언제, 어디서, 어떻게 시청자가 선택하든지 영화와 TV를 소비자들이 즐길 수 있는 합법적 선택들을 다양화시킬 수 있는 길을 분명히 하여 최선을 다해야 한다. 이 목표를 위해, 저작권이 있는 영화와 TV 프로그램의 대량생산과 유통에 불법적으로 관련된 사람들을 적극적으로 추적하며 새로운 교류 협정에서 지적 재산권을 보호하고 소비자들이 새롭고 쉬운 방식으로 영화와 TV를 즐길 수 있는 혁신적인 소비자 선택을 증진시키도록 한다. 협회는 이 모든 것을 이루기 위해 소비자들, 정책 입안자들, 법 집행 단체, 그리고 기술 및 통신 사업자들을 포함한 많은 협력자들과 활동 중이다.

② 정보원

1) 영화를 위한 정보원

MPAA는 부모들이 가족들과 어떤 영화를 봐야만 하는지 결정을 내릴 수 있도록 다양한 정보원들을 제공하고 있다.

(1) *The Advertising Self Regulation Council(ASRC)*

- *NAD® CASE REPORTS*
- *NARB CASE REPORTS*
- *CARU® CASE REPORTS*
- *ERSP® CASE REPORTS*

(2) *American Pediatric Association: Media and Children*

① 클리닉 정보원(Clinical Resources)

다음과 같은 주제들로 구성되어 있으며, 각각의 독

립된 웹페이지로 연결되어 정보를 제공하고 있다.

- *Breastfeeding*
- *Bright Futures*
- *Fetal Alcohol Spectrum Disorders(FASD) Toolkit*
- *Genetics in Primary Care Institute*
- *Healthy Active Living for Families: Right From the Start program(HALF)*
- *Immunization*
- *Medical Home*
- *Medical Home for Children and Adolescents Exposed to Violence*
- *Mental Health*
- *Newborn Screening: Critical Congenital Heart Defects (CCHD)*
- *Obesity*

- *Oral Health*
- *Program to Enhance the Health and Development of Infants and Children*
- *Tobacco Control*

② 보호자용 정보원

- *Caring for Your Baby and Young Child*
- *Heading Home With Your Newborn*
- *Newborn Intensive Care, 3rd Edition*
- *New Mother's Guide to Breastfeeding, 2nd Edition*
- *Home Strength Training for Young Athletes DVD and Flash Cards*
- *Nutrition: What Every Parent Needs to Know*
- *Sports Success Rx! Your Child's Prescription for the Best Experience*

③ 전문가용 정보원

- *Red Book Online*
- *Red Book: 2012 Report of the Committee on Infectious Diseases, 29th Edition*
- *New! Caring for the Hospitalized Child*
- *Pediatric Care Online*
- *New 7th Edition! Guidelines for Perinatal Care*
- *New! Complete PCEP Series(4 book set)*

(3) *CARU*

(4) *Common Sense Media*

(5) *Family Online Safety Institute*

① Parents(PDF 형태로 제공)

- *Top Internet Safety Tips for Parents*
- *Internet Safety Tips for Kids*
- *The Family Online Safety Contract(in English)*
- *Contrato Familiar de Seguridad en Internet(en Español)*

② FOSI Publications(PDF 형태로 제공)

- *Calming Parental Anxiety While Empowering Our Digital Youth*
- *State of Online Safety Report*
- *Increasing Youth Safety and Responsible Behaviour Online*
- *Cyberbullying*
- *Sexting*
- *Self harm in the digital age*
- *Broadband Responsibility*

③ FOSI Briefs(웹 문서 형태로 제공)

- *Pivot to the Positive: The Australian Approach*
- *Latest Thinking on European Policies and Practices*
- *Industry Commits to Make the Internet a Better*

Place for Children in Europe

- *The Implications of the FTC's New COPPA Rule*
- *Trends in Online Safety: The Trans-Atlantic Debate and its Global Implications*
- *Active Choice Features at UK Online Safety Summit*
- *Safety & Privacy in a Digital Europe*

④ FOSI GRID(FOSI's Global Resource and Information Directory)

FOSI GRID는 인터넷을 더욱 안전하고 좋은 공간으로 만드는 데 기여하고 있는 모든 이들을 위한 유일하면서도 실질적이며 최신의 정보를 창출하도록 고안되어 있다.

- *GLOBAL RESOURCE & INFORMATION DIRECTORY* Professional Edition

⑤ Hotlines

FOSI는 인터넷상에서 발견되는 불법 자료들을 보고하기 위한 기관들을 국가별로 정리하여 세부 연락처를 제공하고 있다.

[아시아]

- 대한민국 - KISCOM
- 일본 - Internet Association Japan

[오세아니아]

- 호주 - Australian Communications and Media Authority Education Network Australia

[유럽]

- 유럽 - INHOPE
- 오스트리아 - Stopline
- 불가리아 - ARC Fund
- 체코 공화국 - Our Child Foundation
- 덴마크 - Red Barnet
- 아일랜드 - ISPIA
- 핀란드 - Pelastakaa Lapset/Nettivihje(Save the Children Finland/Northern Hotline)
- 프랑스 - Point de Contact
- 독일 - Freiwillige Selbskontrolle Multimedia-Dienstean bieter, Jugendschutz.net, Verband der deutschen In tern-etwirtschaft
- 그리스 - SafeNet
- 헝가리 - MATISZ
- 네덜란드 - Meldpunt Kinderporno op Internet
- 몰타 - APPOGG
- 슬로베니아 - Spletno Oko
- 스페인 - Acosoescolar, Protegeles
- 스웨덴 - http://www.mediaradet.se

- 스위스 - Aktion kinder des Holocaust
- 영국 - Child Exploitation and Online Protection Centre
  ChildLine, Internet Watch Foundation, Stop it Now!

[국제]
- 국제 - Virtual Global Taskforce

[중동 및 아프리카]
- 레바논 - Think Community

[캐나다, 멕시코 및 미국]
- 캐나다 - Cybertip!ca
- 멕시코 - Alianza por la Seguridad en Internet, Denuncia
- 미국 - National Center for Missing & Exploited Children

[남아메리카]
- 브라질 - Seuabrigo

⑥ 유용한 웹사이트
  [아시아]
- 중국 - CN Cert, Internet Society of China
- 인도 - IndiaChild, Whoa
- 카자흐스탄 - Safekaznet
- 말레이시아 - ESecurity

- 타이완 - ECPAT Taiwan

[오세아니아]

- 호주 - Cybersmart Kids, KidSafe, Netty's World
- 뉴질랜드 - Hectors World, Net safe

[유럽]

- 유럽 - Insafe, Keepcontrol, Safer Internet Programme, TeachToday
- 오스트리아 - Handywissen, Safer Internet Austria
- 벨기에 - Clicksafe
- 불가리아 - Web112
- 키프로스 - Cyberethics
- 체코공화국 - Safer Internet Czech
- 덴마크 - Webetik
- 핀란드 - Mannerheim League for Child Welfare, Turvallisesti Nettin
- 프랑스 - e-enfance, Internet Sans Crainte, Kiloo, Surfez Intelligent
- 독일 - A Net for Kids, Girls' Day, Handysektor, Internet abc, Klicksafe, Netzcheckers, SaferInternet, Scoyo
- 그리스 - Safer Internet Greece
- 아이슬란드 - National Parents Association
- 아일랜드 - Watch your space, Webwise
- 이탈리아 - Easy, StopIt

- 라트비아 - Netsafe
- 리투아니아 - Saugesnis Internetas
- 룩셈부르크 - LuSI
- 네덜란드 - Digitally Aware
- 노르웨이 - Dubestemmer, Kripos, Safer Internet Project
- 폴란드 - Nobody's Children Foundation
- 포르투갈 - Internet Segura
- 루마니아 - Sigur
- 러시아 - Detionline, OBZH, Tirnet
- 슬로바키아 - Zodpovedne.sk
- 슬로베니아 - Safe-Si
- 스페인 - Acosoescolar, Action Against Infantile Pornography, Ciberfamilies, Chavel.es, Exprime le Red a Tope!, Internetsinacoso, Mi Cueva, Portal de Menor, Protegeles, Stop Obsesion, Tecnoadicciones, Tu Eres Mas Oue Una Imagen
- 스웨덴 - Insafe
- 영국 - Beatbullying, BBC Webwise, Chatdanger, Child Exploitation and Online Protection Centre, Childnet International, Citizens Online, Counselling Directory, CyberMentors, Cybernuts, Digizen, Get Net Wise, Get Safe Online, Hectors World, Kidsmart, Norton Family Resources, Parent Centre, South West Grid for Learning, Stop it Now!, Thinkuknow, Vodafone

Parents Guide Technology, Yorkshire Internet Safety Network

[국제]
- Child Online Protection
- Internet Governance Forum
- International Youth Advisory
- Virtual Global Taskforce

[중동 및 아프리카]
- 레바논 - Think Community

[북아메리카]
- 캐나다 - Canada Safety Council, Media Awareness Network, Online Safety Week
- 멕시코 - Alianza por la Seguridad en Internet
- 미국 - AOL Safetyclicks, Center for Media Literacy, Center for Safe and Responsible Internet Use, Common Sense Media, Connect Safely, ConnectED4safety, Consortium for School Networks, Cyber Angels, Cyber-Bullying Online Symposium, Cyberbullying-The New Online Crime, Cyber Bullying US, CyberSmart!, Digital Citizenship, Disney Online Safety, Get Game Smart, GrowingWireless, iKeepSafe, iLookBothWays,

Internet Safety for Kids, i-Safe, Katies Place, Kidz Privacy, Kids.us, LMK, Net Bullies, 4NetSafety, Net Family News, Net Mom, NetSmartz, McAfee Security Advice Center, OnGuardOnline, Online Shopping Advice, Parents Guide, PointSmartClickSafe, Safe Families, Safewave, Stay Safe Online, Stop Cyberbullying, Symantec Family Resources, Take Charge!, Teenangels, The Wireless Foundation, Thinkfinity, Verizon Parental Control Center, Wired Kids, Working to Halt Online Abuse, Yahoo!, Yahoo! Safely

[남아메리카]
- 브라질 - Internet Segura

(6) Kids in Mind

(7) National Association of Theatre Owners
   ① *Exhibition Data and Statistics*(웹상의 문서형태로 제공)
   - *U.S. and Canada Box Office Grosses*(as of August 2013)
   - *U.S. and Canada Admissions*(as of August 2013)
   - *Average U.S. Ticket Prices*(as of August 2013)
   - *Number of U.S. Movie Screens*(as of July 2013)
   - *Number of U.S.Cinema Sites*(as of July 2013)
   - *Top 10 Circuits*(as of July 2013)

- *Top Movies by Rating*(as of July 2013)

② *Report*(웹상의 문서형태로 제공)

- *MPAA 2013 Economic Contribution Report* ‑*Factsheet*
- *MPAA 2012 Theatrical Market Statistics* ‑*Latest box office and movie attendance trends*

③ *Studies and Reports*(PDF 파일형태로 제공)

- *CAC Reallocation/Emotional Attachment Study CAC 2007 Arbitron Cinema Advertising Study*
- *Nielsen Cinema Audience Report*
- *CAC Revenue Report*
- *CAC IMMI Report*
- *CAC Moviegoers Stats*

④ *NATO's Encyclopedia of Exhibition*

이 백과사전은 매년 출간되는데, 영화에 대한 정보, 출품 예정작들 그리고 관람객들에 대한 통계자료 등을 한 곳에 총망라한 서적이라고 할 수 있으며, 국내외의 출품사, 배급사, 영화사들에 대한 정보를 수록하고 있다. 구체적인 수록 내용에는 다음과 같은 주제들이 포함된다.

- 스크린 및 사이트 데이터(Screen and Site Data)
- 박스오피스 및 입장 통계(Box-office and Admissions Statistics)
- 영화관람 동향(Moviegoing Trends)

- 영화 총수입 및 등급 정보(Film Grosses and Ratings Information)
- 보조 시장분석결과(Ancillary Market Data)
- 산업체 연락처(Industry Contact Directories)

(8) Parent Teacher Association: Watching Movie With Your Children

(9) Rotten Tomatoes

Rotten Tomatoes는 영화리뷰를 전문으로 하는 곳으로서, 일정 자격을 갖춘 비평가들이 비평한 자료를 인증된 사이트에서 볼 수 있도록 Publications List를 제공하고 있다. 아래는 Rotten Tomatoes가 인증한 곳들인데, 목록상의 어느 한 곳을 클릭하게 되면 영화별로 비평가들의 리뷰 내용을 살펴볼 수 있다.

- *ABC Radio(Australia)*
- *ABC Radio Brisbane*
- *About.com*
- *Apollo Guide*
- *Arizona Republic*
- *Arkansas Democrat-Gazette*
- *AskMen.com*
- *Associated Press*

- *At the Movies*
- *At the Movies(Australia)*
- *Atlanta Journal-Constitution*
- *Austin American-Statesman*
- *Austin Chronicle*
- *AV Club*
- *Baltimore Sun*
- *BBC*
- *BBC Radio Five Live*
- *BeatBoxBetty.com*
- *Birmingham Mail*
- *Birmingham Post*
- *Bloomberg News*
- *Boston Globe*
- *Boston Herald*
- *Boston Phoenix*
- *Box-office Magazine*
- *Bullz-Eye.com*
- *Calgary Sun*
- *Canada.com*
- *Channel 10 Australia*
- *Charlotte Observer*
- *Chicago Reader*
- *Chicago Sun-Times*

- *Chicago Tribune*
- *Christian Science Monitor*
- *Christianity Today*
- *Cinema Autopsy*
- *CinemaBlend.com*
- *Cinematical*
- *Citysearch*
- *Cleveland Plain Dealer*
- *CNN.com*
- *ComingSoon.net*
- *Common Sense Media*
- *Concrete Playground*
- *Contra Costa Times*
- *Courier Mail(Australia)*
- *CraveOnline*
- *Crikey*
- *culturevulture.net*
- *Current TV*
- *Daily Express*
- *Daily Mail[UK]*
- *Daily Mirror[UK]*
- *Daily Record[UK]*
- *Daily Star*
- *Daily Telegraph*

- *Daily Telegraph(Australia)*
- *Dallas Morning News*
- *Dark Horizons*
- *Dazed and Confused*
- *Denver Post*
- *Denver Rocky Mountain News*
- *Deseret News, Salt Lake City*
- *Detroit Free Press*
- *Detroit News*
- *Dial M For Movies*
- *Digital Spy*
- *DVD Insider*
- *E! Online*
- *East Bay Express*
- *Ebert & Roeper*
- *Ebert Presents At The Movies*
- *Edmonton Sun*
- *Electric Sheep*
- *Empire Magazine*
- *Empire Magazine Australasia*
- *Entertainment Weekly*
- *Fan The Fire*
- *FHM[UK]*
- *Film Comment Magazine*

- *Film Journal International*
- *Film School Rejects*
- *Film Threat*
- *Film.com*
- *Film4*
- *Filmcritic.com*
- *FilmFocus*
- *FilmFour.com*
- *FILMINK(Australia)*
- *Filmstar Magazine*
- *FilmStew.com*
- *Financial Times*
- *Flick Filosopher*
- *Flicks.co.nz*
- *Flint Journal*
- *Flix Capacitor*
- *Florida Times-Union*
- *Fort Worth Star-Telegram/DFW.com*
- *Fresno Bee*
- *Future Movies UK*
- *Gannett News Service*
- *Glenn Dunks*
- *Globe and Mail*
- *Good Morning America*

- *GQ Magazine[UK]*
- *GreenCine*
- *Greenwich Village Gazette*
- *Greg's Previews at Yahoo! Movies*
- *Guardian[UK]*
- *Hearst Newspapers*
- *Heart 106.2*
- *Heat Magazine*
- *Herald Sun(Australia)*
- *HeyUGuys*
- *HitFix*
- *Hollywood Reporter*
- *Hollywood.com*
- *Honolulu Star-Advertiser*
- *Houston Chronicle*
- *Houston Press*
- *IFC.com*
- *IFilm*
- *IGN DVD*
- *IGN Movies*
- *IGN Movies AU*
- *IGN Movies UK*
- *Impulse Gamer*
- *Independent*

- *Independent on Sunday*
- *Internet Reviews*
- *Irish Independent*
- *Irish Times*
- *Jam! Movies*
- *Junkee*
- *Kansas City Star*
- *L.A. Weekly*
- *La Opinion*
- *Las Vegas Review-Journal*
- *Leonard Maltin's Picks*
- *Limelight*
- *Little White Lies*
- *Liverpool Echo*
- *Los Angeles Daily News*
- *Los Angeles Times*
- *Maclean's Magazine*
- *Matt's Movie Reviews*
- *Maxim[UK]*
- *Metro News*
- *Metro Times(Detroit, MI)*
- *Miami Herald*
- *Milwaukee Journal Sentinel*
- *Minneapolis Star Tribune*

- *MLive.com*
- *Montreal Gazette*
- *Movie Mezzanine*
- *Movie Talk*
- *Moviedex*
- *MovieFIX*
- *Movieline*
- *Movies.com*
- *MovieTime, ABC Radio National*
- *Mr. Showbiz*
- *MSN Movies*
- *MSNBC*
- *MTV*
- *National Post*
- *Neon Maniacs*
- *Nerdist*
- *New Statesman*
- *New Times*
- *New York Daily News*
- *New York Magazine*
- *New York Observer*
- *New York Post*
- *New York Press*
- *New York Times*

- *New Yorker*
- *Newark Star-Ledger*
- *News & Observer, Raleigh, NC*
- *News of the World*
- *Newsday*
- *Newsweek*
- *NOW Toronto*
- *NPR*
- *NPR.org*
- *NUVO Newsweekly*
- *Observer[UK]*
- *Onya Magazine*
- *Oregonian*
- *Orlando Sentinel*
- *Orlando Weekly*
- *Ottawa Citizen*
- *Palo Alto Weekly*
- *Paste Magazine*
- *People Magazine*
- *Philadelphia Daily News*
- *Philadelphia Inquirer*
- *Philadelphia Weekly*
- *Platform*
- *Popcorn*

- *PopMatters*
- *Premiere Magazine*
- *Quickflix*
- *Radio Times*
- *Real.com*
- *Reel.com*
- *ReelViews*
- *Richard Roeper.com*
- *Rip It Up*
- *RogerEbert.com*
- *Rolling Stone*
- *Sacramento Bee*
- *Sacramento News & Review*
- *Salon.com*
- *Salt Lake Tribune*
- *San Diego Union-Tribune*
- *San Francisco Chronicle*
- *San Francisco Examiner*
- *San Jose Mercury News*
- *Sarasota Herald-Tribune*
- *sbs.com.au*
- *Schmoes Know*
- *SciFiNow*
- *Scotland on Sunday*

- *Scotsman*
- *Screen International*
- *Screen It!*
- *Screen-Space*
- *ScreenRant*
- *Seattle Post-Intelligencer*
- *Seattle Times*
- *Senses of Cinema*
- *Seven Days*
- *SF Weekly*
- *SFX Magazine*
- *Shotgun Critic*
- *Sight and Sound*
- *Sky Movies*
- *Slant Magazine*
- *Slate*
- *smh.com.au*
- *South Florida Sun-Sentinel*
- *Spill.com*
- *SPLICEDWire*
- *St. Louis Post-Dispatch*
- *St. Paul Pioneer Press*
- *Stage Newspaper*
- *Starburst*

- *Stop Smiling*
- *Sun Online*
- *Sunday Mail(Australia)*
- *Sunday Mail[UK]*
- *Sunday Mirror[UK]*
- *Sunday Times(Australia)*
- *Sunday Times(UK)*
- *Sydney Morning Herald*
- *Tampa Bay Times*
- *Teletext*
- *Television Without Pity*
- *The Age(Australia)*
- *The Atlantic*
- *The Australian*
- *The Baltic Times*
- *The Celebrity Truth(Australia)*
- *The Dissolve*
- *The Drum Media*
- *The List*
- *The Loop*
- *The Mercury*
- *The Nation*
- *The National*
- *The New Republic*

- *The Ooh Tray*
- *The Patriot Ledger*
- *The Playlist*
- *The Popcorn Junkie*
- *The Sabotage Times*
- *The Skinny*
- *The Spectator*
- *The Sun Herald*
- *The Sunday Age*
- *The Verge*
- *The Vine*
- *The Wrap*
- *thelondonpaper*
- *TheShiznit.co.uk*
- *This is London*
- *Time Canada*
- *TIME Magazine*
- *Time Out*
- *Time Out Chicago*
- *Time Out New York*
- *Time Out Sydney*
- *Times[UK]*
- *Times-Picayune*
- *TNT's Rough Cut*

- *Toledo Blade*
- *Toronto Star*
- *Toronto Sun*
- *Total Film*
- *Trespass*
- *Triple J*
- *Tulsa World*
- *TV Equals*
- *TV Fanatic*
- *TV Guide*
- *TV Guide's Movie Guide*
- *UGO*
- *Ultra Culture*
- *Uncut Magazine[UK]*
- *Under the Radar*
- *Urban Cinefile*
- *USA Today*
- *UTV*
- *V Music*
- *Variety*
- *ViewLondon*
- *Village Voice*
- *Vulture*
- *Wall Street Journal*

- *Washington Post*
- *We Got This Covered*
- *What Culture*
- *What the Flick?!*
- *Willamette Week*
- *Winnipeg Sun*
- *Zap2it.com*
- *2UE That Movie Show*
- *3AW*

WMF

World Monuments Fund

세계유적기금

1 기구

1) 소재지

주　　소　350 Fifth Avenue

　　　　　Suite 2412

　　　　　New York, NY 10118-2494

전　　화　+1 646-424-9594

팩　　스　+1 646-424-9593

전자우편　wmf@wmf.org

홈페이지　http://www.wmf.org/

2) 성격

세계유적기금(World Monuments Fund, WMF)은 세계의 각종 유산 및 유적을 보존하기 위해 전념하는 선두적 독립기구이다. 1965년부터, 90개국 이상의 전문가들은 지구상의 중요한 건축유산 및 문화유산을 보존하기 위해 입증된 기술력들을 적용하기 위해 많은 시간을 들여 노력해 왔다. 지역 사회, 자금 제공자 그리고 정부들과의 협력관계를 통해, WMF는 미래 세대들을 위한 세계유산·유적의 끊임없는 보존에 헌신하고 있다. 점점 많은 세계유적의 현장들이 위험에 처해 있으며, 각종 유적 및 유산 보존을 위한 행동들이 더욱 중요하게 여겨지고 있다. 수익의 85% 이상이 보존 프로젝트, 현장 작업, 지지활동 및 교육 프로그램에 사용된다.

3) 특별 프로그램

WMF의 사명은 중요한 기념물, 건축물, 유적지 등과 같은 세계의 건축 유산을 보존하는 것이다.

(1) 고취(Advocacy)

유산 보존의 중요성과 유적지가 당면한 새로운 위험요소들에 대한 경각심을 일깨우기 위해 WMF는 다양한 보걸운동을 펼치고 있다.

모든 프로젝트는 유산 보존의 중요성에 대한 대중, 정부 기관, 지역사회조직, 그리고 잠재적 기증자들 가운데

경각심을 일깨울 수 있는 기회이다. 「세계 유적지 관리
목록(World Monuments Watch)」과 같은 프로그램들을
통해, 세계유적기금은 전 세계 현장의 보호를 지지하는
목소리를 내고 있다.

(2) 교육과 훈련(Education and Training)

유적 보존에 생기를 불어넣기 위해 잃어버린 예술과 현
대 기법에서 장인(匠人)들과 두각을 나타내는 전문가들
을 교육·훈련하고 있다.

또한 세계유적기금은 대중을 교육시키고, 고전 예술과
현대 기준에 부합하는 전문가, 장인, 상인 간의 정보 교
류를 촉진시키고 있다. 현장 이해, 국제 컨퍼런스, 현장
학교, 세계유적기금 웹사이트 등 유적 보존을 위해 전
문가들뿐만 아니라 비전문가들도 접근할 수 있는 개방
적이고 자유로운 영역을 제공하고 있다.

(3) 문화유산(Cultural Legacy)

세계 건축 대작들과 중요한 문화 유적지를 손상과 파괴
로부터 구하는 것을 목표로 하고 있다.

WMF는 매우 폭넓은 권한을 바탕으로 특정한 예술적
표현 시기를 규정하거나 문화 시대를 상징하는 위대한
건물들, 현장들, 유일한 기념물들에 의해 나타나는 세계
건축 유산 및 문화유산을 항상 보존해 왔다. 이 프로그
램 분야는 지역 협력체들과의 공동작업을 통해 주요 구

조물들과 현장들의 보존을 위한 재정적 및 기술적 원조를 제공한다.

(4) 역량 구축(Capacity Building)

WMF는 전 세계 지역사회들이 장기적으로 자신들의 유산을 보호하고 보존하기 위해 정부적, 재정적, 기술적 기반시설을 구축할 수 있도록 지원하며, 이는 WMF의 활동 가운데 초석이라고 할 수 있다.

WMF는 대규모 보존 프로젝트에 접근할 수 있는 도구와 전문지식이 부족한 지역에서 보존 계획을 디자인할 수 있도록 협조하고, 파일럿 프로젝트를 실행하며, 훈련 프로그램을 개발하고 현장의 장기적 관리를 계획하기 위해 국제 전문가들의 역량을 결집시킨다.

(5) 재난 복구(Disaster Recovery)

피해를 가늠하고 비상 보존에 착수하며 장기 복구 계획에 협조하기 위해 자연재해 및 인재에 재빠르고 즉각적으로 대응하고 있다.

보존활동들은 극심한 상황에 종종 대응하므로 WMF는 자연재해 혹은 인재로 인한 손실을 최소화시키기 위해 항상 준비태세를 갖추고 있다. WMF는 전문가 파견, 피해 추정, 그리고 보존 계획 및 착수에 있어서의 협조 등의 신속대응 임무들을 제공할 수 있다. 위기상황과 관련하여 WMF가 개발해 온 도구들은 비상대응 상황에

서의 초기 사용을 훨씬 뛰어넘는 영역에서 광범하게 응용
되어 왔다.

4) **특별계획**(SPECIAL INITIATIVES)

아래 특별계획들은 WMF가 특정 현장에서의 개별적 프로
젝트에 국한되지 않도록 영역을 확장하게 해주고, 유적 보
존에 있어서 더욱 광범한 테마들을 다루도록 해준다.

(1) 기후변화(Climate Change)

전 세계적으로 일어난 기후변화와 그로 인한 생태계의
악화는 해수면 상승, 시시각각 변하는 강우량, 폭풍의
강도 증가, 가뭄 등의 형태로 나타나 문화유적지에 심
각한 영향을 끼쳤다.

WMF는 사적을 보호하는 것뿐만 아니라 지역 환경에
적합한 전통적 방법을 사용하는 것, 문화 자원을 보호
하는 데 지역사회의 참여를 강화시키는 것, 환경적으로
향상된 방법으로 설계, 건설, 운영, 철거되는 그린 빌딩
을 장려하는 것, 그리고 지속가능한 관광을 촉진하는
것 등을 위해 최선을 다하고 있다.

(2) 교육 파트너십(Educational Partnership)

WMF의 사업은 대학, 연구센터, 그리고 교육자들과의 파트너십을 통해 강화된다. 보존 작업에 참여하는 대학원생들이 수행한 기록문서에서부터 윌리엄스버그 건축·디자인 고등학교 학생들의 혜택을 위해 조직된 소규모 학교에 이르기까지, 교육은 WMF의 전 세계 활동들 중 두드러진 특징이다.

'세계 유적지 관리목록(World Monuments Watch)'은 *Time for Kids*에서 특집으로 다뤄진 적이 있는데, 이 시사주간지는 미국 학생들이 전 세계 소중한 사적들에 대해 배울 수 있게 해준다. WMF와 월드 새비(World Savvy)는 학생들이 글로벌 시티즌이 되는 데 더욱 준비를 잘할 수 있도록 한다. 이를 위해 전 세계를 아우르는 WMF 프로젝트 및 세계 유적지 관리목록 유적지에 기반을 둔 프로젝트 기반 커리큘럼 모듈을 창안하는 협력을 하고 있다.

(3) 유럽 정밀 인테리어(European Fine Interiors)

WMF 유럽지부가 관리하는 유럽 정밀 인테리어 프로그램은, 중요하지만 방치되어 있는 건축물들이 직면한 위협요소들을 다룬다. 작업을 할 때 복잡한 사안들이 종종 발생하는데, 이는 건축 및 인테리어에 사용된 재료들이 다양하고도 때로는 이국적이기 때문이며 이런 인테리어들은 종종 예술적 표현의 독특한 표본이 되고 있다.

이 프로그램은 이런 건축 인테리어들의 보존과 함께 다시 관심과 평가를 받을 수 있도록 한다. 문서화와 기술적 분석은 철저하게 진행되며 유럽의 기관 파트너 및 박애주의적 파트너와의 전통공예 및 보존 예술이 프로젝트에 포함된다.

(4) 유대인 문화유산(Jewish Heritage)

유대인 문화는 이주의 역사를 포함하고, 이주하는 곳이 어디든지 유대인들의 전통과 신념에 따라 기념물들을 지었다. 일부는 건축학적·예술적 업적을 보여주는 전형적인 것들이고, 다른 것들은 단순한 장식들만이 있는 가장 평범한 건축물이지만 모두 유대인 디아스포라의 풍부한 유산에 대한 증거들이다.

안타깝게도, 수백 개의 유대교 회당과 전 세계 다른 유대인 문화적 지역들이 영구히 사라질 위험에 처해 있으며, 충돌, 유기, 경시, 부적절한 재사용, 대중의 무관심, 혹은 자원의 단순 고갈 등으로 위협을 받고 있다. 많은 경우에 있어, 이런 구조물들은 해당지역에서 유대인들이 생활하고 살아남았던 증거들로 보존의 가치가 있는 것들이다.

(5) 모더니즘(Modernism)

WMF는 초기 정착에서부터 20세기 건축에 이르기까지 지구상의 위험에 처한 건축유적 및 문화유적을 구하기 위해 수십 년 동안 일해 왔다. 최근 몇 년 동안 WMF는 현대의 재료들이 과거에 사용되었던 것들보다 덜 취약하다는 그릇된 시선에도 불구하고, 현대 건축물들이 고대 건축물들과 마찬가지로 똑같은 물리적 위협에 직면하고 있다는 사실에 주목하고 있다.

(6) 지속가능한 관광(Sustainable Tourism)

전 세계 문화유적지에 대한 혜택과 압박 모두를 인지하면서, WMF와 아메리칸 익스프레스는 지속가능한 관광에 초점을 맞춘 전 지구적 계획에 협력하고 있다.

비관리형 관광은 유적지를 훼손할 수 있고, 세간의 이목을 끄는 유적지일 경우 더욱 많이 훼손될 수 있으므로 관광객들과 교통류의 규모를 관리하는 것이 지속가능한 관광의 필수적 요소이다.

지속가능한 관광은 유적지와 주변 환경에 대한 관광객들의 부정적 영향을 최소화시킬 뿐만 아니라, 지역 사회에 수익과 일자리 또한 창출한다. 관광객이 여행 국가의 경제·환경·문화 등을 존중하고 보호할 책임이 있다는 개념을 지닌 책임여행은 문화적으로나 환경적으로 세심한 배려를 동반한다.

5) 파트너

WMF는 국제적 파트너들과의 견고한 네트워크 및 지역 사회들과의 공동 작업을 진행한다.

(1) 아메리칸 익스프레스(American Express)

20년 동안 아메리칸 익스프레스와 WMF는 전 세계 문화유적지를 보존하기 위해 함께 일해 왔다. 아메리칸 익스프레스와 WMF는 지속가능한 관광을 촉진함과 동시에 역사적 보존, 관광객 교육, 그리고 관광 경영을 통합시키는 유적지 교부금 또한 제공하고 있다. 이 프로그램의 초기 보조금은 네 곳의 상징적 유적지에 초점을 두고 있는데, 그곳에는 멕시코시티, 델리, 런던 세인트 폴 대성당, 66번 국도가 속하고 각각의 프로젝트의 목표는 관광객들을 위해 더욱 큰 즐거움과 개선된 환경을 창출하는 것이다.

(2) 구글 세계 불가사의(Google World Wonders)

WMF와 구글 세계 불가사의 프로젝트가 제휴하고 있는 서비스를 통해, 사용자들은 세계의 위대한 유적지들 중 일부를 파노라마 이미지, 3차원 모델, 유튜브 비디오 등 다양한 정보를 통해 탐험할 수 있다. 18개국 130곳 이상의 유적지들이 서비스되고 있으며, 그 수는 점점 증가하고 있다.

(3) 놀(Knoll)

놀은 사무실과 가정을 위한 현대디자인에 대해 변함없이 전념해 왔다. WMF와 2008년 처음으로 수상된 놀 모더니즘 상(Knoll Modernism Prize)의 창립 스폰서로서, 놀은 현대 랜드마크를 보존하고 지위를 높이기 위해 혁신적인 건축학적 해결책을 사용하면서 WMF가 회사 또는 디자이너에 대한 국제적 인식을 도모하는 데 도움을 준다.

(4) 유산 보존을 위한 로버트 W. 윌슨의 도전(Robert W. Wilson Challenge to Conserve Our Heritage)

유산 보존을 위한 로버트 W. 윌슨의 도전은 전 세계 건축물 보존 프로젝트를 후원하기 위해 WMF의 가장 의미 있는 자원을 구성했다. 이 프로그램은 1998년에 착수되어 유럽, 라틴 아메리카, 그리고 아시아에서 수십 개의 프로젝트들을 후원했다.

(5) 사무엘 H. 크레스 재단(Samuel H. Kress Foundation)

사무엘 H. 크레스 재단은 WMF의 제일 오래된 후원자들 중 하나이다. 1970년에 처음 기금을 후원하기 시작했으며, 1970년 이래로 수백 개의 WMF 프로젝트에 기금을 지원해 왔다.

(6) The Tiffany & Co. Foundation

티파니 재단은 1992년부터 WMF를 후원해 왔으며, 전 세계 문화적으로 의미 있는 유적지들을 보존하고 홍보하는 데 세계유적기금과 함께 노력하고 있다.

② 정보원

1) 출판물(WMF Publications)

아래 출판물들은 각각 제작 날짜, 유형, 키워드, 관련 프로젝트, 국가 등의 정보를 제공하고 있으며 PDF전문(Full Text PDF) 및 Abstract를 볼 수 있다.

- *A Walk Around Tughlaqabad*
- *1996 World Monuments Watch*
- *1998 World Monuments Watch*
- *2000 World Monuments Watch*
- *2002 World Monuments Watch*
- *2004 World Monuments Watch*
- *2006 World Monuments Watch*
- *2008 World Monuments Fund/Knoll Modernism Prize*
- *2008 World Monuments Watch*
- *2009 Priorities*
- *2010 World Monuments Fund/Knoll Modernism Prize*

- *2010 World Monuments Watch*
- *2012 World Monuments Fund/Knoll Modernism Prize*
- *2012 World Monuments Watch-Initial Report*
- *40 Years of WMF in Venice*
- *5 Case Studies: Modernism at Risk*
- *A Field and Training Manual for the Heritage Documentation Team, Chilas Rock Carvings Cultural Landscape Project*
- *A Temple Reborn: Conserving Preah Khan*
- *A Walk Around Chandni Chowk and Jama Masjid*
- *A Walk Around Chirag Dilli and Khirki*
- *A Walk Around Darya Ganj and Sunehri Masjid*
- *A Walk Around Hauz Khas*
- *A Walk Around Humayun's Tomb*
- *A Walk Around Jahanpanah*
- *A Walk Around Jantar Mantar*
- *A Walk Around Kotla Firoz Shah*
- *A Walk Around Lodi Garden*
- *A Walk Around Purana Qila*
- *A Walk Around Sultan Ghari Complex*
- *A Walk Around the Qutb Complex*
- *A Walk Around The Red Fort*
- *A Walk Around Town Hall and Mirza Ghalib's Haveli*
- *A Work to Wonder at: Restoring Stowe House for the Nation*

- *ABC de la Conservación de Viviendas Tradicionales*
- *Alexander Palace: Groundwork for Restoration and Museum Adaptation*
- *Alexander Palace: Preliminary Assessment Report for Restoration and Adaptive Re-Use*
- *Análisis y plan de gestión de riesgo-adaptación ante el impacto del cambio climático del Parque Arqueológico Quiriguá*
- *Architectural Conservation in the Czech and Slovak Republics*
- *Bafut Palace*
- *Bartolomeo Colleoni*
- *Bernardine Complex: Charrette Proceedings and Project Report*
- *Blue Mosque Exhibition Panel 1: A Unique Treasure of Historic Cairo*
- *Blue Mosque Exhibition Panel 2: Restoring the Past*
- *Blue Mosque Exhibition Panel 3: Rebuilding Skills and Traditions*
- *Blue Mosque Exhibition Panel 4: A Living Heritage*
- *Centro da Cidade: Conceptual Design*
- *Centro Histórico de LIMA Patrimonio Humano y Cultural en Riesgo(Historic Center of LIMA World Cultural Heritage at Risk)*

- *Centro Storico di Lima, Patrimonio in pericolo*
- *Chanler Fireplace: Overview*
- *Chirag Dilli & Khirki*
- *Chullpares del Río Lauca: Su Conservación y Restauración-Proyecto Piloto de Conservación de Monumentos, Restauración y Conservación, Mantenimiento*
- *Church of Santa Maria del Giglio*
- *Church of the Pietà*
- *Churches of Lesvos: A Preservation Study for the Katholikon of Moni Perivolis and Other Historic Churches*
- *Civil Lines and the Northern Ridge*
- *Conference Report on the Restoration, Conservation & Adaptation of Eszterhaza as a Music Academy & Training Institution*
- *Connaught Place and its Surroundings*
- *Conservation & Economic Enhancement Plan for Lednice Zamek & Its Environs*
- *Conservation & Economic Enhancement Plan for Valtice Zamek & Its Environs*
- *Conservation and Sustainable Development of the Tuff Towns*
- *Conservation Guidelines for Monuments and Sites in Guatemala*
- *Conservation in the Shadow of Vesuvius: a Review of*

Best Practices/Conservazione all'ombra del Vesuvio: un esame delle migliori pratiche

- *Conservation Management and Presentation of the Historic City of Angkor Report One*
- *Conservation Plan for the Basilica of Ererouk*
- *Considerations for the Conservation and Preservation of the Historic City of Angkor Report I*
- *Coronation Park and Mughal Gardens in North Delhi*
- *Death of a Moai*
- *Easter Island: The Heritage and Its Conservation*
- *El Centro Histórico de la Ciudad de Colón: Conservación y gestión sostenible para un centro urbano dinámico(Historic Center of Colón: Conservation and sustainable management for a dynamic urban center)*
- *Employment Strategies For the Restoration Arts: Craft Training in the Service of Historic Preservation*
- *Financing Cultural/Natural Heritage and Sustainable Development*
- *Foro Boario: Italian*
- *Forum Boarium: English*
- *Four Golden Horses in the Sun*
- *Guía Florística del Sitio Arqueológico Naranjo-Saal, Petén, Guatemala*
- *Guidelines for Managing Post-Disaster Conservation of*

Heritage Buildings: Case Study: Padang, West Sumatra
- Hauz Khas and its Surroundings
- Heritage Conservation in South America: Challenges and Solutions
- Humayun's Tomb and its surroundings
- I dipinti altomedievali di Santa Maria Antiqua nel Foro Romano/The Early Medieval Paintings of Santa Maria Antiqua in the Roman Forum
- ICON, Fall 2003
- ICON, Fall 2004
- ICON, Fall 2005
- ICON, Fall 2006
- ICON, Spring 2003
- ICON, Spring 2004
- ICON, Spring 2005
- ICON, Spring 2006
- ICON, Spring 2007
- ICON, Summer 2003
- ICON, Summer 2004
- ICON, Summer 2005
- ICON, Summer 2006
- ICON, Winter 2002
- ICON, Winter 2003
- ICON, Winter 2004

- *ICON, Winter 2005*
- *ICON, Winter 2006*
- *Isla de Pascua: El Patrimonio y su Conservación*
- *Jahanpanah*
- *Jaisalmer Fort: Third Technical Mission, Identification of a Pilot Project*
- *Jewish Art Treasures of Venice*
- *Jewish Heritage Conservation Projects 2012~2013*
- *Jewish Heritage Grant Program*
- *Kızıl Kilise - The Red Church*
- *Kotla Firoz Shah and its Surroundings*
- *Kress Foundation European Preservation Program*
- *Lalibela, Phase I*
- *Lima: The Historic Center, Analysis and Restoration*
- *Lodi Garden and the Golf Club*
- *Manual Básico de Conservación para las Misiones Jesuíticas Guaraníes*
- *Meeting of Experts for the Rehabilitation of American Fortifications*
- *MEGA Jordan: Middle Eastern Geodatabase for Antiquities*
- *Mehrauli Archaeological Park and its Surroundings*
- *Mehrauli Village*
- *Memoria de Conservación en el Monasterio de Santa Catalina(Report on the Conservation of the Santa Catalina*

Monastery)

- *Memorias y Lineamientos Tecnicos*
- *Metodología de gestión de riesgo climático para sitios y parques arqueológicos*
- *Milestones, 1997 Annual Report*
- *Milestones, 1998 Annual Report*
- *Milestones, 1999 Annual Report*
- *Milestones, Fall 1995*
- *Milestones, Spring 1995*
- *Milestones, Spring 1996*
- *Milestones, Spring 2000*
- *Milestones, Spring 2001*
- *Milestones, Summer 1998*
- *Milestones, Winter 1996*
- *Milestones, Winter 1997*
- *Milestones, Winter 1999*
- *Milestones, Winter 2000*
- *Modernism at Risk: Modern Solutions for Saving Modern Landmarks*
- *Monumentum Spring 2014*
- *Monumentum, Autumn 2010*
- *Monumentum, Autumn 2011*
- *Monumentum, Autumn 2012*
- *Monumentum, Autumn 2013*

- *Monumentum, Spring 2010*
- *Monumentum, Spring 2011*
- *Monumentum, Spring 2012*
- *Monumentum, Spring 2013*
- *Naranjo-Sa'al Petén, Guatemala: Preserving an Ancient Maya City, Plan for Documentation, Conservation, and Presentation*
- *Nemrud Dağ: 2002 Final Field Mission Report*
- *New Gourna Village: Conservation and Community*
- *North Shahjahanabad*
- *Phnom Bakheng Brick Shrine Conservation and Stabilization Workshop*
- *Phnom Bakheng Conservation Master Plan Vol. 1*
- *Phnom Bakheng Conservation Master Plan Vol. 2*
- *Phnom Bakheng Workshop on Public Interpretation*
- *Phoolwalon Ki Sair*
- *Preah Khan Conservation Project Program Proposal and Budget*
- *Preah Khan Field Campaign Ⅱ*
- *Preah Khan Conservation Project Report Ⅱ Project Identification*
- *Preah Khan Conservation Project Report Ⅲ Conservation Plan*
- *Preah Khan Conservation Project Report Ⅳ Field*

Campaign I Project Mobilization

- *Preah Khan Conservation Project Report Ⅳ Field Campaign I Project Mobilization Appendices Ⅳ/A; Ⅳ/B; Ⅳ/C*
- *Preah Khan Conservation Project Report Ⅳ Field Campaign I Project Mobilization Appendix Ⅳ/E*
- *Preah Khan Conservation Project Report V Field Campaign Ⅱ*
- *Preah Khan Conservation Project Report V Field Campaign Ⅱ Appendix V/A*
- *Preah Khan Conservation Project Report Ⅵ, Field Campaign Ⅲ*
- *Preah Khan Conservation Project Report Ⅶ, Field Campaign Ⅳ*
- *Preah Khan Conservation Project Report Ⅶ, Field Campaign Ⅳ, Appendix A*
- *Preah Khan Conservation Project Report Ⅷ Field Campaign V*
- *Preah Khan Conservation Project Stage One Report Two*
- *Preah Khan Mission Report Inventory and Training*
- *Preah Khan Report Ⅸ: Field Campaign Ⅵ*
- *Preah Khan Temple Complex*
- *Preservation of Art and Architecture: Salzburg Seminar*

Session 285

- *Preservation Priorities: Endangered Historic Jewish Sites*
- *Preservation Priorities: The Angkor Challenge*
- *Preserving Haiti's Gingerbread Houses: 2010 Earthquake Mission Report*
- *Preserving the Textile Block at Florida Southern College*
- *Project-based learning Unit: New Gourna, Luxor, Egypt*
- *Project-based learning Unit: Qianlong Garden, Beijing, China*
- *Project-based learning Unit: San Pedro Apóstol de Andahuaylillas, Peru*
- *Project-based learning Unit: World Monuments Watch*
- *Proposal for the Conservation of the Hall of Dancers at Preah Khan*
- *Proposal for the Conservation of the Tower of Belém*
- *Proyectos de Conservación del World Monuments Fund en el Perú*
- *Purana Qila and its surroundings*
- *Qianlong Garden Restoration Project*
- *Qutb Minar Complex and its Surroundings*
- *Radar Imaging Survey of the Angkor Eco-Site*
- *Rashtrapati Bhawan and the Central Vista*
- *Razing of Romania's Past*

- *Restauración de la portada de la Majestad de la Colegiata de Santa María la Mayor de Toro*
- *Restoration and Adaptive Re-Use of the Alexander Palace as a Museum*
- *Restoration of Jaisalmer Fort: Assessment of Outer Fort Walls*
- *Restoration of Tempel Synagogue*
- *Restoration of the Great Synagogue of Boskovice*
- *Restorers at Work: 20 Years' Achievement in Venice 1966~ 1986*
- *Revitalization of the Renaissance Synagogue in Zamość*
- *Route 66 Economic Impact Study - Technical Report, Volume I -History, Characteristics, and Economic Conditions*
- *Route 66 Economic Impact Study - Technical Report, Volume II - Tales from the Mother Road: Case Studies of the People and Places of Route 66*
- *Route 66 Economic Impact Study-Synthesis of Findings*
- *Safdarjung's Tomb and its Surroundings*
- *Salvemos Buenos Aires: 1er Encuentro de Gestión de Patrimonio Arquitectónico y Urbano*
- *Save Meryemana Kilisesi*
- *Saving our Past: A Race Against Time*
- *Siri and its Surroundings*
- *Sites and Projects in Mexico*

- *South Shahjahanabad*
- *Stabilisation and Conservation of Walls, Bastions and Slopes of Jaisalmer Fort*
- *Stakeholders Meeting Report, Chilas Rock Carvings Cultural Landscape Project*
- *Sustainable Urban Preservation: Developing a Model Program for New York*
- *Temple Guardians*
- *The Antisala Ceiling in the Biblioteca Marciana*
- *The Chanler Fireplace Project*
- *The Chanler Fireplace Project: Historic Assessment*
- *The Chassidic Route*
- *The Edinburgh Graveyards Project*
- *The Edinburgh Graveyards Project: Find hidden treasures in five of Edinburgh's World Heritage graveyards*
- *The Forty Martyrs of Sebaste: A unique wallpainting fragment preserved through international co-operation*
- *The Forum Boarium, The Temples of Portunus and Hercules(Il Foro Boario: I templi di Portunus ed Ercole)*
- *The Gardens of the National Palace of Queluz: Conservation Intervention*
- *The GCI-WMF Iraq Cultural Heritage Conservation Initiative: Building Professional Capacity for Cultural Heritage Conservation and Management*

- *The Red Fort and its surroundings*
- *The Restoration of Brancusi's 'Endless Column'*
- *Towards a Common Method for Accessing Mixed Cultural and Natural Resources: A Case Study Approach, A Cross-Disciplinary Conference*
- *Trails to Treasures: A Tour of South Americas Cultural Heritage*
- *Trails to Tropical Treasures: A Tour of ASEAN Cultural Heritage*
- *Traveling Exhibition: Centro Histórico de Lima ‐ Patrimonio Humano y Cultural en Riesgo/The Historic Center of Lima ‐ Human and Cultural Heritage at Risk*
- *Tughlaqabad*
- *Venice in Peril*
- *Venice or Expo: It is Up to You*
- *Visions in Stone: A guide to inspirational historic buildings in the North East*
- *Walls of Verona*
- *Watch Day Student Photography Workshop*
- *Working Tour and Symposium Regarding Preservation Projects in Mexico and the American Southwest*
- *Workshop on Radar Imaging and Cultural Resource Management at the Angkor Eco ‐ Site and Symposium on New Technologies and Global Cultural Resource Management*

- *World Monuments Fund and World Heritage*
- *World Monuments Fund Conservation at Taos Pueblo*
- *World Monuments Fund in Cambodia*
- *World Monuments Fund in China*
- *World Monuments Fund in Iraq*
- *World Monuments Fund in Japan(2007)*
- *World Monuments Fund in Japan(2013)*
- *World Monuments Fund: The First Thirty Years*
- *Zamość: The Chassidic Route*

2) 기사문(WMF Articles)

- A Conservatory Reborn
- A Labor of Love
- A Place of Their Own
- A Race Against Time for Kentucky's Bluegrass Country
- A River Runs Through It
- A Sacred Mission
- A Tale of Two Worlds
- Abierto por Obras: Conservación del Templo de Andahuaylillas(Open for Restoration: Conservation of the Church of Andahuaylillas)
- Abode of the Gods
- Adventures in Preservation

- Along the Calzada del Cerro
- Ancient Maya Past in Peril
- Ancient Wonder, Modern Challenge
- Architect of Faith
- Arrested Decay
- Arrested Decay
- Asmara: Africas Secret Modernist City
- Balkan Renaissance
- Battle for Battersea
- Between a Rock and a Hard Place
- Beyond Memnon
- Biblioteca Palafoxiana
- Bourbon Renewal
- Bourgeois Dreams
- Butabu
- Cairo Blooms
- California Moderne
- Castles in the Sand
- Castro's Dream
- Catalysts for Change
- Chronicle in Stone
- Column Right
- Conservation in the Shadow of Vesuvius
- Conservation on the Roof of the World

- Culture at a Crossroads
- Destruction and Hope
- Ephemeral Isle
- Erasing Old Beijing
- Ever-Present Past
- Fifteen Years at Angkor
- Finding Sanctuary
- Flume with a View
- Georgian Revival
- Ghosts of Giringoe
- Glory of Lisbon
- Grave Situation
- Hands to Work, Hearts to God
- Historic Moscow Under Siege
- In Katrina's Wake
- In Search of Lost Arts
- Indonesian Heritage at Risk
- Isle of the Ancient Mariner
- Jewel of India
- Jupiter Rising
- Local Heroes
- Market Value
- Maya Marvels at Risk
- New York Reborn

- New York Stories
- Next Stop: Mongolia
- Oasis of Tranquility
- Painted Splendor of San Blas
- Passing the Torch
- Past Successes, Future Challenges
- Portal to the Past
- Portrait of an Emperor
- Qianlongs Private World
- Rebuilding the Building Arts
- Reclaiming Sacred Space
- Renewing Craftsmanship in Charleston
- Rescuing a Russian Treasure
- Restoring an Intimate Splendor
- Reversal of Fortune
- Righting Wright
- Rites of Spring
- Rococo Variations
- Sacred Light
- Saving Segovia's Aqueduct
- Saving Walpole's Wonder
- Securing a Future for Iraq's Beleaguered Heritage
- Sir Edward Lutyens and the Building of New Delhi
- Spanish Splendor

- Splendor of St. Sulpice
- St. George's Hall, Liverpool
- Still Leaning After All These Years
- Tales From the Gulag
- The Art of Preservation: Mural Masters
- The Baghdad Museum
- The Battle for Battersea
- The Bell Tolls for Moscow's Modernist Masterworks
- The Genius of Sir John Soane
- The Primacy of Primatice
- The Science of Saving Venice
- Toledos Gothic Treasure
- Triumph at Trianon
- Triumph Over Adversity
- Two Cheers for London
- Umbrian Frescos Reborn
- Utopian Dreams
- Vaults of Heaven
- Virtual Vistas
- Visions of Heaven and Hell
- Visions of Vanishing Japan
- Viva Mexico!
- Water Snakes and Killer Spiders
- What a Difference a Decade has Made

- Will Charleston Get it Right?

- Windows on the Past

- WMF at 40: Changing the Face of Preservation

- WMF in Venice

- Wooden Wonders of the Carpathians

- World Monuments Fund in Russia

- World Monuments Fund: Protecting the World's Treasures

- Young and Defenseless

3) 영상자료(Videos)

- *The Maestranza: Yesterday and Today*

- *2014 Hadrian Awards*

- *Heritage Under Siege from Aleppo to Zanzibar*

- *Restoration of the Carracci Gallery*

- *Frank Lloyd Wright's Taliesins*

- *Saint Francis Church and Monastery, Gorton, UK*

- *Route 66: The Road Ahead*

- *Travel and Mirage: The Lure of Place*

- *Jewish Legacy of Cape Verde*

- *Heritage Management Training in Erbil, Iraq*

- *La Ciudad Universitaria de Caracas*

- *The Cloudcatcher's Sadness*

- *Conservation at Wat Chaiwatthanaram*

- *Kurdistan Regional Survey*
- *2014 Paul Mellon Lecture: Saving Yangon's Historic City Center*
- *Restoration of the Bartolomeo Colleoni Monument*
- *Preservation Training at Williamsburg High School for Architecture and Design*
- *Knill's Monument*
- *Channeling Robert Chanler*
- *Introduction to Route 66: The Road Ahead*
- *Art & Place Site‐Specific Art in the Americas Book Launch*
- *2014 World Monuments Watch Announcement*
- *2013 Hadrian Gala Honors Roberto Hernández Ramírez*
- *2013 Hadrian Gala Honors Andrew B. Cogan and Knoll with the Watch Award*
- *Historic Places, New Challenges: Highlights from the 2014 World Monuments Watch*
- *World Monuments Fund and the U.S. State Department*
- *Reanimating Zamość Synagogue: From Abandoned Sacred Site to Vibrant Cultural Center*
- *World Monuments Fund 2013 Haiku Contest Winners*
- *Watch Day 2012*
- *New York Studio School*
- *Oshki Monastery*

- *From Madmen to Oceans: A Conversation with Simon Winchester*
- *Multi-Media Work Drawn from WMF's Conservation Project at St. Trophime, Arles*
- *Conservation and Training at Taos Pueblo*
- *Re-discovering Qusayr 'Amra: Conservation of an Early Islamic Site in Jordan*
- World Monuments Fund Lalibela Preservation Project
- *Conservation of Balaji Ghat, Varanasi, India*
- *2013 Paul Mellon Lecture: Can Venice Be Saved?*
- *Against the Clock: Saving the Endangered Heritage of Famagusta*
- *The Forty: Saving the Forgotten Frescos of Famagusta*
- *Conservation at Ani Cathedral and the Church of the Holy Savior*
- *Chankillo: una visualización virtual*
- *Chankillo: A Virtual Visualization*
- *Report From the Field: Saving the Forgotten Frescoes of Famagusta, Cyprus*
- *2012 Watch Award*
- *2012 Hadrian Award*
- *WMF in Sawara, Japan*
- *Hizuchi Elementary School*
- *Jewish Islamic Art and Architecture: Spain and North*

Africa

- *Middle Eastern Geodatabase for Antiquities*
- *Conservation at Kilwa*
- *Phnom Bakheng Restoration Project*
- *The Historic Center of the City of Colon: A project for its conservation, revitalization and sustainable management*
- *Chankillo, Ancash Region, Peru*
- *The Chancellerie d'Orléans: Rebirth of a Forgotten Masterpiece*
- *The Restoration of the Egyptian Hall, Part 1*
- *World Monuments Fund's Social Impact*
- *Las Pozas, Xilitla, Mexico*
- *Pico Iyer: In Journeys Begin Responsibilities*
- *World Monuments Fund and UNESCO World Heritage Sites*
- *A Walk Through the Preah Khan Temple Complex*
- *The Many Wonders of India*
- *From Harlem to Esquiña*
- *World Monuments Fund 2011 Hadrian Award*
- *2011 Watch Award*
- *Williamsburg High School for Architecture and Design Preservation Internship Program*
- *Documenting Babylon*
- *Voces de la Ciudad(Voices of the City)*
- *Babylon Site Management Plan Workshop*

- *Window Sash Restoration Workshop: Mount Lebanon Shaker Village*
- *Restoring the Dutch Reformed Church - Season 2*
- *Hassan Fathy's New Gourna: Past, Present, Future*
- *Introduction to the World Monuments Fund Route 66 Virtual Reality Tour*
- *World Monuments Fund 2010 Hadrian Award*
- *World Monuments Fund: 2010 Priority Projects*
- *Usumacinta River Cultural Landscape: A Cultural Landscape at Risk*
- *Mexico City Historic Center: 3D Virtual Tour, Alameda Park*
- *Mexico City Historic Center: 3D Virtual Tour, Rule Building Visitor Center*
- *Modernism at Risk Exhibition: Modern Solutions for Saving Modern Landmarks*
- *World Monuments Fund 2009 Hadrian Award*
- *The Future of Babylon*
- *Restoring the Dutch Reformed Church*
- *World Monuments Fund 2008 Hadrian Award*
- *World Monuments Fund: An Overview*
- *National Art Schools: Havana, Cuba*
- *WMF at Angkor Wat: The Churning of the Sea of Milk Gallery*
- *3D Laser Scanning of the Churches of Lalibela, Ethiopia*

- *Conservation at Sumda Chun, India*
- *Hadrian Award 2007*

4) 사진자료(Photos)

- *Belvedere Palace & Gardens Sphnix Statue*
- *Historic Walled City of Famagusta*
- *A New Dawn for Famagusta: The Orthodox and Latin Cathedrals, 2008*
- *Historic Walled City Of Famagusta: Discarded Medieval Tomb Slab*
- *Dampier Rock Art Complex*
- *Church of Nuestra Señora de la Merced*
- *Scott's Hut and the Explorers' Heritage of Antarctica*
- *Old City of Herat*
- *Belvedere Palace & Gardens: Interior restoration*
- *San Ignacio Miní*
- *Voskopojë Churches*
- *Haji Piyada Mosque*
- *Church of Our Immaculate Lady*
- *Katholikon of Moni Taxiarchon near Kato Tritos, Lesvos, Greece*
- *Graduate student interns in front of the Katholikon of Moni Taxiarchon near Kato Tritos*

- *Garuda #70*
- *Clearing Off Garuda #70*
- *The Colossal Head of Amenhotep Ⅲ*
- *The Colossi of Memnon and Amenhotep Ⅲ Temple Conservation Project*
- *The Colossal Head of Amenhotep Ⅲ, as Discovered*
- *The Colossal Head of Amenhotep Ⅲ, as Discovered*
- *The Colossi of Memnon and Amenhotep Ⅲ Temple Conservation Project*
- *Churning of the Sea of Milk Gallery: Stone Repointing*
- *Churning of the Sea of Milk: Roof Scaffolding*
- *Brancusi's Endless Column*
- *Angkor Wat*
- *New York State Pavilion*
- *Churning of the Sea of Milk Gallery*
- *Cloister of St. Trophime: Laser Cleaning*
- *A. Conger Goodyear House*
- *Salk Institute, San Diego, California*
- *Stone Towers of Southwest China*
- *Albertina: Hall of Muses*
- *Belvedere Palace & Gardens Fountain*

5) 슬라이드쇼(Slide Shows)

각각의 슬라이드에는 날짜뿐만 아니라 관련프로젝트와 keywords를 제공하여 그에 관한 비디오, Full text 등의 자료 역시 함께 제공하고 있다.

- *Progress at Phnom Bakheng*
- *The Ngada Village of Guru Sina on Flores, Indonesia*
- *2014 Watch: A Closer Look*
- *2013 Hadrian Gala After Party*
- *2013 Hadrian Gala*
- *Santa Catalina de Siena*
- *International Day for Monuments and Sites 2013: The Heritage of Education*
- *Bandiagara Escarpment*
- *Queluz Palace*
- *2012 Hadrian Award Gala*
- *Watch Day: Stobi*
- *Subotica Synagogue*
- *Watch Day: Ruins of the Former Cathedral Church of St. Michael, Coventry*
- *Watch Day: Archaeological Park and Ruins of Quiriguá*
- *Watch Day: Gingerbread Neighborhood of Port-au-Prince, Haiti*

- *Watch Day: Balaji Ghat*
- *Watch Day: Sawara, Japan*
- *Watch Day: Ruta de la Amistad*
- *Watch Day: Heritage and the Next Generation*
- *Todosantos Restoration Project*
- *Hizuchi Elementary School*
- *Coventry Cathedral*
- *Cartuja de Santa María de Miraflores*
- *Watch Day: Wangduechhoeling Palace*
- *Watch Day: Salvador de Bahia*
- *Zamość Renaissance Synagogue*
- *Watch Day: Russel Wright's Manitoga*
- *Watch Day: Saint Helena*
- *Watch Day: St. Paraskewa Church*
- *Watch Day: Casa Sobre el Arroyo*
- *Watch Day: Parish Church of San Juan Bautista*
- *Château de Chantilly*
- *St. George's Bloomsbury*
- *Easter Island(Rapa Nui)*
- *Forum Boarium*
- *Brancusi's Endless Column Ensemble*
- *Ruta de la Amistad*
- *American Express Awards Grant Funding to Six 2012 Watch Sites*

- *Chancellerie d'Orléans*
- *Taos Pueblo*
- *Huaca de la Luna, or Temple of the Moon*
- *WMF and Social Impact*
- *Santa Maria Antiqua*
- *Conservation of the Cloister of St. Trophime*
- *Zonnestraal Sanatorium*
- *ADGB Trade School*
- *Conservation of Angkor Wat's Churning of the Sea of Milk Gallery*
- *Strawberry Hill*
- *Historic Sites of Kilwa*
- *Restoration of Sumda Chun Monastery*
- *Russel Wright's Manitoga*
- *Conservation Work at Isa Khan's Tomb Complex, Delhi*
- *Alhambra*
- *Conservation Work at the Sanctuary of Jesús Nazareno of Atotonilco*
- *2012 Watch: A Closer Look*
- *La Casa de las Columnas: Cleaning and Conservation*
- *The Emperor's Private Paradise: Audio Slideshow*
- *Preservation of Five Synagogues*
- *Conservation of Egypt's Colossi of Memnon and Amenhotep Ⅲ Temple*

- *Conservation of Garuda #70*

6) E-뉴스레터(E-Newsietter)

WMF는 국제적인 유산 보존의 영역에서 가장 최근의 성취들을 알려주는 메일링 서비스를 제공하고 있으며, 2007년 5월부터의 기사가 수록되어 있다.

7) 연례 보고서(Annual Report)

현재 웹페이지에는 2004년부터 2013년까지의 연례 보고서가 탑재되어 있고, 모두 PDF 파일로 열람이 가능하며 우편으로도 받아볼 수 있다. WMF의 연례보고서는 기본적으로 영어로 제공하며, 2011년도와 2012년도의 연례보고서는 프랑스어와 스페인어로도 제공하고 있다.

한 해 동안 진행된 프로젝트들을 상세히 다루고 동시에 기부금 내역과 수입과 지출이 상세히 기술되어 있다.

참고문헌

권혁래. 2009. 『읽기와 쓰기』. 서울: 숭실대학교출판부.

김성희. 2007. 『문화예술 국제교류 사업의 지원모델 및 교류활성화 기초조사 연구』. 전남: 한국문화예술위원회.

김종선. 2007. 『현대사회・예술특성과 패션컬렉션 특성에 관한 연구』. 서울대학교 석사학위논문.

김현돈. 2008. 디지털시대의 예술. 『대동철학회지』, 44(2008.9): 221-242, 1229-0750.

백기수. 1965. 『예술학개설』. 서울: 동민문학사.

송재호. 2007. 『유럽의 주요문화예술 활동 기초조사 및 교류기반 구축 방안』. 전남: 한국문화예술위원회.

정정숙. 2005. 『국제기구를 통한 문화협력사업 활성화 방안』. 서울: 한국문화정책연구원.

카트린 밀레. 1998. 『현대미술』. 서울: 영림카디널, 17.

『세계미술용어사전』. 2007. 서울: 월간미술.

Gombrich, E. H. 1995. *The Story of Art by E. H. Grombrich*. London: Phaidon Press Limited.

Janson, H. W. & Janson, Anthony F. 2001. *History of Art, 6th Edition*. New York: Hany N. Abrams, Inc.

약 어 표

약어표

AFIA   American Film Institute
                미국영화연구소

AfTW   Art For The World
                세계예술기구

AIA   Authentication in Art
                예술인증협회

AICA   International Association of Art Critics
                국제예술비평가협회

AGD   Arts for Global Development
                세계개발예술

ASC   American Society of Cinematographer
                미국촬영인협회

ASIFA   L' Association Internationale
                du Film d'Animation

국제애니메이션영화협회

BFCA   Broadcast Film Critics Association
미국방송영화비평가협회

BTJA   Broadcast Television Journalists Association
미국방송언론인협회

CEC ArtsLink   CEC ArtsLink
시민교류단 아트링크

EFAH   European Forum for Arts and Heritage
유럽예술유산포럼

FIPRESCI   Federation Internationale de la Presse Cinematographique
The International Federation of Film Critics
국제비평가협회

FIAPF   International Federation of Film Producers Association
세계영화제작자연맹

IABD   International Association of Blacks in Dance
국제흑인무용협회

| IAMCR | International Association for Media and Commu nication research 국제미디어/소통연구협회 |

| IAMIC | International Association of Music Information Centers 국제음악정보센터협회 |

| IAML | International Association of Music Libraries,Archives and Documentation Center 세계음악도서관·기록관및도큐멘테이션센터협회 |

| IATO | International Art Therapy Organization 국제예술치료협회 |

| ICAF | International Child Art Foundation 국제어린이예술재단 |

| ICI | Independent Curators International 국제독립큐레이터협회 |

| ICOGRADA | International Council of Graphic Design Association 국제그래픽디자인협의회 |

Icsid   The International Council of Societies of Industrial
                 Design
                 국제산업디자인단체협의회

IDA   International Design Alliance
                 국제디자인연맹

iDMAa   International Digital Media and Arts Association
                 국제디지털미디어·예술협회

IEATA   International Expressive Arts Therapy Association
                 국제표현예술치료협회

IETM   international network for contemporary performing
                 arts
                 유럽현대공연예술회의

IFACCA   International Federation of Arts Councils and Culture
                 Agencies
                 국제예술문화협회연맹

IFAR   International Foundation for Art Research
                 국제예술연구재단

IFI	The International Federation of Interior Architects/Designers 세계실내건축가연맹
IMC	International Music Council 국제음악협회
IOV	International Organization of Folk Arts 국제민간문화예술교류협회
ISCM	International Society for Contemporary Music 국제현대음악협회
ISME	International Society for Music Education 국제음악교육협회
ISPA	International Society for the Performing Arts 국제공연예술협회
ITI	International Theater Institute 국제극예술협회
ITI	International Theatre Institute 국제연극기구

LAFCA   THE LOS ANGELES FILM CRITICS ASSOCIATION
             LA비평가협회

Magnum Photos Magnum Photos
             매그넘포토스

MPAA   Motion Picture Association of America
             미국영화협회

WMF   World Monuments Fund
             세계유적기금

국문색인

영문색인

노영희

연세대학교 문헌정보학과 정보학(박사)
한국과학기술연구원(KIST) 자료실 연구원
한국정보공학(KIES) 정보검색엔진개발팀 팀장
이화여자대학교 국제정보센터 자료실 실장
현) 건국대학교 문헌정보학과 교수

『디지털콘텐츠의 이해』
『인문과학과 예술의 핵심 지식정보원』
『경제학의 핵심 지식정보원』
『2009 한국문헌정보학 교과과정』
『개념기반 정보검색 기법』
『기록·기록관리 지식정보원 시리즈 4』
「개념기반 검색을 위한 시소러스 관계의 효과적 활용 방안에 관한 연구」
「주제별 분산 지식베이스에 의한 개념기반 정보검색 시스템의 성능 향상에
관한 연구」
「A Study on Automatic Text Categorization of Internet Documents」
「A Study on the Estimation of Performance of Concept Based
Information Retrieval Model Using the Web」
「기계학습 기반 피드백 과정을 통한 SDI 시스템의 성능 향상에 관한 연구」
「문헌정보학 교육과정의 특성화된 프로그램 개발 및 활용에 관한 연구」
외 다수

홍현진

연세대학교 문과대학 문헌정보학과(학사)
University of Michigan in Ann Arbor 문헌정보학과(석사)
연세대학교 대학원 문헌정보학과(박사)
대우경제연구소 정보자료실 실장
한국도서관협회 기획위원
국립중앙도서관 장서개발위원
문화관광부 문화기반시설 평가위원
교육인적자원부 대학도서관 정책자문위원
문화관광부 국가도서관정책 자문위원
현) 한국정보관리학회 이사
   한국문헌정보학회 교육이사
   전남대학교 사회과학대학 문헌정보학과 교수

『문헌정보학의 연구방법론』
『한국도서관기준』
『국제기구 지식정보원의 이해와 활용』
『경제 관련 국제기구 지식정보원』
『도서관조직의 혁신과 변화논리』
「우리나라 공공도서관에 대한 평가지표 연구」
「웹 기반 데이터베이스의 품질평가 기준 개발에 관한 연구」
「국가문헌센터 건립 최적화 연구」
「A Study on Possible Ways to Improve Policy Information Services and Demand Survey Analysis」
「도서관의 정보서비스 품질 평가 연구에 관한 고찰」
「정책정보통합서비스시스템 구축 모형에 관한 연구」
「Spatial Conditions of a Children's Library Supporting Children's Development: with Priority Given to User Benefit Criteria」
「국가장서개발정책 기본모형 연구」
「어린이도서관 프로그램 개발과 운용을 위한 연구」
외 다수

예술 관련
국제기구 지식정보원

초판인쇄   2015년 4월 8일
초판발행   2015년 4월 8일

지은이   노영희 홍현진
펴낸이   채종준
펴낸곳   한국학술정보㈜
주소   경기도 파주시 회동길 230(문발동)
전화   031) 908-3181(대표)
팩스   031) 908-3189
홈페이지   http://ebook.kstudy.com
전자우편   출판사업부 publish@kstudy.com
등록   제일산-115호(2000. 6. 19)

ISBN   978-89-268-6861-4 93060